传播与中国译丛
新闻·新技术·公共生活

主　　编◎陆　晔
执行主编◎李红涛　白红义

重建新闻

数字时代的都市新闻业

[美] C. W. 安德森 (C. W. Anderson) ◎著
王辰瑶 ◎译　　李红涛 ◎校

中国传媒大学出版社
·北 京·

图书在版编目(CIP)数据

重建新闻:数字时代的都市新闻业/(美)C.W.安德森(C.W.Anderson)著;王辰瑶译.--北京:中国传媒大学出版社,2022.3(2022.11 重印)
(传播与中国译丛. 新闻·新技术·公共生活)
ISBN 978-7-5657-3152-5

Ⅰ. ①重… Ⅱ. ①C… ②王… Ⅲ. ①传播媒介—研究 Ⅳ. ①G206.2

中国版本图书馆 CIP 数据核字(2022)第 023232 号

重建新闻:数字时代的都市新闻业
CHONGJIAN XINWEN:SHUZI SHIDAI DE DUSHI XINWENYE

著　　者 [美]C.W.安德森(C.W.Anderson)
译　　者 王辰瑶
校　　译 李红涛
责任编辑 于水莲
特约编辑 井彩霞
封面设计 拓美设计
责任印制 李志鹏

出版发行 中国传媒大学出版社
社　　址 北京市朝阳区定福庄东街 1 号　　**邮　　编** 100024
电　　话 86-10-65450528　65450532　　**传　　真** 65779405
网　　址 http://cucp.cuc.edu.cn
经　　销 全国新华书店

印　　刷 唐山玺诚印务有限公司
开　　本 880mm×1230mm　1/32
印　　张 13.125
字　　数 310 千字
版　　次 2022 年 3 月第 1 版
印　　次 2022 年 11 月第 2 次印刷

书　　号 ISBN 978-7-5657-3152-5/G·3152　　**定　　价** 55.00 元

本社法律顾问:北京嘉润律师事务所　郭建平

目　录

总　序

二十世纪六十至七十年代，伴随着以新闻编辑部为核心的组织化新闻生产规范化程度的提升，以及以电视为代表的大众传播媒介对社会生活日益深刻的影响，在世界各国媒介社会学领域，诞生了一大批基于经验研究的卓越新闻生产社会学理论成果。其中多部经典著作在初版三十年之后引进中国，如盖伊·塔克曼的《做新闻》(初版 1978 年，中译本 2008 年)、赫伯特·甘斯的《什么在决定新闻》(初版 1979 年，中译本 2009 年)等。这些著作在中国的“理论旅行”，嵌入中国新闻传播学科的本土语境，与中国新闻业在社会主义市场经济蓬勃发展引领下改革创新的理论反思和业务实践相互激发，无论对于搭建学科知识地图还是推动原创性经验研究并与国际学术同行展开交流和批评，都起到积极作用。

近年来，信息与传播技术(ICT)革命和以全球化、数字化、移动互联网为标志的新传播形态，极大地挑战了大众传播媒介的组织化新闻生产逻辑。

在线新闻媒体、移动社交平台、短视频平台,各类新型新闻生产和传播模式的快速演化,社会大众从新闻受众到新闻用户的转变,颠覆了传统的新闻生产流程,从新的维度激活和维系社会公共生活,生产出有关数字时代"何为新闻""新闻何为"的全新理解。就像 2017 年 3 月,著名科技文化前沿期刊《连线》封面报道聚焦"危机中的新闻业",八篇文章围绕上述主题展开讨论,"新闻业危机"话语一度成为学界和业界的焦点。

21 世纪初以来,新一代媒介社会学者围绕数字时代新闻学的理念和实践,展开了扎实的经验研究,力图从对新闻学相关重要理论概念在移动互联网时代的反思和数字新闻生产实践两个维度,批判性地发掘、拓展、阐释新技术环境下新闻和新闻业之于当今世界风云变幻的理论意义与现实价值。这套《传播与中国译丛——新闻·新技术·公共生活》可以说是欧美数字时代新闻生产社会学研究最新成果的集中呈现。

与十多年前引进二十世纪六七十年代美国新闻生产社会学经典著作不同,这套丛书所选的著作与过往相比,翻译引进的时间差很小。这些学术专著所关注的议题,无论是对新闻学核心概念的理论反思,还是对数字新闻生产实践的经验阐释,无不具有强烈的当下性和前沿性,既是对新技术时代"新闻业危机话语"的回应,也强烈地预示着全新的数字新闻业的前景。其中,杰弗里·亚历山大等人主编的论文集《新闻业危机再反思》跳脱技术和经济视野，从文化的视角考察新闻业的危机与数字未来，戴维·莱夫则在传统新闻业“日薄西山”的当口踏入田野，记录美国新闻业如何适应变化、求得生存。当然，莱弗的出发点和民族志的焦点仍然是传统媒体机构的新闻编辑部，C.W.安德森则将眼光转向一整座城市，浓墨重彩地呈现出费城新闻生态系统的演变和都市新闻业再造的轨迹。在系统的实证研究之外，本译丛还收录了三种“纯理论”著作，它们立足数字时代，分别对公共性和客观性这两个“古老”概念和公民目击这个“年轻”概念做了历史性、比较性的梳理和阐释。这些理论和实证著作，不仅有助于我们理解现在，也有助于我们想象新闻、新技术与公共生活的未来。

这套丛书的译者和译校，皆为目前国内新闻传播学领域的优秀中青年学者。他们接受过系统的学术训练，理论功底扎实，具有丰富的经验研究积累，在各自的研究领域尤其是新闻社会学相关领域，都完成过有较高学术价值的原创性研究成果。译者的专业素养，加上试译、译校等翻译把关程序，务求让这批著作以可信的面貌呈现在中国读者面前。更重要的是，从翻译开始，我们希望开启并推动积极、有效的学术批评和学术对话。

我们也希望这套丛书能从新技术场景下新闻与社会生活的关系出发，勾连、回望、对话新闻学研究的历史和经典,激励新一代学者立足移动互联网时代中国新闻传播实践的丰富样态,发展出既有现实针对性又有理论阐释力的原创学术成果,为中国和世界留存一份我们的思考,就像波兰诗人米沃什的著名诗篇:“书籍将会站在书架上,此乃真正的存在……书籍比我们持久。”

执行主编 李红涛

白红义

主 编 陆 晔

2021 年 8 月 23 日

中文版序

这本书2013年在美国出版，研究跨度从2006到2012年，现在看来像是在写上辈子的事。从很多方面来说，也的确如此，即使不考虑数字媒体的快速发展和转变，十多年都可说是一段很长的时间了。在这个中文版序言中，我想直接面对两个显而易见的问题。第一，为什么这本老书今天仍然适用？第二，中国人为什么要关心本书说了什么？在描绘了千禧年前后的"美国互联网"场景后，我将提出三个观点。首先，我认为这本书中描述的"小"世界对于理解我们今天面临的更大也更强有力的数字媒介生态系统是有用的。其次，我想论证的是，当我们从整体上思考不同媒介生态系统时会发现，中国是一个有价值的可比较案例，它拥有一个由相互关联重叠的传播机构组成的几乎完全自成一体的系统，这些机构有它们自己的动态传播关系。最后，关于媒体系统如何运作的问题，我不想简单地说我们关于媒体系统**如何**运作的问题没能提供关于它们**应该**如何运作问题的必要洞察。后者是一个我们可以预期会在未来二十年里产生大量思考和争论的问题。

美国互联网

本研究产生于费城,这是美国东海岸的一座中等规模城市,可能它最为外人所知的是美利坚民族的“发源地”,它的居民们则深爱本城的专业运动队、意大利裔美国式美食和文化。在撰写本书时(从2006年到2012年),费城也是繁荣的都市媒体生态系统所在地,有强大的报纸和它们的数字网站,有公共电台和私人电台,有另类周刊和博客。那时尽管已经有了像脸书和推特这样的大型数字平台,但它们尚未在全球新闻生产和消费中占据后来的主导地位。不知不觉中,我在研究中描述的世界是美国的互联网,或者更准确地说,是一个美国式的“网络”。回想起来,这是一个几乎没有规则的自由主义空间,有很多自发的独立出版者(博客和“博客主”),而且相对来说,缺乏强大的企业实体的统治。当然,到2006年,谷歌已经成为通过流量规划和分配受众注意力来奖励出版者的主要玩家了,但从历史的角度看,21世纪初期的互联网仍然可以被看作一个传统媒体占据最主要位置的数字城邦。这是一种以西方中心模式为主的媒体生产,而且不管是在美国还是在世界其他地方,它们都处在系统开始改变之前的那个短暂的历史时刻。系统很快发生的转变是:小规模、自我出版模式过时了,平台垄断和个人用户数字属权时代到来了。

那个小世界和我们的大世界

我使用了“本地媒体生态系统”这个词组来描述美国互联网的世界，这个词最初是由马歇尔·麦克卢汉（Marshall McLuhan）、尼尔·波兹曼（Neil Postman）和其他媒介生态学家们为着不同的目的而创造的。我在《重建新闻》这本书里所描述的费城媒体生态系统里，新闻报道、数字创新和记者们从一个媒体出口转移到另一个媒体出口，从一个机构转移到另一个机构。在这个过程中，随着新闻报道和技术被不同的媒体出口选择和改写，它们自身也在改变和转化。在这本书里能看到这种动态变化的最佳例子是讲“弗朗西斯维尔四人事件”（“Francisville Four”）的那一章，在那一章里我追溯了这个关于一群费城激进分子的小新闻事件的出现、发展、传播的全过程。那些激进分子莫名地被费城警方从自己家里驱逐了。当这个新闻在本地媒体系统中传播时，随着事件渗透到不同媒体的组织文化以及新信息的不断被披露，不同媒体强调报道的方面也不同。

在媒体研究和传播研究的文献中，学者们通常会借鉴安德鲁·查德威克（Andrew Chadwick）提出的“杂糅媒介系统”（hybrid media system）概念来表达这一视角。有趣的是，这些生态视角新闻研究近来最普遍的应用是，作为对虚假新闻和宣传如何在互联网上扩散以及如何改变了政治行为的更大分析的一部分。不过，我认为，本书对 2008 年费城发生的微小新闻的微观案例研究可以被当作一个模型,用来思考我们如何理解国家层面的新闻和媒体行动者集群的案例。那些案例也包括对中国媒体的研究。在考察普遍意义上的媒介生态系统时,中国提供了一个很有价值的比较案例。它拥有一个几乎完全自成一体的相互关联重叠的传播机构系统。这些机构有它们自己的动态传播关系。中国的社交媒体生态系统如何与新闻生态系统互动?中国媒体生态系统的驱动力与西方有何不同?我希望这本书可以为思考美国以外地方的媒体生态系统提供一些经验基础准备工作。

记者应该怎么做?

最后,我还想简单说明一下,这本书是在新闻经济和技术都面临挑战的时候写就的,但新闻业的基本规范性价值取向似乎没受什么影响。虽然存在如何支付新闻生产成本以及数字媒体如何影响新闻记者过去的日常工作机制等问题,但对新闻记者**应该**做什么,是没什么疑虑的。尽管在痛苦中有欣慰,在欣慰中有痛苦,那时的新闻业仍然保持着严肃的客观性。但过去的几年里,对新闻生产、消费和机构转型感兴趣的研究者们分析关注的重点发生了很大变化。在互联网时代的前二十年,关于新闻业的公共对话主要围绕"价值"展开,一系列政治性冲击不仅质疑了新闻的经济"价值",还挑战了新闻的诸多规范性"价值"。关于经济价值,我要指出的事实是,新闻的资金来源越来越与一般的数字展示广告脱钩。此外,随着高度复杂的数字指标的发展,单个新闻报道甚至更短的文本和多媒体内容块的字面经济价值都可以用复杂的新方式来量化。关于规范性价值，我要指出的是，新闻记者越来越多地被要求能以超越简单提供事实、中立信息的方式清楚地阐释和捍卫他们的规范信念。新闻业的使命何在，这样的问题也越来越多地出现在美国和世界其他地方。

无论如何，我希望这本老书，这本关于一个对我来说如今都已经很遥远的城市的书，会引起读者的兴趣。

安德森

译者序

因为各种原因，这本译著等待出版的时间比翻译的时间长得多。当终于接到丛书主编和出版社编辑老师发来的确认，已拿到出版许可，可以开始写译者序的时候，我竟突然对这本自以为非常熟悉的书有了一种陌生感。《重建新闻》出版于 2013 年，研究则从 2006 年开始。就算从我开始翻译这本书算起，也已经过去四年多了。虽然客观上这段时间也不能算多长，但因为我们仍处在新闻业剧烈变化的当下，在感觉上的确会更容易“陌生化”这本书所描绘的新闻业数字化早期的过往。作者安德森教授在特意为本书撰写的中文版序言里也半开玩笑地说，他这本书“现在看来像是在写上辈子的事”。

但是，为什么今天我们仍然需要阅读这本《重建新闻》？除了安德森在序言里所说的三个我都十分同意的观点外，我还想从也许更感性和更实用的角度补充两点理由。

一个更感性的理由是，我们需要陌生感。在作者开始调研的时候，本书两个最大的主角——《费城问询者报》和《费城每日新闻报》毫无疑问就是当时费城“地方新闻业”的中心。尽管身陷破产风波，面临地方博客和公民记者的挑战，但大众传媒时代所形成的新闻工作传统仍然在已经进入数字化早期阶段的传统报纸上表现出了惊人的韧性。“上线”、与网络新闻竞争等确实给传统媒体组织带来了很多不确定因素，但这些主流新闻机构关心的仍然是“如何以特定的传统主义的方式报道新闻”。记者们固然焦虑，但人人都知道该如何“报道新闻”。以至于安德森在结论中对读者言明，如果可以把这本书看作一个故事的话，那它所讲的是一个“停滞的故事”，是一个“外部事件令人眼花缭绕但同时在内部又毫无变化的故事”。

这也许就是“演化”的真相：当我们用后见之明回望历史时，常会惊异地发现，身处大变局中的人们自己却并不了解这一点。《重建新闻》中的报纸记者和写博客的公民记者那时都不可能预计到，社交媒体才是数字新闻系统中的大玩家。因为直到本书完稿之时，脸书公司才刚刚在纳斯达克敲钟上市。与我们现在更热衷谈论的算法、流量、情感、大数据、元宇宙、后真相、虚拟技术、人工智能、社会管制等对新闻业的冲击相比，新闻业在数字化早期所经历的一切简直可算是“岁月静好”，比如书中记录的让新闻记者大感兴趣的新技术工具还是古早的黑莓手机。但这就是《重建新闻》这类著作的重要价值，它们像路标一样，醒目地矗立在新闻业创新演进的道路上，让后来人觉得陌生，从而意识到过往是一条崎岖曲折的道路，进而意识到应对新闻业的未来保持开放又警醒的态度。

不过《重建新闻》不仅仅是一个严谨清晰记录新闻业早期数字化的路标，它的理论贡献还在于从看上去平淡无奇的状况中捕捉到了真正重要的学术问题。这也是我认为今天的读者，尤其是有志于做新闻学研究的学子需要读读这本书的理由：可以把《重建新闻》当作一本“手把手教你如何在数字时代进行新闻业调查研究”的著作来看。安德森自己应该也是对本书采用的方法颇为得意，2020 年他还与美国威斯康辛大学麦迪逊分校的新闻学教授苏·罗宾森一起发表了一篇关于在新闻研究中如何应用“网络民族志”(Network Ethnography)方法的论文，又复盘了一下《重建新闻》中的研究方法。[①] 这里所说的“网络民族志”是将社会网络分析和民族志分析相结合的新方法，不能望文生义地理解为只需在网络上“潜水观察”的意思。安德森具体是怎么做的？他在本书附录部分也有详细说明，可与前面提到的那篇论文参照阅读。

除此之外，本书还有两点特别值得有“学做研究”目的的读者细细体会。一是看作者如何把“机构驱动”和“事件驱动”的研究思路相结合。夏德森在《新闻社会学的四种路径》中提到：“社会科学家们要改变对‘机构驱动’新闻的几乎专一的关注。了解新闻生产的机构和实践如何与‘事件’互动，应该是新闻社会学面临的首要挑战。”[②]安德森这本《重建新闻》可以说是把这两者结合起来的佳作，比如“打造日常新闻：一起车祸”“弗朗西斯维

---

① ROBINSON S, ANDERSON C W. Network ethnography in journalism studies: a mixed-method approach to studying media ecologies[J].Journalism studies, 2020, 21(7):984-1001.

② SCHUDSON M. Four approaches to the sociology of news[J]. Mass media and society,2005(4):172-197.

尔四人事件”等“事件驱动”的研究不仅是本书的重要部分,还是作者在成书过程中独立发表的先期成果。作者通过研究这些“新闻生产事件”,观察它们如何在不同新闻组织中“流动”,以此来显影无形的新闻生态系统中多元行动者的“关系”。“事件驱动”与“机构驱动”相结合的研究往往能突破对既有路径的迷恋,在强调变化和创新的语境下,不失为一个清晰呈现“网络化新闻业”“新闻生态系统”的好角度。二是看作者如何从材料中“洞察”那些当事人并无自觉意识的问题。这也是我对本书最欣赏的地方。它的经验材料现在看来当然不是最新的,但它的问题意识放到今天也毫不过时,这正是好研究的特质。如果材料虽很新,但思想没有解放,提不出有价值有新意的研究问题,观察也不在点上,就只会白白浪费了调研气力。我建议想要好好阅读这本书的读者们把导论、结论章和中间六章对应起来循环往复地拆解,解析作者的提炼功夫。这样细读、深读肯定有点累,但比只看本书所描绘的“故事”部分其实要刺激精彩得多。安德森当时作为一位年轻的研究者,出手即不凡,这本基于博士论文的著作斩获了国际传播学会(ICA)的首届新闻学专著奖。

最后,我要感谢丛书主编们的信任,让我挑了这本自己很感兴趣的书来翻译;感谢出版社编辑团队的坚持推进;尤其感谢李红涛教授仔细校译了整本书,这真让我一个翻译新手踏实了不少。本书讲的是美国地方新闻业十多年前的“费城故事”,有大量中国读者可能并不熟悉的当地机构、事件、人物等,对此中译本里添增了一些必要的注释,以帮助中文读者也能顺利地进入故事之中。译文错漏疏失之处,也请读者指正。

王辰瑶

2022 年 2 月 28 日

致　谢

从哥伦比亚大学新闻学院的传播学博士生到斯坦顿学院(纽约城市大学)的助理教授,《重建新闻》是连接我这两段学术生涯的桥梁。结果呢,在写这本书期间,我可是把自己弄得穷得叮当响。

这个研究项目起初是在已故教授詹姆斯·凯瑞(James Carey)教导下开展的,后来得到了托德·吉特林(Todd Gitlin)教授和迈克尔·夏德森(Michael Schudson)教授同样杰出的指教,以及安德里亚·图彻(Andrea Tucher)、吉尔·埃亚尔(Gil Eyal)和杰伊·罗森(Jay Rosen)等导师给予的最大支持和指导。每一位导师都以自己的方式给予我教导,他们的榜样力量大大加深了我对写作和学术目标的领悟。在哥伦比亚期间,我还很幸运地拥有一帮最为出色的博士同学,我要特别感谢(不分先后):乔·卡特伯恩(Joe Cutbirth),杰斐逊·普尔(Jefferson Pooley),拉斯穆斯·克莱斯·尼尔森(Rasmus Kleis Nielsen),露丝·帕尔默(Ruth Palmer),本·彼得斯(Ben Peters),汤姆·格雷泽(Tom Glaiyser),凯瑟琳·布朗(Katherine Brown),乔纳·博斯威奇(Jonah Bossewitch),朱莉娅·桑内文德(Julia Sonnevend),劳拉·福拉诺(Laura Forlano),奥利维尔·西尔文(Olivier Sylvain)和乔斯特·范德伦(Joost van Dreunen)。卢卡斯·格雷夫斯(Lucas Graves)第一个向我提及“行动者网络理论”(actor-network theory)这一概念(听到我没完没了地唠叨这个词，我估计他可能后悔这么做了)。约翰·凯利(John Kelly)帮助我从社会网络分析的更大层面考虑问题，本书的网络地图有很多出自我和他的共同劳动。在我所在的更大的学术社群里，一些人已经阅读了本书部分手稿，并给出了令人鼓舞的反馈，包括克里斯蒂娜·邓巴·海丝特(Christina Dunbar-Hester)、戴夫·卡普夫(Dave Karpf)、拉斯穆斯·克莱斯·尼尔森(Rasmus Kleis Nielsen)、卢卡斯·格雷夫斯(Lucas Graves)、西瓦·维亚纳坦(Siva Vaidhyanathan)、巴勃罗·博茨科夫斯基(Pablo Boczkowski)、罗德尼·本森(Rodney Benson)、日内瓦·奥弗霍尔瑟(Geneva Overholser)、弗雷德·特纳(Fred Turner)、菲尔·纳波利(Phil Napoli)、克莱·舍基(Clay Shirky)、塞思·刘易斯(Seth Lewis)、尼基·厄舍(Nikki Usher)和史蒂夫·里斯(Steve Reese)。丹尼尔·克里斯(Daniel Kreiss)很有勇气地读完了整本书，还做了非常详细的批注。

这项研究的各个方面都曾在很多会议上被介绍过，这里就不一一列举了。但在把博士论文研究写成专著的过程中，我要特别感谢给我提供精神食粮的五个学术家园：首先是斯坦顿学院，我的同事们用他们的善良感动了我；我感激他们给我提供了一个既能教书又能思考的地方。第二个是耶鲁大学的信息社会项目，2010 年到 2011 年间，我在那里当访问学者；我特别感谢杰克·巴尔金

(Jack Balkin)和劳拉·德纳迪斯(Laura DeNardis)的支持。第三个是新美国基金会(New America Foundation);我感谢史蒂夫·科尔(Steve Coll)让我有机会深入思考媒体政策,感谢汤姆·格雷泽(Tom Glaiyser)在我2009—2010年担任访问学者期间给我的指导。第四个是尼曼新闻实验室的虚拟社区;我感谢乔希·本顿(Josh Benton),他冒着让一个不知名的博主参与公共思考的风险;感谢所有的实验室编辑,特别是梅根·加伯(Megan Garber),他们的帮助极大地提升了公共思考的价值。最后是哥伦比亚大学的托尔中心(Tow Center),中心的第一任主任艾米莉·贝尔(Emily Bell)给了我机会,让我得以继续有意义地进行公共政策方面的工作,还向我稳定地供应英式英语。

从博士论文(读者是五个评审委员)到学术专著(幸运的是,读者群略有扩大),这一路上处处是雷,满满的不确定性。不过和天普大学出版社的编辑们一起工作时,我可没经历任何形式的爆炸。我的编辑米克·古辛德·达菲(Mick Gusinde Duffy)对此功不可没,他熟练地指导了一位首次出版书的作家穿过了21世纪出版业的迷宫。我还要感谢天普大学出版社的两位匿名读者,他们的反馈极大地丰富了最后的定稿。

第四章曾以论文《新闻网络与地方新闻的传播:弗朗西斯维尔四人组短暂而快乐的新闻生涯》,发表在《政治传播》2010年第27卷第3期上(289—309页)。第六章的一小部分最初也以论文《都市新闻中的网络制作、新闻判断和新兴的在线新闻工作类型》发表在《新闻:理论、实践、评论》期刊 2011 年的第 12 卷第 5 期上(630—646 页)。我还即将在《新闻:理论、实践、评论》期刊上发表论文《聚合者做什么:走向新闻专业的网络化概念》。由于我对这个项目的很多想法都是“公开”的,所以这本书包含的想法曾以不同形式出现在推特、各种博客文章和尼曼新闻实验室网站上。

我还要特别感谢我的父母和妻子。首先是我的父母,他们一生都在鼓励我尽可能多地读书和思考,加上他们自己对教育和知识的尊重,帮助我走上了这条道路。在我十几岁的时候,他们甚至容忍我在许多次公路旅行中读每一份我能找到的当地报纸。我把这本书献给他们。

第二要感谢杰西卡,我的妻子。她和我一起经历了这漫长学术过程中的每一步,她总是提醒我,这世上正在发生的事至少和我脑子里所想的一样重要。没有她的爱、支持和耐心,就没有这本书了。没有她的关爱,也就没有我的幸福。我感谢杰西卡所做的一切。

XI

最后,我要衷心感谢许许多多记者、博主,他们的想法被我记录在书中。我感谢他们让我进入他们的世界,允许我记录下他们职业生涯中非常艰难的时刻。我只能希望这最终的产品能回报他们对我的信任,回报他们在当初那个看起来很抽象的项目上给予我的时间。特别感谢威尔·邦奇(Will Bunch)、克里斯·克鲁森(Chris Krewson)、卡尔·马蒂诺(Karl Martino)、艾米·奎恩(Amy Z. Quinn)和温迪·沃伦(Wendy Warren),他们都以某种方式坚守着新闻壁垒,新闻业的未来一定是光明的。

安德森

数字新闻时间线

费城及全国的发展情况

1982　费城

- 受新闻业合并潮波及,《费城晚报》(*Philadelphia Evening Bulletin*)关门。费城仅剩下同属于一个全国性报业集团奈特-里德(Knight-Ridder)的两份日报。

1995　费城

- 《纽约时报》报道称如果小报《费城每日新闻》(*Philadelphia Daily News*)停刊,费城就有变成"只有一份日报的城市"的危险。在此后15年里,类似警告反复出现。
- 费城生活网站(Phillylife.com)上线。它仅仅照搬了费城报纸的娱乐版内容。后来该网站更名为费城在线网(Philadelphiaonline.com)。
- 费城当地的另类周刊《城市报》(*The City Paper*)推出了城市报城市网(City Paper City Net)。该网站模仿奇才网(Prodigy)和美国在线(AOL),提供新闻、电子邮件、新闻组和公告栏(BBS)服务。

1996 费城

• 一个自称“无聊的大学生”的人开发了酷我音乐网(GrooveLingo),该网站专门报道费城乐坛。

全国

•《纽约时报》上线。

1997 费城

• 费城在线网发布了黑鹰坠落项目,这是一个合作性长篇数字故事叙述的大型实验项目。

XIV 1999 费城

• 费城在线网更名为 Philly.com。Philly.com 首次使用了内容管理系统,取代了原先的平面文件读取系统。
• 12 月,卡尔·马蒂诺(Karl Martino)创立了“合作性博客”费城未来(PhillyFuture)。该博客最初开办于“编辑此页”网站(EditThisPage.com),这个网站邀请费城人注册成为编辑或撰稿人。

全国

• PyraLabs 推出了 Blogger 软件。这款软件让在线自我出版变得方便普及,后来它被称作“博客”(blogging)。
• 西雅图成立了第一个独立媒体中心(IMC)。IMC 成立的目的是为反对世界贸易组织的示威活动提供草根报道。IMC也是最早强调由参与者驱动的突发新闻报道的数字媒体网站之一。

2000 费城

- 作为更大的独立媒体中心网络的分支——费城的独立媒体中心成立于当年夏天，并报道了费城的共和党全国代表大会。

全国

- 奈特-里德集团通过奈特-里德数字公司集中控制旗下的地方报纸资产，奈特-里德数字公司推出了33个网站。作为这一变革的一部分，运营和网站管理是一体的。
- 奈特-里德公司开始重新审视其地方媒体的在线资产，试图把它们变成本地门户品牌网站，不仅仅是刊登新闻，而是要成为整个地区的门户。
- 互联网泡沫破裂。

2002 费城

- Philly.com重新设计了网站，其外观和内容管理系统成为奈特-里德标准的一部分。
- 一位网站开发人员创立了小型的个人化博客Mere Cat。这个网站是完全个人的，内容是诸如龙虾卷和精酿啤酒这样的话题。
- 《费城每日新闻报》(*Philadelphia Daily News*)

的一位技术人员前往圣胡塞听了一场丹·吉默(Dan Gilmor)的讲座。他返回费城后即建议《费城每日新闻报》要拥抱"博客"。下半年,第一个每日新闻博客Bark's Bytes上线了,它报道费城老鹰棒球队,但在赛季结束后就没有继续下去。

XV 2004 费城

- 记者艾米·奎恩(Amy Z. Quinn)开始写一个女性主义家庭主妇的博客故事。2005年,她的博客更名为公民妈妈(Citizen Mom),成为费城一个重要的博客。
- 曾任《城市报》和《费城周刊》乐评人的乔伊·斯威尼(Joey Sweeney)开办了Philebrity网站。该网站秉持另类周刊的态度,同时采取了互动性的数字表现形式。
- Reading Eagle的一位员工开办了Berks Phillies Fans网,网站记录费城费城人棒球队的情况,最初是为了让有关这支棒球队赛事的群发邮件更公开和持久。网站后来更名为Beerleaguer。
- 《费城每日新闻报》推出一个大选特别博客,专门报道2004年的总统竞选。2005年,这个博客更名为Attytood,由威尔·邦齐(Will Bunch)负责打理。
- 卡尔·马蒂诺重新打造了费城未来网站,从原先开办“博客群”的想法转为聚合 RSS 链接和其他本地博客上最佳内容的网站。

2005 费城

- Philly.com 和《费城每日新闻报》推出了“下任市长”项目，旨在用公民新闻和网络化新闻的形式报道市长竞选。

全国

- 费城报纸的所有者奈特-里德集团宣布了拆分和出售资产的计划。

2006 费城

- 各类记者第一次，也是仅有的一次参加“诺格斯非正式会议”[①](Norgs Unconference)，会上讨论了要在费城建立一个网络化新闻组织。
- 皮尤基金会(Pew Foundation)讨论要创建一个昵称为 Phly 的网站，这个网站将主要依靠用户生产内容和公民记者。不过这个网站并未问世。

2008 费城

- 《费城问询者报》开始组建突发新闻台。

---

① Norgs 是新闻组织(news organizations)的缩写，但这里要表达的是一种未来的、新型的新闻行动组织，并以音译的方式与新闻组织的“旧方式”区分开。可参见本书在第五章对此的专门案例分析。因此本书在翻译 Norgs 时也采用了音译的方式，将其称为“诺格斯”。——译者注

- 皮尤基金会再一次考虑要在费城创建一个新闻项目,这个项目的非正式名称叫 Y 因素。不过,同样的情况再次出现,这个网站也没有办起来。

全国

- 报纸经受了它们有记录以来最糟的财政年度之一,部分原因是报纸在日益严峻的数字信息环境下受到的压力,部分原因是经济衰退的开始。

XVI 2009 费城

- 费城媒体股份公司申请破产。
- 三位刚刚毕业于天普大学的年轻的新闻创业者创建了科技费城网站(Technically Philly),旨在主动记录下费城创业圈的情况。

2010 费城

- 费城报纸在破产过程中被拍卖。报纸所有人试图保留对报纸控制权的努力失败了。费城报纸的控制权转交到了费城媒体网络(Philadelphia MediaNetwork)手中,这是一个由银行和对冲基金组成的财团。
- 当地公共广播电台 WHYY 推出了新闻工作网站(Newsworks),这是一个地方新闻网站,有原创数字报道、新闻聚合和从电台新闻团队那里获得的内容。
- 威廉·佩恩(William Penn)基金会委托撰写了

一份关于费城媒体生态系统的报告，并制定计划要创建一个在线的“网络新闻”中心。

- 《费城每日新闻报》开始为突发新闻工作台配备人员。
- 拥有费城本地报纸的费城媒体网络新任首席执行官宣布了一系列举措，包括在报纸内部发起一个创业孵化项目，并对报纸的部分内容采用半付费模式。

2011 费城

- 费城报纸开始推行付费数字订阅，作为包罗万象的平板电脑的一部分。

全国

- 《纽约时报》开始实施网站付费墙策略。

2012 费城

- 费城报纸搬离了他们在北大街200号的标志性的原址，搬到市中心的第八街和市场街的位置。
- 费城媒体网络再次询价待沽。有消息称，所有权已经影响到了报纸对自己被出售问题的报道，其中一个竞购方是由一大群与本地有联系的政界人士组成的。
- 费城公益新闻网(Philadelphia Public Interest News Network)聘请了一名首席执行官。该网络新闻中心位于天普大学内，部分资金来自威廉·佩恩基金会。

- 六名本地投资人联合买下了费城媒体网络,因为他们担心与本地有关联的政客们会把这些报纸变成自己的私器。这次收购也使得费城报纸在六年里五易其主。

导 论

命悬一线的地方新闻业

十字路口

2000 年 8 月，老派的政治机制——在费城召开的共和党全国大会——遭遇了新型的媒介网络。是年夏天，当这个全国性政党的大会代表们来到费城时，他们遇到了成百上千拿着手机、摄像机，以及老式铅笔和纸质笔记本的大会抗议者。这些人都自称记者，并给同一个网站供稿。当有新闻发生时，这个网站就采用这些街头抗议者的报道。这种报道模式始于 1999 年在西雅图举办的世贸组织峰会，在接下来的数月之内蔓延到美国和欧洲的其他城市。费城的抗议者——报道者把自己看作费城独立媒体中心（Independent Media Center of Philadelphia，即费城 IMC）的成员，承诺向读者提供由外行人采写、直接从反共和党全国大会抗议现场发出的、带有鲜明立场的政治报道。大会召开次日，政治抗议者与费城警方爆发冲突，《匹兹堡邮报》(*Pittsburgh Post-Gazette*)写道:"昨天下午,数千名四处出击的示威者与戴头盔的警察在城市的交叉路口对峙,时而爆发激烈冲突。双方在街头拉锯,而费城中心城区里会议代表下榻的酒店则已经关门上锁。"与专业媒体相比,非职业的独立媒体中心记者们所做的则不仅仅是对冲突的简单评论。他们为广大受众在网上详细记录事件进展。[1]形形色色的数字行动者团体当中,独立媒体中心的志愿者们最早使人们直面这样的问题:在一个可以低成本采集和扩散数字信息的时代,谁才是具有合法性的记者呢?

六年后,一些在2000年共和党全国大会期间率先对新闻业的壁垒发起冲击的激进公民记者,在宾夕法尼亚大学的安纳伯格传播学院与本地博主、报纸编辑、有线电
2 视主管和新媒体思想家们围坐一堂,谋划本地新闻的未来。变化的步伐冲击着新闻业。在2000年共和党全国大会的报道中以戏剧性方式出现的变化,在此后的五六年里越变越快。"自己动手做新闻"("Do-it-yourself journalism")的实践不再局限于政治激进分子和无政府主义者的小圈子,而是成为"战争博客"(war-blogging)革命①、"妈咪博客"革命(mommy-blogging)②、YouTube革命、Myspace革命、快闪革命、"超本地市民媒体"革命("hyperlocal citizens' media")以及其他成百上千种仅仅缺了

① 指从"9·11"事件后开始逐渐兴起的民间军事评论博客运动,绝大多数博主持鹰派立场,支持美国对外战争。——译者注

② 指以家庭主妇为主开设的记录家庭生活和推销生活商品的博客。——译者注

个响亮名号的新媒体潮流的一部分。更不幸的是，新闻行业深层经济困境的信号也开始在费城出现。2005年年末，拥有费城两家日报（且过去几十年里的年利润率一直高达两位数）的奈特-里德（Knight-Ridder）集团宣布拆分，出售了多项媒体资产。面对公民媒体的激增和媒体经济危机的不祥之兆，安纳伯格会议与2000年那场新闻职业动荡完全不同。在那场运动中，激进的公民记者认为自己清除了"媒体公司走狗"，职业记者则对这些行文粗糙而且明显采取非客观立场的挑战者们嗤之以鼻。相反，安纳伯格会议的参加者们联合起来了，这个会议的名称非常奇怪，叫做"诺格斯，新新闻组织（Norgs，new news organizations）非正式会议（unconference）①"[2]。用参会者自己的话说，他们之所以聚在一起，是为了"秉持合作精神来拯救费城的本地新闻"[2]。新新闻组织非正统会议是最早明确提出下列问题的会议之一：传统记者与职业/业余混杂的新物种能否一起努力来提振本地新闻业？[3]

2009年2月22日，在距诺格斯会议召开三年之后、距最早提出筹建全球独立媒体新闻网络的会议召开十年之后、距费城报纸发布网络版十二年之后，新闻业的中心最终土崩瓦解。曾满怀希望、良愿和乐观收购费城两家主要的日报——《费城问询者报》和《费城每日新闻报》——的本地控股集团费城媒体股份公司（Philadelphia

① unconference，非正式会议，是由参与者驱动的会议，旨在弱化或避免传统会议的内在等级和结构，不设主题发言和常规场次，而是更强调参会者之间的非正式信息和观点交流。——译者注

Media Holdings),最终还是提交了“第十一章”项下的破产保护申报①。破产的新闻最早被一个本地博客披露,马上就在推特上引发了评论分析,几个小时后,那些遭遇破产的报纸自己刊登了篇幅更长、更准确的报道。[4]此后一年多时间,这两家报纸在破产重组的模糊地带苦苦挣扎,本地控股集团也尽力死保这些不景气的媒体资产。然而到了 2010 年 4 月,这些努力宣告失败,这两家报纸和美国其他几家新闻媒体的命运一样,最终被银行和破产重建对冲基金控制。然而,即便这两份报纸债务缠身之时,在这些传统媒体机构的边缘地带,新的新闻性网络继续在组建和试验。破产拍卖前的那个周末,全国的技术极客们齐聚费城,对新闻的未来展开头脑风暴。[5]就在费城的两家日报被远方银行控制的同一个月,费城本地一家基金会宣布要在费城传统媒体的门墙之外资助一个合作
3 性的新闻网络。[6]如果说 2008 年是费城新闻业不确定的一年,2009 年是破产停滞的一年,那 2010 年似乎就是创新和能量要突破笼罩新闻业经济阴云的一年。2011 年,重生的希望还在继续——新成立的费城媒体网络(Philadelphia Media Network)宣布了新的增收计划,并启动内部的“创新媒体孵化器”项目。但是要把忧惧之心丢至一旁也并非易事,人们担心大的新闻组织无法完成转型在

① 即破产重组程序。《美国破产法》第十一章是在法庭的保护之下在满足债权人债权要求之前,给予公司时间重组其业务及/或资本结构。与传统意义上的破产或清算(第七章)不同,进入第十一章破产保护程序的公司业务照常进行,且其目标是通过这一程序产生一个有持续发展力的、财务更健康的企业。——译者注

21世纪的数字时代幸存下来，人们担心本地新闻业要驶向新世界的旅程尚未真正开始就会失败。这些担心的声音在2012年年初变得更加响亮，因为费城报纸又一次处于濒临被出售的境地。

《重建新闻：数字时代的都市新闻业》一书透过费城这个美国城市，描绘了新闻业在此间对抗、合作、崩溃的时刻。本书的研究和写作完成于新闻行业大动荡的时代，本书认为，在方方面面的压力给地方新闻机构造成的混乱表象之下，地方新闻组织就如何更好地适应新涌现的经济、社会和技术的现实情况做出了自己的选择。本书分析了促使新闻机构做出选择的经济、组织和文化因素。地方新闻业在职业层面的自我想象，特别是将自己视为为单一公众生产原创新闻报道的自主劳动力这种看法，阻碍了跨机构的合作，而这种合作本有可能帮助新闻业在碎片化的传播时代繁荣兴盛。这一失败，进而也强化了在本书中居于主要位置的核心规范性问题。地方新闻业的自我想象——以机构性为基础的职业，以经验事实为依据告知公众（甚至可能是"组装"公众）——是一种极具民主重要性的高贵想象。但是，不假反思地抱持这一特殊的、带有历史偶然性的自我想象，在眼下却不利于实现更远大的民主抱负。新闻业对统一公众的想象如何走向瓦解？新闻界长久以来视为理所当然的新闻报道实践如何突然之间变得问题重重了？新闻组织如何努力重建本地新闻业，使新闻网络化？本书就是在讲述这一故事。

作为生态系统和集群的新闻业

撰写本书的动力,源自新闻业自身发展过程中出现的一系列问题。技术、经济、政治、文化和组织层面的剧烈变化给新闻领域带来一连串打击,在此情况下,都市新闻业如何转变?地方记者们如何展开工作?他们如何与其他机构合作?新闻工作和协作中的变化又是如何改变地方新闻业的专业权威的?无论情况是好是坏,已经有许多研究著作在讨论美国新闻业的未来,但是,本书并不在其列。本书深入讨论都市新闻业的实践,以及当下的
4 模式和实践如何在经济、文化和哲学层面挑战民主及公共生活。新闻业自有未来,而未来的样貌将由记者们自己决定,由他们在制度、经济、文化制约之网中的奋斗所决定。因此,我愿意把《重建新闻》一书当作要给当下"著史"。

本书最主要的研究方法是质性分析和民族志方法,尽管它是一种相当不寻常的民族志。我先是把研究对象窄化为美国的地方都市新闻业,随后又选择了费城作为我想了解的城市,但我很快发现,仅仅研究传统的费城新闻媒体编辑部门并不能弄清新闻业在21世纪初期的真实处境。比起了解费城的新闻编辑部门,我更想弄清楚费城的新闻生态系统(news ecosystem):我不仅想知道在传统新闻媒体工作的记者们如何工作,而且想了解新闻博主们、激进的媒体生产者、基金会、计算机黑客和社交媒体专家。为了达到这一目的,本书总体上践行了非

尔·霍华德(Phil Howard)所说的“网络化民族志”(network ethnography),采用网络分析的方法来帮助确定开展质性研究的场所和地点。[7]在2005年的时候,这一要观察新闻生态系统而不是单纯考察新闻机构的决定可能还像是一种不寻常的冲动;时至今日,当新闻的碎片化日益加剧,我要说,当时的决定是有先见之明的。这样,《重建新闻》所叙述的故事,就从《费城问询者报》的编辑室走向了更为广阔的北部郊区自由老街(Northern Liberties)、渔镇(Fishtown)和西费城(West Philadelphia)的那些大宅门与行动者的空间。本书附录部分有关于我所使用的民族志方法的详细说明。

矢志要对费城新闻做一番生态分析,也就蕴含了我的第二个决定,这一决定在理论、方法论和哲学层面都带来了一定的后果。在本书中,我把新闻实践视为一种集群式的实践:新闻产品、新闻机构和各类网络的集群(*assemblage*)。当我说新闻业可被看成集群时,我到底在说什么?新闻业可把许多不同的物件,大的小的,社会的技术的,人和非人的,拖拽到一处。如此,新闻从业者生产出纷繁复杂各式各样的公众导向的产品,从新闻故事和海量推文,再到整个新闻机构,不一而足。对于那些记者和博主而言,这样的说法实在是平淡无奇。当记者们忙着查找文件,确保能采访到桀骜不驯的对象时,很明显(至少对他们来说)“在客观现实的硬核和社会力量的丝缕之间”、在引语、文本和技术之间并不存在先验的差异。[8]想要更细致地了解这些理论阐述以及它们是如何运用于新闻研究的读者,可能要再次翻看附录部分了。

而对于其他读者,只需要指出,“集群理论”(assemblage theory)贯穿本书的方法论、经验材料以及制度的和规范性的讨论。[9]

5 集群和生态系统这一对概念也揭示了《重建新闻》最主要的经验层面的结论,这些结论是在完成了多年的民族志研究之后才得到的。简要陈述如下:首先,长久以来地方新闻业的权威性建立在两大支柱之上,一是原创报道,二是特定的新闻公众观念;其次,报道的本质和公众的概念在数字时代都变得问题重重;第三,组织、经济和文化等多重因素的作用,使媒体转型过程变得异常困难;第四,这不能被简单视为因为管理失败或是新闻传统的误导。给新闻记者带来工作意义的那些文化导向,也阻碍了编辑部的演化。为了推动革新,新闻记者们必须开始一段艰难的旅程,重新思考他们是谁,他们在做什么,以及他们实际上为谁服务这样的问题。

因此,《重建新闻》既是在一个非常戏剧性的时刻和在一个特定的城市里对新闻业所做的经验分析,也是一段叙事。前面我已经简要说明了本书的研究方法和结论,现在来概述一下本书的叙事。我也会描述一下散落在本书的那些较主要的主题思想。

《重建新闻》的主题

在 20 世纪最后的几年和 21 世纪最初的几年,新闻业发生了什么?当报纸企业被出售、宣告破产,以及本应沉默被动的受众突然开始“众声喧哗”,作为费城的一名记者或编辑会有什么感受？这些系统性的冲击让各种机构以及新闻记者、博客主和媒体行动者的日常活动产生了什么样的反应？这些发生在一个城市的地方性事件，能给我们带来什么有关新闻业未来的教益？这些实地发生的变化又能教给我们什么关于新闻业命运的启示？毕竟，新闻业是美国最重要的民主机制之一。以及这一发生在特定时刻的特定媒介生态系统的特别故事，如何与前述那些更为理论化的观点勾连起来？《重建新闻》通过四个主要的叙述性主题把这个地方性研究与新闻演化的宏观问题相连，并指出可能影响新闻行业的问题和机遇。

首先，《重建新闻》记述了记者们对地方公众的观念是如何开始解体的。第二，本书描述了在新闻业想象之中展开报道的重要性，同时也描述了博客和聚合网站是如何挑战“原创报道”这个观念的。第三，本书还讨论了新闻组织内部创新“无法扩散”和新闻组织之间的合作也难以推行的情况。我的确认为，新闻业的未来部分地取决于网络化合作，但也强调，网络的创建并不天然地具有“网络化”的特性。去机构化的组织与机构组织之间存在复杂的关系，在很多方面，前者其实仰赖于它们蔑视的制 6
度化结构的稳定性和组织性。第四，也是最后一点是，《重建新闻》描绘了新闻内容生产工业模式的缓慢崩塌，以及要在一个更为牢靠的基础上重建内容生产模式的努力。总之，本书是对传统新闻系统的研究，正是这一传统系统使得我所研究的那些新闻组织采取了极不合理的行为。本书也是对个人和组织如何努力扭转这一逐渐弱化、渐成死局的趋势的研究，通常这些个人和组织都处在资源匮乏、制度性支持稀缺的境况中。静止与变革的张力正是构建本书叙事背后的驱动力。

研究费城新闻生态系统的第一个主题是:都市公众观念和图景的渐趋碎裂。随着研究进展,我充分意识到"公众"概念在新闻想象中占据着无可取代的位置。费城记者很快会提到,正是他们的日常新闻工作让地方公众知情。往更深层面说,他们还经常谈到,正是新闻工作创造出公众。而"公众"的重要性不仅仅被费城主流报纸那些身份意识明确的传统记者们所强调,它也回荡在激进的公民记者甚至是一些博主中间。部分地,因为这一出乎意料的修辞重叠,让我第一次认识到,在新闻意识当中,地方公众具有何等的重要性。本书的观点之一就是,地方公众的精神理念和实在形态在网络时代开始瓦解了。我的研究发现,很多记者已经越来越怀疑,"公众"观念可以被任何单一的工作实践或特定类型的组织所捕捉了。但是,这个观念仍是许多记者继续宣称的信仰,只不过其论调越来越悲观。一面是这一套围绕由新闻业告知和具象化的地方公众的传统修辞,一面是这样的公众正在打破原有传播模式的新近认识,而这两者的鸿沟,正是本书要讲的其中一个故事。

第二条叙事线分析了地方新闻业的工作实践。在研究期间,我震惊地发现,简单的"报道新闻"的行为在新闻工作者有关记者是谁、记者何为的修辞中仍然非常重要。一旦记者们想要证明他们自己和他们的专业,他们就会说,报道行为能把真正的新闻和其他活动区分开来。反过来,一旦记者们想要自嘲自贬的时候,我的许多受访人就会不好意思地承认他们“并没做报道”，因此也不像那些“真正的”记者那么有价值。但事实上，我的研究发现原创报道实践远非纯粹的，而是问题多多。对于新闻记者来说，要定义什么样的工作称得上“原创报道”变得越来越困难了。原创报道活动与诸如发博文和聚合汇总这样的新闻工作类型并行不悖，而这常常就发生在那些看不上所谓次要新闻实践的新闻组织内部。但同时，这些 7
传统媒体机构也会重新挪用发博文和新闻聚合这样的新闻实践，并让它们服务于新闻报道的目标。本书接下来的部分，会对这些复杂情形加以详述。现下，我只想强调这一对重要对象：报道行动和对公众的想象。这些相互关联的概念浓缩了下文的叙述。

第三条线也关注新闻实践，但是采用了一个生态系统和制度化的视角，围绕传统新闻业的工业化工作模式为何具有奇异的韧性，同时也考察从新闻空间的边缘出现的对前述模式的挑战。在一项从 20 世纪 70 年代开始进行的编辑室民族志研究中，赫伯特·甘斯（Herbert Gans）引用了一位主编的说法，称日常新闻常规就像是“在螺栓上拧紧螺母”。[10] 我认为没有哪一个隐喻比这个更能反映绝大多数传统新闻业所体现的工业化过程的特征。实际上，这样的实践仍然在我所研究的大多数费城新闻编辑室里占主导地位。记者和编辑仍然在以组装线的方式生产新闻报道，而新闻组织则勠力于与机构门墙之外的人和团体展开合作。但在这些工业化时代新闻实践的边缘地带，出现了越来越多腐朽的迹象。新的技术手段和传播实践给一成不变的工作流程带来压力。经济方面的挑战也导致新闻组织越来越难以维持和应付复杂新闻采集流程所需的员工规模。那些革新的新闻机构则利用数字技术和新的聘用体制，以便能对外部机构、志愿者和松散依附的专栏作家们开放自己的工作流程。我在费城观察到的工业时代新闻集群的生态系统既有坚实的一面，又濒于崩溃。

本书最后一个主题，可能应被称为“无法扩散的合作”。上面所提到的诸多叙述脉络——地方公众图景的碎裂、一直以报道为中心的理念、工业化生产模式的坍塌——似乎都指向这样一种情景，即新闻性创新和跨组织的合作不仅被人们在口头上称赞，它也是制度上的一种优化选择。换句话说，费城本地新闻生态形势的发展似乎正创造了一种情境，它让经由机构间合作、超文本链接和各种正式与非正式的合作关系展开的“新闻网络化”成为理智之选。然而，在我的第一轮民族志研究中，这样的合作和创新非但没有出现，而且好似还被人故意破坏。在我从 2009 年开始到 2011 年的第二轮研究中，情况已经有所变化，可以看到人们想主动搭建地方新闻枢纽和建立新闻网络的努力了。但总体上，这样的网络化发展进展缓慢，根基不牢。许多项目看上去就很脆弱，似乎随时都可能消失。最终，我认为，新闻网络化的发展困境由两个同等重要的因素造成，一方面是新闻文化——新闻业对“它的”公众的理解和报道活动在新闻业想象中的重
8 要性，另一方面则是后勤或交易成本方面的困难，它们很容易通过管理层面的方案解决。

读者可能注意到了，以上所说的没有讨论第五个主

题:受众接收和媒介消费。从某种方面说,消费者对这些横扫费城媒介生态系统的变化到底有何反应,这个问题确实不在本书分析范围之内。事实上,《重建新闻》这本书的一个分析起点就是,“生产者”和“使用者”之间的那条界限在一个参与性内容生产和“公民新闻”的时代已经越来越难以区分了。本书采用的是约瑟夫·图罗(Joseph Turow)称之为“产业化构造”的受众视角,[11]这一视角认为,“那些创造(媒介)内容的人去想象”媒介消费者的方式,会对“观看者和阅读者最初接收到的文本产生重要的影响”。在本书中,我们会从生产者的角度对媒介消费者加以分析。

本书概述

《重建新闻》各章节安排如下:第一章和第二章按时间线索描述了费城在线媒介生态系统的出现和发展,从20世纪90年代早期出现的第一个地方网络公告系统(BBS)的使用者到1997年费城报纸早期的在线化尝试,从世纪之交时公民新闻的勃兴到更晚近出现的报纸和其他在线媒体适应转变的努力。这两章记录了新闻工作的基础——原创报道——是如何在进入万维网后开始被“问题化”的。这两章也追溯了我称之为地方新闻公众的扩张和碎片化的现象,讨论了媒体试图接受并应对占据着费城交往空间的各式“地方公众”极速扩张这一事实的早期努力。我梳理了那些能厘清2008年费城在线生态系统的线索,辨析将不同节点、机构和个人在网络上相联的关联点。我还简要分析了遍布在费城不同地理空间的不同微观公众的群落。在这两章里我们可以看到，被新闻职业内化的专业信念——新闻能“组装公众”——第一次变得不灵了。

一旦第一章和第二章把费城新闻组织置于它们的历史语境中，那读者可能就会想到，剩下的章节就像是慢慢展开线团一样，将分别叙述整个故事的多个要点。首先，我以微观互动的方式开始，考察新闻工作者如何报道一则新闻，并通过对报道过程的近距离分析揭示在这一过程中发生的对新闻定义的变化。接下来，我描述的是新闻报道问世的方式，即新闻报道如何跃过新闻机构的高墙，扩散到整个地方媒介生态系统中去。通过讨论一则
9 新闻报道的整个扩散过程，我紧接着考虑地方媒介生态系统中的要素是如何成功地或者说失败于把组织和报道与一个更大的、合作性的新闻生态系统联系到一起。沿着这一脉络更进一步，我最终将传统新闻机构置于身后，转而检视那些影响新闻的外部机构和力量。一方面，这一叙述过程可被视为在分析层面上等同于从“互动到结构”，或者从“微观”到“宏观”。但是，我更倾向于在方法论层面上认为这是在遵循一条单一的线索，即从处在费城新闻产业核心的起点开始，逐渐向外探索到任何它可能触及的地方。

按照这一精神，第三章和第四章的内容大量基于我在 2008 年做的编辑室田野工作。通过对《费城问询者报》、Philly.com 网站、《费城每日新闻报》、费城 IMC 网站、费城未来网站，以及对几十个关注本地事务的博客的

工作实践的分析，第三章描绘了数字时代两种主要的新闻工作模式：报道和聚合，并关注了移动设备对报道新闻的影响以及社交媒体在编辑部选择新闻时所扮演的越来越重要的角色。第四章提供了一个基于编辑室视角的、对一则新闻报道如何扩散传播至整个地方媒介生态系统的分析。第三章详细阐述第二章间接提到的报道和聚合之间的张力，此外，还将讨论流水线式的新闻工作模式面对的压力和其耐久力。第四章通过对关于所谓“弗朗西斯维尔四人事件”(Francisville Four)报道的讨论，分析了地方新闻生态系统的实际运转。这两章描述了 21 世纪新闻日渐网络化的过程。

第五章的视野则从编辑室拉开，按时间顺序记录了从 2005 到 2008 年的情况，在这期间，费城本地新闻机构、网络和博客并没能创造一个具有明显合作特性的工作网络。我在这里采用了“集群理论”来分析在跨组织层面和组织内层面的新闻网络化。尽管新闻领域的各种趋势，社会的、文化的、技术的和经济的，似乎都指着一个特定的方向——编辑部应越来越采用“合作”的方式报道新闻，但是在费城，这样的合作网络并没有建立起来，至少在我的第一个田野工作期间没有建立起来。从 2005 年到 2008 年，我观察到了在新闻空间的边缘地带跨机构的创新得以发生，我观察到了一些网络企业家建造新的合作性空间的间或努力。但总体而言，我观察到的是，日渐衰弱的新闻机构变化缓慢，那些组织——甚至是那些比较新的、原生数字媒体组织——有合理的结构，本是可以进行有价值的新闻生产的，但是也一样在各种网络化合

作的可能性上竖起了高高的屏障。尽管第五章一开始我
谈到了两个小规模的成功合作的案例,即 2005 年举办的
诺格斯非正式会议和 2005 到 2006 年开展的“下任市长”
(Next Mayor)运动——但在这些短暂成功背后,是更大
的系统性合作失败。我讨论了“诺格斯群体”(norgs
group)最终的衰落和解体,也讨论了两个差异很大的新
10 闻机构——Philly.com 和费城 IMC——想要将数字超链
接纳入常规时所面临的早期困境。在这样的讨论中,最
终的“网络化失败”——费城主要报纸的破产——就隐然
浮现了。

如果你在 2005 年时告诉《费城问询者报》和《费城每日新闻报》的记者,说他们的报纸会在五年内倒闭,他们一定会对你大加嘲笑。2005 年时,新闻业就已经处在危险境地了——互联网已经扰乱了许多确定性和专业模式,但是要说像费城报纸那样稳定的、盈利的企业会在经济上一败涂地,还是难以想象的。甚至费城 IMC 的记者们,他们在 2000 年推动了最早的公民新闻运动,告诉公民们“不要恨媒体,要成为媒体”——他们都很难想象《费城问询者报》和《费城每日新闻报》终会破产。第六章开始部分描绘了费城新闻业这段最黑暗的日子。它显示了报道新闻如何在 2008 年变成一项越来越不稳固的事业,以及许多在爱与甜美的平等观念而非金钱观念的驱动下成立的数字新闻组织,它们如何成为高度脆弱的企业,随时可能倒闭。该章还更多关注了新闻业“公众”观念的改变,特别是公众如何在新闻编辑室的各种数字测量下变得越来越分化和数量化。

但本书并不是以费城新闻业溃败成一片废墟来结尾的。第六章的下半部分按时间顺序记录了从 2009 年到 2011 年费城报纸破产之后的情况。新的创新者团队在努力用他们自己的方式将费城媒介生态系统网络化，重生的“费城媒体网络”(Philadelphia Media Network)试图将它的传统报纸的部分改造得适应网络时代。这显示了地方组织包括一些地方基金会，如何开始推动一个更具合作性的新闻环境的出现。该章以对一群年轻的技术企业家们的讨论作结，这些人提出，要根据新出现的数据驱动技术和分析系统来重新思考新闻业的核心报道实践。此外，该章还简要地分析了当费城报纸再次被售卖之后出现的变化。

最后，我在第七章里对上述研究加以总结，并讨论了从中可以获取的更大的经验教训。费城人试图“网络化新闻”的经验教训，可能会对其他新闻组织、对数字文化和公共生活的概念具有普遍意义。我在这一章详述了新闻机构、报道和新闻记者对“公众”的观念在这个故事中扮演的角色，以及它们会以怎样的方式继续塑造都市新闻业的未来。

结论

在过去的十年里，美国的新闻采集方式已经转变。就像人们在 19 世纪 30 年代看到便士报的出现，在 20 世纪 60 年代看到强硬的全国调查性新闻模式的出现一样，20 世纪的最后几年和 21 世纪的最初几年在新闻生产历 11

史上也是同等重要的时刻。在本书研究的这段时间内，费城的一些新闻组织欣欣向荣，另一些则苦苦求生。本书聚焦于大型都市机构——费城地方报纸——的缓慢崩溃，以及试图改革和重建它们置身其中的更广大的新闻生态系统的诸多努力。

《重建新闻》描述了 2000 年公民新闻业在费城的兴起；它描述了地方新闻在 1997 年到 2010 年是如何"上线"(went online)的；它描述了新闻专业人员和他们的新媒体对手之间试图合作的努力；它透视地方新闻实践，描述 2013 年的地方新闻究竟如何生成，以及如何在线上线下传播。本书还按时间顺序记录了费城报纸如何沦落到破产，以及其他机构、个人和新闻记者如何在这样一个看上去注定要失败的时刻努力为重建费城媒介生态系统的"网络化新闻"而奋斗。本研究在费城主要新闻组织的编辑部门和人员内部花费了大量时间，也行至渔镇和北自由街这样的已被中产阶级化了的费城社区，去了解普通公民是如何创造他们自己的、基于数字传播的准新闻实践。本研究还来到费城郊外，看看这里的新一代博主们如何改写了体育新闻的生产。它还在西费城的邻里社区逗留，第一个反对"公司媒体"的公民新闻组织正是在那里诞生，但从未真的期待过费城主流媒体在十年后会落在生死边缘。这些不同的主题线索——个人的、机构的、合作的、竞争的和失败的——编织起了本书的叙事。它们共同讲述了在数字时代的晨曦里，一个地方新闻业的故事。

地方新闻业如何“上线”

第一章

费城报纸的在线化(1997—2008)

1997年,Philly.com的网站制作人詹妮弗·穆瑟·梅茨(Jennifer Musser-Metz)坐在办公桌前,正把一堆原始采访录音转成RealAudio流式音频格式文件,并打算把它们上传到互联网。这些采访是《费城问询者报》的驻外记者马克·鲍登(Mark Bowden)做的,主题是美国在1993年的索马里军事行动,这也是在克林顿总统执政早期所发生的影响重大的事件之一。鲍登那时还没有出版后来那本名为《黑鹰坠落》的书,而雷德利·斯科特导演的同名电影四年之后才上映。当鲍登和他的编辑们准备在报纸上刊登一个错综复杂的有29个部分的系列报道时,他们想到可以引入数字手段来辅助文字的叙事。鲍登后来回忆说,"(詹妮弗)路过我的办公桌,问我索马里采访的这个项目有什么研究资料和文件材料。那时我已经为这个项目工作了好几年了,有成堆的录音磁带、笔记、文件、广播文字稿和照片等。'你能把它们带来吗?'她问道。我把它们装在好几个袋子里拿过来了。詹妮弗和其他一些Philly.com的人用这些材料做成了一个网站。"[1]基于这堆原始素材，包括笔记、录音文稿和照片，詹妮弗·穆瑟·梅茨——她被从 Philly.com 借调到《费城问询者报》，后者当时还没有一个针对线上内容的工作人员——开创了互动式讲故事体验，这也是最早一批想要利用互联网数字潜能的新闻编辑室项目之一。

但是，“黑鹰坠落”网络项目只是一个“一次性”的项目，例外地验证了数字规则而已。尽管 Philly.com 的数字技术团队的确在互联网发展早期做出了令人瞩目的个别项目，但总体上该公司在 20 世纪 90 年代和 21 世纪早期着力最多的还是探索各种策略来确保它能在网络上发展壮大，半途中止策略的执行，然后尝试新的策略。我在
16 本章提出，要解决好在网上做什么的部分难点是后勤方面的和组织层面的，与之同等重要（尽管可能不那么明显）的是在普遍数字化时代“新闻公众”定义的改变。网络时代早期，对于大多数新闻记者来说，“公众”就是一个简单的概念，指被新闻报道告知和开导的本地读者的大集合。网络给媒体负责人、编辑和记者们带来的核心挑战是要搞清楚怎样才能把这样的公众以尽可能统一的方式“移动”到网上去，这样做的困难，以及网络如何揭示统一的新闻公众观念存在的问题，即为本章核心主题。第二章要讨论的各种“建设报纸网站”的努力，都是要把原来的公众带上网的努力的一部分。

组装地方新闻基础设施

菲莉丝·卡尼斯（Phyllis Kaniss）在她的《制造地方

新闻》一书中概述了费城地方新闻的生产，她把地方都市新闻业和美国城市自身的发展联系起来，并认为这一联系在大多数媒介研究中都被忽视了，它们关注的往往是新闻报道与全国性政治发展和社会历史的关系。[2]从最初的市井交易到制造业经济的转型、人口多样化和地理空间上郊区化，每一项都曾在便士报、大发行量日报、分区报纸和地方广电的发展史上扮演过重要角色。正如菲莉丝·卡尼斯将地方新闻生产的变化与美国都市基础建设相联系一样，本书第二章记录了在网络技术和互联网发展的背景下费城数字新闻空间的发展。通过把媒体变化放置在数字语境当中，我们可以获得了解费城地方新闻生产激荡的近期历史的一个角度。[3]分析费城在线新闻的转型也可以给分析美国其他城市类似的新闻转型带来启示。它们的相似之处是，当地报纸都曾在20世纪70年代的第一波美国报纸倒闭风潮中获得了垄断地位，并长久居于主流。而现在，它们都得面临在刚兴起的数字世界里很多新对手的挑战。

关于任何一个美国城市的都市媒介和地方新闻业的严肃的历史研究相当少见。本书第二章和第三章将编年历史的叙述限定在最近的二十年，并主要集中于所选择的几个网站和新闻组织的数字化发展。这两章的分析部分可以定义为：集群(assemblages)、论争(controversy)和编码(code)。所谓“集群”，我指的是媒体项目管理者的结构、政治观念和组织目标。劳工组织者运作的媒体项目是否会和无政府主义者结盟？地方报纸的管理链条近来已将其网络运作集中在硅谷了吗？所谓“集群”，还指

在新闻机构的想象中构成它们受众的个人和社会群体，
17 以及这些受众中参与数字内容创造的“读者—生产者”。新闻组织如何看待网站的访问者呢？是把他们主要看作懒惰的郊区居民，只想看看每日交通状况和天气信息，还是把他们看作政治抗议者，想要把最近的大规模活动照片传上网？或者是看作类型化的“新闻消费者”？所有的媒体项目都对读者是谁、受众是什么样子有着默会式的理解，这形塑了它们的组织行为。所谓“论争”，我指的是在这样一些特定的时刻，技术的定义、记者应该扮演的角色等这些原本理所当然的前提被动摇了，它们进入一个开放的讨论空间，并且总是伴随着对讨论对象和过程意义在修辞层面的论辩或斗争。所谓“编码”，我指的是各种不同技术的存在方式和扩散层次，以及技术的可供性(technological affordances)——比如说，某种编程语言或者内容管理系统的可及性(accessibility)。正如一个活动家/程序员所说：“每一种技术设计或特性设定都创造了一种特殊的发表结构，最终的结果是为使用者赋权，让他们以一种同样特殊的方式‘做他们自己的媒体’。”[4]

为了对相关历史展开回顾，第二章和第三章列出了七个费城的网站作为分析对象，它们是：the Independent Media Center of Philadelphia (http://www.phillyimc.org)；费城未来 (http://www.phillyfuture.org)；Philebrity (http://www.philebrity.com)；Beerleaguer(http://beerleaguer.typepad .com)，Citizen Mom (http://quinnchannel.typepad.com)；Mere Cat (http://merecat.

org)和 Philly.com (http://www.philly.com)。(在后面章节里,我将基于对这些新闻项目和其他地方网站与项目的访谈和观察展开分析。)表 1.1 概要介绍了在这里和在后续章节里要分析的这些新闻组织。为什么我要选择这些新闻组织呢?我前面已经提到了贯穿本书的"网络化"视角,以及我希望分析整个费城新闻生态系统而非几个关键新闻机构。通过数字化网络绘图过程、滚雪球式的民族志田野工作,以及简单地"跟着行动者"在费城内外穿梭,我选出了这些组织,并给予特别关注,尽管在贯穿本书的分析中,我也简要引用了很多其他新闻组织和行动者的例子。当然,能否进入一个新闻组织,也决定了我是否会关注它们:那些看上去对本书分析来说很重要的新闻组织偶尔会因为这样或那样的原因不可接近。关于研究对象的详细选取说明请见附录。这里我只想简单地声明,研究所选取的新闻组织能在相当程度上体现费城本地新闻生态系统的广泛性。

Philly.com 是费城两家主要报纸的联合网站,一家是大报《费城问询者报》,一家是小报《费城每日新闻报》,它们现在都归费城媒体网络所有,东家是费城本地财团。费城未来网站和费城 IMC 是关注本地事务的合作性新闻网站。Mere Cat, Ctizen Mom, Beerleaguer 和 Philebrity 则是网络博客,它们在关注对象、个人化程度和专业化程度方面层次不一。正如我在导论部分所说的,这七个案例是我在围绕费城数字媒体领域的关键节点展开早期田野工作和社会网络绘图时识别出的更大规模的网络站点的一部分。为了搜集每一个案例的数据,我对每个

18 网站的创始人或主要的技术负责人都进行了最少一次(通常都大于一次)的半结构式访谈,也分析了各自网站页面的布局。我还依赖于公开的电邮档案来追溯许多项目的历史,了解这些网站重新设计的情况。我大量使用网络档案网站(http://www.archive.org),该网站提供一种类似公共图书馆式的服务,它收集了可追溯到1996年的各网站曾使用过的不同历史版本。我还获得了一份深度介绍Philly.com历史的PPT文件,撰写者是詹妮弗·穆瑟·梅茨,她是信息技术团队的一名成员,从1996年起就在为费城报纸工作。我大量使用了她搜集的各种截图,并且在2008年夏天对她进行了长时间的访谈。对于本研究的背景,我最后还要提到的是,我参考了Philebrity博客上的“费城网络历史周”口述史项目。[5]虽然这无论如何算不上传统意义上的历史档案,但Philebrity项目确实搜集了针对电子布告栏和万维网在费城早期应用情况的回忆文章。

但是,在我开始讲述电子时代地方新闻业的历史之前,我还要迅速地回溯一下费城报纸的史前史:从资源丰饶的“黄金时代”到25年之后的某个时刻,忽然之间,费城新闻业的整个未来似乎都变得悬而未决。

早期生态系统

几乎不管以任何标准衡量,新闻业都可说在21世纪的第二个十年里陷入了巨大的危机状态。对很多商业分析人士而言,2008年是自大萧条以来报业处境最糟糕的年份。卓越新闻项目(PEJ)的年度新闻媒体情况报告显示,2008年新闻媒体的整体处境“比一年前更糟,而2009年预计还会更坏”。PEJ报告直率地指出:“报纸虽然离真正的死亡还远,但报业的讣文已经在悄悄地组织语言了。”尽管(如果把互联网考虑在内)报纸总体的到达率和阅读率还算稳定,甚至在2006年和2008年还有所增长,广告商却已经成群结队地弃报而去。PEJ报告写道,“传统纸媒面临的最大问题并不是人们从哪儿获得信息,而是人们怎么为它付费。换言之,新闻业的危机或许并不是受众的流失,而是更根本意义上新闻与广告的脱钩”[6]。

在费城当地,曾在18年里获得17项普利策奖的《费城问询者报》①,它的兴衰起落已经成为代表整个报业奋斗史活生生的写照。(见表1.1)费城报业的近期历史开始于1982年,那一年,《费城问询者报》的主要对手《费城晚简报》(*Philadelphia Evening Bulletin*)倒闭[7];《费城问询者报》主编基恩·罗伯茨(Gene Roberts)作为费城报业无可争议的天才人物闪亮登场;迈克尔·夏皮罗 20
(Michael Shapiro)称为《费城问询者报》的“阿尔法计划”(Alpha Plan)启动,该计划利用《费城晚简报》倒闭的机会来捍卫《费城问询者报》在费城报业市场的统治地位。《费城晚简报》的关门是席卷全国的晚报停刊风潮和不断强化的“一城一报”趋势的一部分,[8]这强化了《费城问

① 在基恩·罗伯茨主政《费城问询者报》的18年(1972—1990)间,该报夺得17项普利策奖。——译者注

表 1.1　本书讨论的媒体组织概览

	年份	组织规模	成员背景	职业轨迹	网站流量排名	网站被导入的链接数	资金来源
Attytood	2004	1人	职业记者	兼作“硬新闻记者”和博主	(Philly. com 的一部分)没有单独排名	(Philly. com 的一部分)没有单独计算	付费博客，但也要平衡博文和报道
Beerleaguer	2004	1人	有报纸背景，但做的是市场方面的工作	一直在管理 Beerleaguer	300,000 名之后	98	广告，一些时间和劳动是无偿的
Citizen Mom	2004	1人	在开博客之前是日报的职业记者	持续开办该博客；为付费新闻项目撰稿，特别是新的 WHYY 新闻工作项目	3,300,00 名之后	61	有广告收入，但大部分时间和劳动是无偿的
Mere Cat	2002	1人	技术达人和网站设计师	一直在运营 Mere Cat	3,800,000 名之后	51	无偿劳动
Philebrity	2004	1—3人	另类周刊的职业专栏作者	作为编辑，持续管理 Philebrity 网站	250,000 名之后	359	广告收入；有偿工作
Philly.com	1997	30—40人*	职业记者、编辑和技术人员	网站雇用了不少前报纸记者来运作网站内容	3,500 名之后	13,338	基本上是基于广告收入的商业网站
费城未来	2000	1—3人	技术人员和软件工程师	编辑基本上放弃这个项目了，但是还继续更新他的个人博客，并为费城媒体公司工作	500,000 名之后	355	广告，但主要是无偿劳动
费城 IMC	2000	大于10人	活动人士、技术达人以及(一些)“另类的”职业记者	网站经历了多次组织分裂；一些志愿记者去当了职业记者，另一些人创立了一个衍生于此的媒体动员项目(Media Mobilizing Project，MM)	136,000 名之后	478	完全非盈利；依靠个人捐赠和补助金

* Philly.com 自己的编辑团队少于 10 人，如加上为其提供内容的报纸的编辑团队，编辑团队可达 200 人

询者报》作为费城"官方"报纸的地位(它的姊妹小报《每日新闻报》,彼时也隶属于奈特—里德集团,其地位似乎降低到宫廷小丑的位置了)。

迈克尔·夏皮罗这样描述《费城问询者报》在《费城晚简报》关闭后的发展:

> (罗伯茨)认为《费城晚简报》关门给他的报纸(《费城问询者报》)企业投资人带来了一个好机会向费城人证明,他们真的想要办一份质量顶尖的报纸……《费城晚简报》在1982年1月29日寿终正寝,当天,极少召集员工会议的罗伯茨站在新闻编辑室的中间宣布,《费城问询者报》马上会从《费城晚简报》那里雇17名记者,将自己的国外和国内记者站的数量增加到两倍。[9]

一位《费城问询者报》的全国版编辑在2008年对我说,"我真的就是在《费城晚简报》关门和《费城问询者报》扩充其海外和全国记者的那一周开始为这份报纸工作的。从那时起,我们有六七个人(报道全国和国际新闻)。"[10]20世纪80年代早期,《费城问询者报》共有400多名员工,到1989年,也就是所谓罗伯茨时代的倒数第二年,《费城问询者报》的员工总数已经达到顶峰的721人。一直到2000年,新闻编辑部的雇员数都在600人以上。[11]

尽管在罗伯茨治下,《费城问询者报》在1982年的重生让它在 20 世纪 80 年代中期增加了发行量，但从 80 年代后半段到今天，无论是《费城问询者报》还是《费城每日新闻报》的发行量都持续下滑。行业报告一再倾向于强调发行量的季度变化（或者年度变化），但是更长期的发行数据方能告诉我们真正的趋势。1984 年，《费城问询者报》的每日发行量是 535，205 份；9 年以后，跌至 455,000 份。在 1996 年的一次冲高之后，发行量继续在整个 90 年代后半期下落，2001 年时发行量是 392，438 份，2005 年时发行量为 330，662——只有 1984 年发行量的 60%。《费城每日新闻报》甚至连《费城问询者报》在 1996 年那样的发行量小幅增加也没有，20 年间从 1984 年的 293，931 份一路掉落为 118，822 份（只有 1984 年发行量的 40%）。这些数据与更广泛的全国趋势是一致的，尽管它们显得有一点儿怵目。

《费城每日新闻报》从没有过一个可夸耀的资源丰饶的黄金时代。至少在 1995 年，或者可能更早一些，在同本地报业公会的谈判中，这份小报要被关门的危险就出现了。经历了 1995 年秋天令人不安的舆论后，《纽约时报》报道称奈特－里德集团的管理层已经开始考虑要关掉《费城每日新闻报》，把费城变成只有一份日报的城市。
21 《费城每日新闻报》在财务上的表现始终弱于《费城问询者报》，后者位列全美前十五家大报之一。[12]但就算《费城每日新闻报》在 1995 年躲过一劫，称其“死期不远”的预言在接下来的 13 年里一直是周期性地出现。在这期间，这份报纸也是内瓤将尽——员工数从 1984 年的 215 人跌落到 2007 年的 106 人。

参与和地方:费城早期在线媒体

正是在地位巩固、志得意满、在新闻方面获得成功的背景下,这两家报纸在 1995 年创立了娱乐性的 Phillylife.com,踏入 90 年代中期互联网的狂野世界。这个网站的网址在 1996 年改为 Philadelphiaonline.com,稍后这两家报纸的内容开始呈现在网站上。(1999 年,Philadelphia-online.com 的网名又改成了 Philly.com,在我们这一研究看来,这些网站是一回事。)根据穆瑟 · 梅茨对 Philly.com 网站设计变化的回顾文章,1997 年版的 Philly.com(如图 1.1)是“给使用调制解调器上网的网民看的极简主义风格网站。它的设计图像都非常小——我们称之为‘芝兰口香糖时期’”(芝兰口香糖的外观是小小的彩色方块——译者注)。[13]她解释说,当时的技术决定了网站只能做到那样,“网站很显然要考虑到能让我们的大多数读者能用才行,他们使用的是(每秒传输)56.6 字节的调制解调器 22
……我们设计这个网站布局的方式就是采用非常简单的表格结构,比可扩展超文本标记语言(XHMTL)和层叠样式表(CSS)还要早。”[14]在任何浏览器和电脑屏幕上对这个网站进行排版都是很困难的。看着老土的一块块芝兰口香糖似的图像和垂直边条的板式,这就是 Philly.com 早期版本的样子。其内容特征显示了《费城问询者报》《费城每日新闻报》和 Philly.com 的复杂的组织间关系,不过它们都隶属于奈特-里德集团。尽管《费城问询者报》和《费城每日新闻报》属于同一个东家,但两者的新闻编辑部是各自独立的,而且在报道上竞争激烈;Philly.com 则同时使用两份报纸的内容。这样的安排造成了一个非常复杂的新闻管理系统。

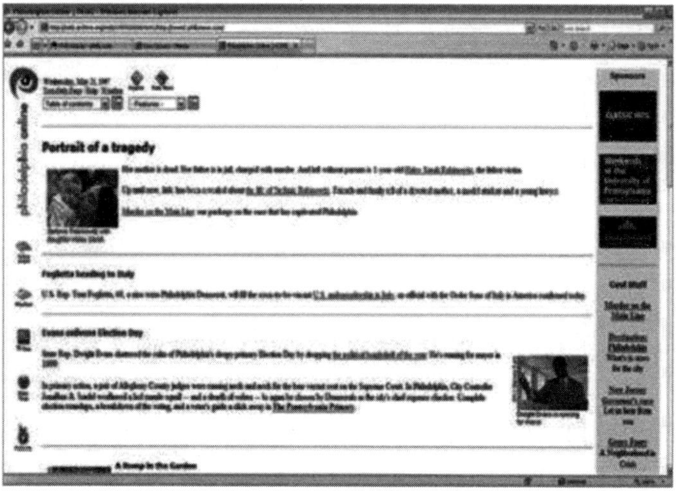

图 1.1　1997 年时 Philly.com 网站的截图。(来源:http://archive.org)

对 1997 年 Philly.com 网站结构(参见图 1.1)的分析,有助于我们了解处理《费城问询者报》和《费城每日新闻报》之间关系的困难之处。穆瑟·梅茨还记得图 1.1 所展示的头版报道是怎么被 Philly.com 的人选出来的,这个故事讲的是一个被控谋杀家人的本地拉比。她说,"页面上的主要部分都是人们事实上会读的新闻,这更多靠的是 Philly.com 生产团队的直觉,以及网站的追踪反馈系统提供的读者实际上对什么感兴趣(而不是《费城问询者报》眼里的重要性)的数据。所以拉比谋杀案,肯定是不得了的新闻。它不一定能够登上《费城问询者报》的头版,但肯定会登上《费城每日新闻报》的封面。但它的确又是我们的读者真正感兴趣的。”[15]即便在Philly.com发展的早期阶段,它也试图把自己打造成一个相对独特的媒体组织,而不同于《费城问询者报》和《费城每日新闻报》,尽管Philly.com上的所有内容几乎都是这两家报纸提供的。但在Philly.com直到今天的发展历程中,它与报纸的关系时盈时亏、时圆时缺:有时候,Philly.com只不过就是《费城问询者报》的电子版;当然在另一些时候,Philly.com也还在努力打造它自身的独特身份。这些复杂的组织层面的关系也刻写在费城网的数字内容之中。穆瑟·梅茨回忆说,那个被控谋杀的拉比的故事就包含着至少三个网页链接。第一个链接到《费城每日新闻报》的报道;第二个链接到《费城问询者报》的花絮或报道;至于第三个,链接到了……综合集纳《费城问询者报》和《费城每日新闻报》关于特定主题的所有报道的页面。[16] Philly.com自成立以来,就很少有或者说根本没有自己生产的原创内容;它几乎只关心报道聚合、内容合作、使用者互动和市场营销。但是Philly.com的早期关系网络几乎都是由报纸组成,网站类似一个辛迪加组织。既要有一个“相区分的身份”,又依赖高度机构化和文化资本雄厚的组织,这种同时存在的要求是Philly.com成立以来就陷入的两难困境。

Philly.com早期要打造自身特色以与报纸区分开来的努力,在1998年时表现得最为显著。当时Philly.com采用了美国在线使用的“单屏主页设计”。当年的页面设

23 计现在已没有截图了,不过它被一份行业刊物形容为“一种密集的单屏设计,能更好地适应网站读者的阅读习惯……新的主页能在屏幕上完全展示,无须滚动(除非你用的是笔记本电脑或小屏幕设备),通常来自报纸的重头报道或当日特稿会在屏幕上做重点凸显,页面上也有对《费城每日新闻报》和《费城问询者报》报道的链接”。[17]穆瑟·梅茨自嘲道:“我们追随美国在线所体现的时代精神……因为在那个时代……费城是它们最大的数字市场之一。因为我们知道我们的读者是喜欢这种体验的。当然,我们的报道真的是很长,只用一屏从来都放不下这么长的报道。所以采用这种单屏页面设计真的是一个蠢主意。”[18]记者和编辑们“抱怨他们的报道在网站上展示得很没看头,没有大标题,没有内容介绍,也不能直接链接到 Philly.com 的主页”[19]。他们还抱怨报纸正在被他们所称的“那个在线的玩意”边缘化。这个单屏页面的新设计,只用了几个月就被搁置了。

从这段 Philly.com 早期简史中,我们能得到什么经验教训吗?在这段盛行“dot-com”的早期狂热岁月里,Philly.com 努力要让人们理解为什么应该在第一时间在线化。一个独立的网站能给那些运行良好、高度机构化的强大报纸带来什么“附加值”吗?在 Philly.com 的发展早期,黑鹰坠落项目可以说是把报纸的长篇新闻报道和数字内容生产的新可能性结合得最成功的一个项目(见图 1.2)。正如鲍登所回忆的,“我们对如何同时把报道呈现在报纸、网站上有过一些讨论。当时,它看上去是一个相当简单的任务。从某种程度上说我就是这么想的,我认为我们只要每天把报道的文字弄到网上去就好了,再加上点每天报纸能提供的其他东西。”就在那时,詹妮弗·穆瑟·梅茨要鲍登把他的那些背景素材拿来,正如本章在开头部分提到的。鲍登继续说道,“我之所以可以夸耀一下这个网站,是因为除了写报道和提供那些背景材料,我对创造这个网站可没啥贡献。它真是叫人惊艳。当我开始报纸工作的时候,我学习的是用打字机、复写纸、剪刀和浆糊工作。詹妮弗的作品则融合了文本、视频、音频、文档、地图、插图,还有一个问答设计,这绝不仅仅是令人惊叹的展现,它就是对新闻业未来的惊鸿一瞥。它清楚地展示了互联网相对于印刷媒体的优势。”[20]

和今天相比,黑鹰坠落项目所使用的技术是粗糙的。多媒体部分用的是 WAV 音频格式和 VDO 视频格式,大部分的 HTML 网页是手工编码的。但鲍登关于黑鹰坠落项目的最持久的回忆,不是那些看起来眼花缭乱的技术,而是他参与的与读者展开全球对话的 20 个问与答环节。与他互动的读者“包括曾经参加那场战斗的人”。每周,鲍登都会与《费城问询者报》的读者讨论报道,这大大早于报纸后来常规开设的“网站聊天室”。鲍登回忆说,读者们“纠正我的错误,给我指出哪里有更好的信息,也接受我的采访。这使得我得以在 1999 年最终出版该书前,极大地改善了报道”[21]。

因为有这样的对话,几乎每个为这个项目工作过的人在回忆黑鹰坠落项目时都满含深情,认为它是展现了网络的技术和对话潜能的一个早期范例。鲍登认为,哪怕十年后,它仍然处在“网络报道呈现的前沿”。但是

24

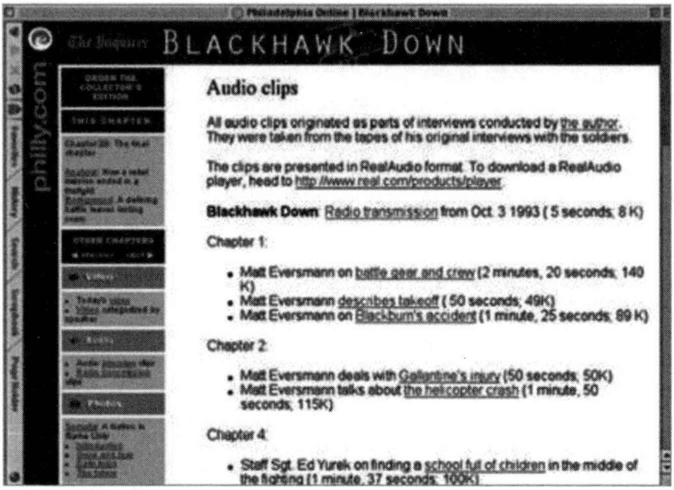

图 1.2　数字新闻特别项目黑鹰坠落的网站截图。(来源:詹妮弗·穆勒·梅兹)

Philly.com 的工作人员也强调,黑鹰坠落是一个“特殊的项目”,因为它在那时是一个“分开的、独立的网站”,配置了完全不同的一套工作人马,采用完全不同的管理结构。[22]尽管此后 Philly.com 的生产者继续推出了若干项类似“劲爆”的在线项目[包括《黑鹰坠落》的续篇《杀死巴勃罗》(*Killing Pablo*),以及《宾夕法尼亚选民的面孔》(*Faces of Pennsylvania Voters*)和《打垮犯罪》(*Down with Crime*)],我们必须记住,虽然黑鹰坠落可能代表了一种不同寻常的、长篇报纸报道和数字媒体以及读者—记者对话的突破性融合,但是它并不是《费城问询者报》《费城每日新闻报》或 Philly.com 每日常规工作的焦点。

相反,1999 到 2000 年,Philly.com 的确致力于从报纸的印刷版本中摆脱出来,但它们靠的并不是像黑鹰坠落这样的聚焦叙事的项目,而是通过努力和其他本地新闻提供者建立内容分享的合作关系,并致力于变成一个地区"门户"。

中心化与本地化:Philly.com 与奈特-里德集团的关系 25

1999 年春,《费城问询者报》和《费城每日新闻报》的东家奈特-里德集团(其在全国还拥有几十家报纸和网站)试图理解在数字空间里一个基于费城本地的媒体项目到底意味着什么。奈特-里德集团最终选择的策略是"立足本地":管理层致力于把在费城的数字资源从在线报纸转变为地方网站,后者不仅以传统新闻为特色,也包括了费城生活攻略信息。宣布这一策略转变方案时,Philly.com 的总编辑告诉行业刊物《编辑与出版人》,"我们想让 Philly.com 无所不包,人们可以上网来找关于本地的任何信息。"[23]办门户网可能是应对网络更为分化之本质的一个解决方案,奈特-里德集团并非唯一看到这点的大众传媒公司。2000 年,一些广播网站也"试图成为本地门户",梅尔·泰勒(Mel Taylor),一位前 DJ 和清晰传播频道的地方销售经理对《Philebrity 互联网历史周刊》[24]说,"我们要在本地门户上提供人们在网络上需要的一切。"曾任奈特-里德数字媒体总裁的丹·芬尼根(Dan Finnigan)指出,到 2001 年,"每一个地方媒体都在

办网站。这都快和电话号码一样普及了。”他补充道:

> 要想吸引本地人的眼球,就需要跳出在线报纸的范畴,提供其他的消费产品。慢慢地,大家的目标就是建立超级区域品牌,并给本地报纸、广播和电视台的网站带流量,但最基本的是要成为当人们要去了解比如湾区或者迈阿密、双子城等地的当地信息时所要找的第一站。我的终极目标就是我们要在垂直网站和全国性门户网站中成为全网的“本地化”按钮。[25]

Philly.com 的区域化策略把地方——或者说把基于特定地方汇聚到的受众关注——看成一个已经存在的收入流,只要简单地尽可能整体移到网上去就好了。毕竟,《费城问询者报》和《费城每日新闻报》已经是地方报纸了。对这些企业来说,网络所带来的问题似乎并不是如何让自己在一个社区里扎根(他们认为自己就是在社区中,而且已经扎根几十年了),或者如何开启社区对话(在他们看来,这样的对话正是因为他们才发生的),这些企业关心的是如何保有区域性的广告收入,而广告收入总是依赖于将受众的注意力售卖给广告商。(见图 1.3)一位 Philly.com 的程序员回忆说,奈特-里德的门户策略让网站设立了互联网广播业务;与《费城城市报》和 6 频道新闻快报(*Action News*)展开短命的内容共享合作[26];创建它自己的区域搜索引擎 Philly Finder[27];开发一个社区日历;发展广泛的地区合作。Philly.com 的技术和设计也在演变。一个标签驱动的、有多媒体内容的滚动的长主页取代了原来的单一网页或“芝兰口香糖”式的网站。1999 年，Philly.com 已经开始使用数据库后台驱动的内容管理系统，取代了那种早期使用的简单的、平面化的文件系统。[28]

26

图 1.3　2000 年时 Philly.com 的网站截图，达到独立于奈特-里德集团的鼎盛期。(来源：http://archive.org)

穆勒·梅茨回忆说，部分因为这些变化，“我们也就让报纸也有他们自己的标识。这样我们就推进这事(基本上就是告诉他们)，他们可以在这个网站上有自己的一个版块，可以做他们想做的。”同样的内容可以从多个不同的站点接入浏览，它们被存储在不同的网络包中。她接着说，“你可以从 Philly.com 接入，看到所有的《费城问询者报》的报道,这是你从 Philly.com 上得到的体验。或者你也可以通过《费城问询者报》自己的页面进入,得到的是在《费城问询者报》上的体验。”[29]

2000 年年初,在网站文化发展的鼎盛阶段,Philly.com 演变成了这样一种冗赘的(尽管也是实用的)混合体。它从两家报纸上聚合内容(主要是《费城问询者报》)。它追求和本地媒体的各种合作。它偶尔(尽管不如早期那么频繁)开拓一些大规模的多媒体新闻报道项目。它对用户的想象也随之变化。最早是技术有限的早期互联网用户,他们主要是在线上阅读报纸内容。接下来变成了活跃的深度多媒体报道的消费者,他们对体现
27 全球多样性的报道感兴趣(例如黑鹰坠落这样的项目)。最后,使用者群体变成了各种本地信息而不仅仅是新闻的消费者,他们要的是能找到社区大事小情的“一站式”信息网站。更重要的是,早期 Philly.com 的一个特点是,全国性集团所有,但实行本地化管理。穆勒·梅茨说,“那时我们在网站上能做什么,不仅受到技术的影响,也与我们的所有权有关,我们在运用自身能力建设网站时,必须将我们的所有权和我们的能力协同一致,才能自由又明智地做这件事。”[30]但到 2000 年,这种网站经济还是崩溃了。穆勒·梅茨说,“我们的大多数客户都破产了。”Philly.com 集群中的主导群体从费城搬到了加州的圣何塞(San Jose)。这一西迁行为给 Philly.com 的运行理念带来了显著的变化,既影响了它的位置感,也影响了它对在网络世界发展的可能性的观念。

从报纸网站到创建本地门户网站的变化是因特网时

代公司所有者制定的最早的决策之一。一位 Philly.com 员工回忆说,“差不多在 1999 年之前,没什么人在乎我们做什么。公司总部里没有什么人会很关注互联网。”[31]穆勒·梅茨说:“但是当我们进入 21 世纪之后,奈特-里德公司认为所有的地方分支都运行自己的网站太费钱了。所以他们决定把所有这些地方网站集中化。他们做的第一件事情,就是将集团所有报纸的在线部门集中起来,拆散组合为奈特-里德网站(Knightridder.com),后来更名为数码奈特-里德。”[32]在线经济的崩溃加速了这个集中化的过程。为了能让集团的数字发行和广告运行成本更低,穆勒·梅茨说奈特-里德集团决定“运行一个分类广告的平台,一个展示广告的平台,以及一个从编辑角度考虑的出版平台。这样它就可以把管理标准化,组建一个技术团队,一个设计团队……2000 年前后,当我们开始运行的时候,(奈特-里德集团)旗下有 33 家报纸网站,大概有 20 个员工。不到一年,我们就裁员到了 13 人。那时网站之间有很多重复的迭代工作。有一段时间,我就同时为 Philly.com 网、Wilkes-Barre 网和 State College 网工作。”[33]

中心化的要求也使人们必须采用一种能同时服务于集团所有这 30 多家网站的简单设计。一位 Philly.com 的网站设计师记得,一个 2002 年春上线的新网站版本,用的就是“一种饼干模具的方式来设计的。我们可以在公司提供的颜色系列里面挑,把我们的 Logo 放上去。其他几乎所有的设计都是公司完成的。”[34](见图1.4)在一些奈特-里德所属的地方报纸里,这招致相当强烈的负面评价。《韦恩堡(印第安纳州)公报》(*Fort Wayne* (Ind.) *Journal Gazette*)网络运行负责人小汤姆·佩莱格林(Tom Pellegrene Jr)甚至于2002年4月在报纸网站上贴出了公开致歉:

> 我们知道你们中的许多人不喜欢新设计。超过200位读者好心地给我们写邮件或打电话告诉我们这件事。(其中只有8个人说喜欢这种变化。)你们可能不知道的是,我们自己也不喜欢它。在你们的电脑上,新网站运行速度比旧网站更慢,也更难以找到你们想要的信息……我们试图做出改变,但不仅非常有限,而且极耗时间。所以,眼下的状况就是,我们被数码奈特–里德(Knight-Ridder Digital)困住了,它也被我们困住了。[35]

因为最初几个月招致的差评,数码奈特–里德将地方网站的部分控制权交还给地方网站的实际运营者,[36]大部分Philly.com的员工和其他费城网络团队的成员都同意,此后在线系统确有改进。但是,尽管运行水准提升了,到2006年,费城每日新闻网、费城问询者报网和Philly.com还是高度相似。此外,对穆勒·梅茨来说,“我们能在本地化方面如何拓展,这两份报纸所能做的仍旧有限,特别是关于合作方面。比如和公共广播电台WHYY,或者拥有一票狂热粉丝的宾大公共电台88.5(XPN),就算我们想和它们合作,也是办不成的。”[37]只

 28

图 1.4　经过奈特-里德集团集中化的重新设计后,2004 年时 Philly.com 网站的截图。(来源:http:// archive.org)

有经过戏剧性的发展变化——奈特-里德集团自我清盘,并将两份报纸和 Philly. com 交还给地方所有者——Philly.com 才有可能再一次拥抱它在 2000 年放弃的高度地方化的实践。

社区对话和“以使用者为中心”的设计 29

2006 年到 2009 年间,形塑 Philly.com 的主要力量不是来自技术,而是管理方面和经济方面的。具体而言,它们的根源都在 2006 年奈特-里德集团的出售和解体上。费城本地的一群投资人最终买下了《费城问询者报》《费城每日新闻报》和 Philly.com,这给费城网打开了重启其2000 年本地化策略的大门——这一策略曾被大办网站的风潮和奈特-里德集团推行的中心化所打断。Philly.com一位人士在 2008 年不无懊恼地指出,“被布莱恩·蒂尔尼(Brian Tierney)和费城媒体股份公司买下后,我们重新开始做的工作简直就是似曾相识,它和我们在 2000 年做的事是那么相似……被本地股东收购是一件大好事,因为我们又回到了这里,因为我们自己可以决定什么会契合我们的本地市场。”[38] 2000 年,“新”Philly.com 就开始与组织之外的机构进行内容合作,并重新进入本地音乐界。随着奈特-里德集团被出售、其集中化内容管理系统解体,Philly.com 网站迎来了为精通网络的本地受众重新设计网站的任务——或者说机会。(参见图 1.5)。

图 1.5 显示了网站在 2008 年重新设计以后的成果——在许多参与其事的人看来,这一新设计是 Philly.com“觉醒”的机会,此前它在圣何塞总部集中化控制下,度过了停滞不前的 6 年。“奈特-里德的设计——就是那种饼干模具式的风格——很显然和费城的调性不符”,给网站做重新设计的公司睿域营销(Avenue A Razorfish)的负责人这样告诉我。[39] 但这个设计也被许多记者批评为“不像传统报纸的网站”——最常见的抱怨就是网站上少了层叠式报道标题,反而倾向于一种入口点更少的排版——重新设计团队的成员在访谈中告诉我,“这正是关键所在。我们恰恰不想让网站看起来像一份报纸。我们想让它看起来像一个新生事物。”[40]

正如博茨科夫斯基(Boczkowski)和其他研究媒体与

30

图 1.5 经过睿域营销团队重新设计并重归本地所有者之手后，Philly.com 在 2008 年的网站截图。(来源：http://archive.org)

技术的学者们所提醒的，一个网站的重新设计从来都不仅仅是一个重新设计。它不仅包括计算机程序的改变，也意味着对用户的想象的变化。事实上，Philly.com 第一次不再靠猜测，甚至不再靠新闻价值判断来刻画它的“用户形象”；费城媒体股份公司(新的本地所有者)外包的网站设计团队领导了新网站的重新发布，他们花了大量精力研究 Philly.com 用户的构成、动态和需求。重新设计团队负责人告诉我，“他们还是在以新闻的方式来谈论这个网站。但我们走进去说‘这是一个品牌’。用户所能感受到的,是这种体验的品质。你们曾经有过一个品牌,但它后来衰落了。我们现在要做的,就是要重新唤起人们的品牌意识;我们要重新考虑这一切。Philly.com 是一个品牌。” Philly.com 明确了它自己的用户社区后,睿域团队满怀兴趣地“以一种好玩的方式拥抱和参与到使用者社区里来。Philly.com 的使用者是足球妈咪①,可不是光读报纸的书呆子。”该团队还告诉我,“传统的新闻机构没有服务好这些社会群体。Philly.com 真正的竞争对手和榜样不是另一家报纸,而是社交网站 Dig Philly……信息比新闻的概念要宽泛得多,而新闻,如果一定要说它是 Philly.com 的焦点,也并不必然是令人厌倦的。”[41]

第一次,Philly.com 在设计上被赋予了网络交互特征——我们在第二章会看到,这是十多年来深深植根于互联网观念和基因中的特征。但有趣的是,睿域团队会以品牌来隐喻这种交互能力。睿域营销的创意执行总监说,“我们想让新的 Philly.com 做一些只有互联网才能做的事。在这里,你能和跟你相似的人交流你关心的话题……记住,品牌已经从整体上改变了。用户需要控制权,你再也不能高高在上地硬推什么么了。”

31 在推广文案中,Philly.com 的管理者们反复夸赞网站的互动能力。新 Philly.com 欢迎读者的在线通告这样写道:“通过我们的新网站,你们现在有机会回应我们的内容,并彼此互动了。不管你在哪里见到一个黄色的盒子

① 足球妈咪,即 soccer mom,这个短语最初用来描述那些开车载孩子去踢足球并在一旁观看的妈妈们,泛指重视小孩休闲活动、开车接送小孩参加活动的妈妈。——译者注

标记,你会发现这就是一个你可以分享自己的观点、阅读他人的想法、添加自己的照片或视频并浏览他人张贴的照片和视频的空间。我们给你们提供这样的服务,因为我们知道,就费城及周边的生活而言,没人是比你们更好的专家了。此外,我们也想让你们能更容易地和报纸的记者和专栏作家交流。”[42]与我谈过的 Philly.com 员工们都很兴奋地强调,他们在首页上的每一条内容都必须配有“用户生产的内容”——经常是读者调查或者是读者评论版块。几乎所有 Philly.com 的报道都将读者评论设置为默认状态,这意味着这些报道会开放给读者让他们即时点评——长久以来绝大多数博客都具备这样的特点,这一要素也让人回想起 1997 年黑鹰坠落项目的“问答”版块。

一位曾负责网站再设计的前 Philly.com 执行官总结道:

> 你们的传统报纸网站似乎假定所有的人都会关注一堆报纸头条新闻。我承认新闻人的确会关注那一堆报纸头条,但是我认为我们试图达到的目的,是帮助人们规划他们在费城的生活。我的意思是说,这就是我们所追求的,你如何创造出某种——用一个已经在网络商业中被用滥了的词语——费城生活的“门户”。在费城生活不只包括新闻……七八年前人人都想建门户网站,人们已经发现门户网真的很难通过新闻的方式来搭建,所以它衰落了。但是我认为

> 它本身仍然是有意思和有效的，只是因为我们没能正确地实践，不意味着建门户网本身是一个错误的观念……新闻对于保持读者兴趣来说是好的，但是对于搭建实用性来说，你就必须往里扔进其他的东西。[43]

所以，谁是 Philly.com 的用户社群？睿域营销的设计师们这样告诉我，费城记者们“认为他们知道他们的使用者是谁，但是他们所持的更多是一个‘混杂’的概念。我们问他们，‘你们的产品是什么？’他们说：‘费城。’‘谁是你们的受众？’‘任何住在费城城区和郊区的人。’这样的受众太宽泛，也太庞大了……所以我们做了网上调查和焦点小组访谈来搞清楚受众究竟是什么人。”对于这个领导了 Philly.com 再设计工作的团队来说，Philly.com 的使用者主要由三部分人构成，每一部分人都有自己的品牌标识：他们是“吃货”（那些对美食和外出就餐感兴趣的人）、“超级看客”（体育迷）和“做计划的人和行动者”。一位员工如是回忆基于最新受众调查产生的对 Philly.com 用户的描述：

> 32 新设计人员试图增加受众与网站的互动。他们想帮助我们的读者计划、发现、参与。他们管受众叫“超级看客”“做计划的人和行动者”。计划、发现和采取行动，差不多就是这些意思。抱歉，这很可悲。我本应该从内而外地知道这些东西，但我很健忘。要做到这样去理解受众

是一件压力非常非常大的事。[44]

潜藏在访谈中的那种让人觉得不舒服的情绪,对于我们试图理解2009年Philly.com新闻产品的变化,其实是一个重要的线索。尽管很难在页面上寻到踪迹,但这里引用的话语仍然传递出了一种带着挖苦和怀疑的声音。确实很难想象那些名字在新闻报道页面上挨个出现的老新闻记者们会在一个早晨醒来,欢呼"我要在这里为超级看客社区服务",我们也得记住费城记者最初关于使用者的"混杂"式的想象,它是建立在大规模受众诉求之上的,目的是要能对一整个城市说话,所言也能涉及一整个城市。再回到那个问题,"你们的产品是什么?"答案是"费城"。"谁是你们的受众?"答案是"任何住在费城城区和郊区的人"。当记者们得到一个新的、更具体的对他们"使用者群体"的公开准确的形象刻画后,Philly.com重塑了什么样的品牌形象呢?答案是:"关于费城的任何事、每件事。"这个标语出自早先《编辑与出版人》杂志谨慎引用的Philly.com执行官的一句评论:"我们希望Philly.com能被人看作上网了解关于我们这个地区的任何事和每件事的地方。"事实上,这种关于使用者观念的不确定性,不仅出现在Philly.com。针对在线"用户社群"的问题(他们是谁?我们如何创建使用者社区?它是不是在某种意味上是"普遍性"的)的内在张力在本章贯穿始终。

结论:在线上新闻的第一波浪潮中思考地方公众

本章,我检视了传统费城新闻业在网站时代在线化过程中的不同示例。这里的分析主要基于档案研究和对Philly.com数字形态的质性重构。显然,一系列宏观层面的因素在决定早期网站时代“新闻的形态”方面是起作用的。[45]它们中有组织的影响力、公司结构的改变和技术能力。不过,在这些辩论中起作用的还有地方新闻业的“自我想象”:地方新闻业的目标是什么以及谁是地方新闻业的受众。最早,Philadelphiaonline.com认为使用者是那些网络技术达人,这个使用者观念后来被替换为喜欢一站式购物、寻求集纳式门户网站的费城人,再后来,又改为普遍的数字信息的寻求者,最终,改为经由市场调查画像的消费者。但是,在职的新闻记者们想象和刻画的数字新闻公众构成问题,甚至比对在线受众的讨论更复杂。
33 只有在少数几个案例里——比如黑鹰坠落数字项目——公众被看作想与新闻深度互动的实体。更罕见的,是那种认为不可以简单地、毫无疑问地把同质性的大众移到网络上去,再将他们货币化的公众观念。简单说,绝大多数新闻工作者在新闻业数字转型的早年间所持的公众观念和在互联网之前就有的公众观念没有多大区别。组装公众的实践——报道新闻——在网站发展的最初岁月里改变甚少,对此,我们将在第二章里做更深入的讨论。

但是,转型时期有一类被忽视的在线媒体组织秉持着对网络新闻业远为激进的观念。一些组织,例如费城IMC就梦想要拆除传统报道实践的门槛,开放给任何目击者或政治异见人士。另一些组织,如费城未来,则想利用数字媒体作为工具,促进城市发展方向的对话。第三类网站,脱胎于最早一批本地博客,它们不理会什么新闻业的规矩,也不在乎政治事件,它们聚焦于建立不同的为某个特定话题聚集起来的“兴趣社区”。

每一个这样的数字网站——尽管与 Philly.com 同时建立运营,但是它们对新闻工作基础的重新思考远远走在主流报纸网站之前,它们也开启了对新闻公众的不同理解。在第二章,我讨论了在线新闻业的“第二次浪潮”——不是发生在新闻业的中心,而是发生在新闻业的边缘地带。

第二章

费城 IMC、费城未来和在线新闻业的“第二次浪潮”

独立媒体中心(Independent Media Center, IMC)网络在全球范围内拥有超过 150 个参与式的媒体项目,其费城分支(费城 IMC)始于本书开头提到的 2000 年对共和党全国代表大会的公民报道。尽管费城 IMC 早期获得了新闻方面的成功,但该组织起初只被看作有限的、“策略性的”媒体干预,旨在记录一系列政治抗议活动。一开始人们并没有把费城 IMC 视为会长期存在的“公民新闻”项目。[1]虽说我们不能把费城 IMC 的建立看作费城参与性新闻“诞生”的标志,但由这一独立媒体项目提出的问题是本书描绘的费城数字新闻历史的一条无可回避的叙事线。

事实上,我们的确应该问一个问题:为什么我们要在一本讲费城数字新闻业的书里研究或讨论费城 IMC?在本书完稿之际,费城 IMC 的独立媒体项目“成为媒体”(being the media)和激进的公民新闻实践都被处在新闻场域中心的其他新的组织大大超越。当我 2007 年秋开始访问费城 IMC 组织时,它已经陷入一派混乱之中,2010 年它所推行的项目也是无疾而终。不错,我访谈的很多新闻记者都记得独立媒体,但他们肯定不会把它当作信息源,或者花很多时间来琢磨它。那么,为什么费城数字新闻发展的历史中应有费城 IMC 的一席之地呢?

我想至少有三个原因。第一个是方法论层面的:我的研究要追溯行动者在费城本地新闻网络中移动,这总会不断将我带回人、技术和机构的集群,它们构成了最早的费城独立媒体中心。2006 年宾大安纳伯格传播学院召 35
开诺格斯非传统会议(我将在第五章对此详细讨论),那时正是我刚刚开始田野工作的阶段,我很惊讶在那个会上有费城 IMC 的成员。我在本书分析的一些新闻报道案例也和该组织的新闻项目有关,包括我要在第四章详细讨论的弗朗西斯维尔四人事件。

第二个原因则更具实质性。随着时间的推移,我越来越清楚地看到,我记录的许多新闻工作的转型都可以在一个更大的独立媒体运动中找到其萌发的端倪,而费城 IMC 正是这一运动的一部分。强调这一点是很重要的:新闻实践的扩散不是一个主动的或者说有意识的过程。那些在《费城问询者报》突发新闻部门工作的记者并非有意照搬激进的公民记者们在几年前的报道实践,但他们所运用的策略的确可以在早期阶段找到先例。

最后一点是:近来由于一系列诸如“阿拉伯之春”、占领华尔街等事件的激发,人们又焕发了对基于数字化的“抗争新闻”和激进人士的技术应用的研究兴趣,这进一步显示了新闻业、数字生产和社会运动抗议深刻地纠缠在一起。当然,费城 IMC、费城未来博客和 Philly.com 新闻编辑部之间的关系并非一直进步或一路堕落。或可以这么说,它是一种树状谱系式的转型,多的是打破常规、半途中止、出乎意料的发展和曲折前行。但是它究竟如何运行,只有囊括所有相关行动者进行分析,才能清晰得知。

对于独立媒体运动的发展,其他研究者给出了详尽的论述。[2]它最早获得公众关注是在 1999 年西雅图发生反对世界贸易组织(WTO)的抗议活动期间,这一抗议活动是 20 世纪 90 年代后期发展起来的反对"公司全球化"运动的一部分。依据其内部历史叙述,"独立媒体项目开始于 1999 年 11 月底,是为了让反对全球化运动的参与者得以报道在西雅图世贸组织大会上的抗议活动,并扮演另类媒体信息源之角色。[3]正如《基督教科学箴言报》(*Christian Science Monitor*)1999 年 12 月所指出的,IMC"从骚乱街头和有序会场发出数百篇报道,发给全球数以千计的接收者……(独立媒体)记者们半是社会活动家,半是新闻记者,他们说自己的报道将会……成为民主报道的典范,因为新涌现的传播技术,这一切才有可能实现。"[4]

除了社会抗议者们自己构建的所谓"西雅图之战"的神话之外,[5]IMC 在抗议期间运行的真实情况,因为时间流逝和缺少对西雅图媒体中心建立和早期运行的数字记录,现在已很难了解周详。我们所有的绝大多数描述性材料——包括独立媒体自己情愿记住的创立神话和偶见的现场实录的报纸报道——总体上是准确的，但都是事后所得。可能关于西雅图独立媒体中心早期情况的最有用的文献是抗议者们 1999 年 10 月在世界贸易组织大会之前开会商议媒体规划的笔记。他们在得克萨斯州的奥斯汀开会讨论，准备报道抗议活动，规划后勤保障。会议记录写道，“要将出自西雅图‘独立媒体中心’的抗议活动新闻的大意，以印刷品、音频、视频、图片和摄影作品的方式呈现出来。” 36

> 可用的媒介传播方式包括网站、电子邮件、邮件组服务、realaudio 音频、realvideo 视频、MP3、卫星转播、录音带和录像带、磁盘、纸张、书信、电话、传真、事件和集会以及口头传播。要有一个一站式的网站，并在分散的网络链接和服务器上建立镜像，以便使西雅图之外的人们获知这些新闻。这个网站能够让在西雅图现场的媒体活动家们通过网页界面上传他们的个人供稿，也能够让任何西雅图之外的社群或媒体组织下载他们想要传递出去的任何内容。[6]

换句话说，独立媒体对其混杂的生产者—消费者共同体的想象，可以从它对其设想的使用者（“通过网页界面上传他们的个人供稿”的“在西雅图现场的媒体活动家”）和消费者（“西雅图之外的任何社群或媒体组织”）的描述中得窥端倪。独立媒体的生产者是现场抗议者，其读者则是一群志趣相投的本地或流散全球的活动家和媒体组织。

除了用户的想象共同体之外,通过细数参加奥斯汀规划会议的团体,我们还可了解到费城独立媒体的发起联盟,它们包括:西雅图独立媒体联盟、悉尼社区行动者技术联合会(Catalyst)的无政府主义编程者、反 WTO 组织者、直接行动媒体网络(DAMN)、自由发声电视台、纸老虎电视台等。在西雅图冒头的 IMC 的组织集群至少包括三种类型:第一类是持不同政见的另类媒体生产者,许多来自另类报纸、视频艺术和从 20 世纪 80 年代兴起的公众近用电视运动(public-access TV movements);第二类则是一批不那么看重媒体组织的网站技术开发者,隶属于 Catalyst。他们开发出了主动的内容管理系统,他们也和另一批具备技术头脑的自由之声电视台的人员合作,开发代码,给西雅图独立媒体网站提供后台技术支持;第三类是一批松散的反对世贸组织的联盟成员,隶属于发展迅猛的"反全球化运动"。他们很快就把 IMC 模式奉为"打破信息封锁"的途径,而这样的信息封锁正是他们称之为"公司化媒体"强加给激进反抗运动的。[7]

那么,独立媒体将集群和编码整合在一起的方式有何不同寻常之处?不同于那个时代绝大多数可用的网络发布软件,独立媒体网站采用的是主动代码库,无须编辑审批即可运行。它的开发者写道:"(活动人士)提交的内
37 容会立即在网页上显示出来。"在那个时代,IMC 最初的内容管理软件的其他特色也足够与众不同,使其确保能产生特别的内容。比如该系统可以让"使用者添加自己的多媒体新闻稿件,让读者在下面进行评论的基本功

能”,该系统还可让使用者选择使用“以摘要方式聚合呈现的相关报道。比如,一幅图片配合一篇文字报道;可以被电台拿去重新利用的调制解调器质量的 realaudio 录音文件和高质量的 MP3 音频文件;对同一事件的图片集锦或者是由定格图像做成视频,也有一个管理页面来编辑、链接和删除新闻”[8]。在那个时代,所有这些特点都不是必然的或网络原生具有的。事实上,正如文件程序员们开玩笑的说法:在发布前无须编辑审核,这可以被看成特色,也可被看成缺陷。

独立媒体基本模式的核心是根植于主动编程(Active code)的“开放式发布”这一概念。作为其发明人,马修·阿尼森(Matthew Arnison)认为“开放式发布”受到了自由软件运动(free-software movement)的启发:

> (它是)创造对读者透明的新闻的一个过程。他们可以贡献一则报道,并且马上看到它呈现在公开可见的报道池中。对这些报道的过滤尽可能地少,目的是为了帮助读者找到想要的报道。读者也可以看到其他人做的编辑决定。他们可以看到该如何参与其中,并且帮助制定编辑决策。[9]

2000 年夏,独立媒体的新老媒体生产者、社区组织以及激进的扁平式的发布系统——其集群、社群和编码——的独特混杂,开始成为所谓“游击新闻业”(guerrilla journalism)的预设模式,被行动主义的新闻实践者们运用于一系列席卷全球的创造性的反全球化抗议活动中。[10]抗议活动的此起彼伏也给同时爆发的独立媒体运动赋予力量,在最初 10 个月里,独立媒体运动就成立了 33 家网站,主要分布于那些召开了特别有抗议价值的峰会的城市。[11]独立媒体运动紧随社会运动而来,并由后者激发,而费城——2000 年共和党全国代表大会的召开地——则被认为是这一不断发展的自助媒体联盟的合乎逻辑的初创之地。(参见图 2.1)

38

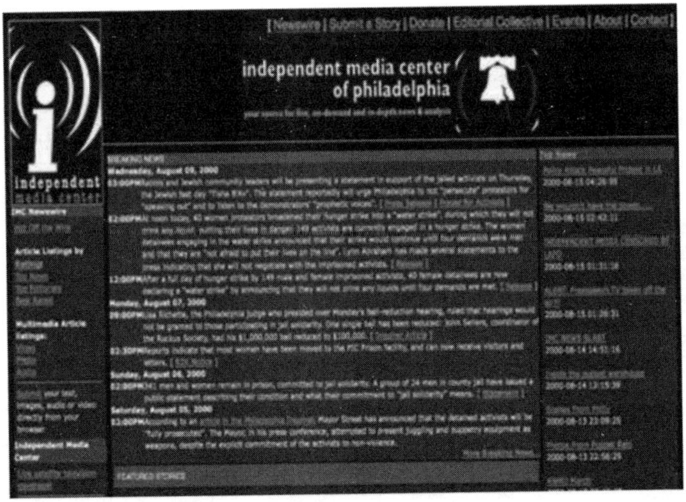

图 2.1　2000 年费城独立媒体中心网站(费城 IMC)的截图。(来源:http://archive.org)

费城 IMC 对费城会议中心外那些行动主义者抗议活动的现场报道,在结构和形态上都类似于最早的西雅图 IMC:

> 费城 IMC 的参与性网站(www.phillyimc.org)成为(大会报道的)枢纽。来自 58 个国家的一百万访问者登录网站,寻找有关那一周抗议活动以及对美国政治体制进行批评的相关文章、评论、图片和视频。网站上的网络直播电台(被称为 WR2K)直接在抗议的街头进行报道,全国的社区广播电台都下载和重播这些报道概要。费城 IMC 还是第一个尝试电视直播的独立媒体中心,它将电视直播信号通过卫星传输给全国卫星电视订户和公共电视台,包括费城的 DUTV 和 WYBE 电视台。[12]

图 2.1 展示的是 2000 年夏费城 IMC 网站页面。网页中间是一长列不断更新的突发新闻列表、行动主义者发布的新闻链接、使用者提交的报道以及《费城问询者报》和《费城每日新闻报》的新闻。右边栏是滚动呈现的使用者提交的内容,基本上都是关于费城和洛杉矶(民主党全国代表大会召开地,那里也有行动主义抗议者的身影)抗议活动的。左边栏则运用费城 IMC 网站独特的、基于用户点击的排行系统,可允许读者对文章投票“赞”(Up)或“踩”(Down),凸显本地制作的多媒体作品,并允许使用者“直接从他们自己的浏览器上提交文本、图片或音视频”。这个网站的目标使用者是那些高度政治化的个人,他们是最有可能围观或参与政治或社会抗议活动的。除了线上媒体,网站也很重视广播、音频和印刷新

闻。这种重视可能来自早期独立媒体联盟存在的资深多媒体制作者。最后,费城 IMC 网站注重独立媒体在文本
39 上有方便参与的“一键提交”措施,要求使用者“提交他们的新闻”。对参与性的强调,也体现在网站页面高度简化(如果按照今天的标准,则显得又丑又土)的提交表格上。

从这里浮现出的参与性新闻记者的形象,就是一个暂时加入策略性媒体项目的目击者。[13]这样的记者要把 IMC 网站作为一个一站式“公告牌”来消费、生产和扩散激进的政治新闻。从 IMC 网站架构和它的报道计划中可以很明显地看到,其强调的正是表达抗议的新闻和来自一线的报道。

在反 WTO 抗议活动之前,还没有要建立任何永久性的独立媒体中心的正式计划。以前所有类似的抵抗媒体的前身,在它们报道的抗议活动结束后也就很快解散了。如芝加哥的“反媒体”联盟,就没有在 1996 年民主党全国代表大会的抗议活动结束后在地方层面正式地制度化,尽管它的确帮助筹建了更为分散的“直接行动媒体网络”(Direct Action Media Network)。一位西雅图的组织者告诉我,“我们真以为(最初的独立媒体)也会昙花一现,但在抗议运动之后,它并不仅是一个诸如‘让我们一起留下来或解散’这样的决定。生活自然而然地就把我们带到了某种特定的组织角色上。”[14]这位组织者回忆说,政治方面出现了很多不同之处(比如,对媒体生产者来说,现在有一个让他们归属其中的更大的政治运动)。其他改变是技术方面的:分散的数字网络的连接费用从 1996 年以来大幅下降。尽管它们是在跨国运动中建立

的,但绝大多数独立媒体中心都决定留在当初建立的那个城市;组织者的逻辑是,总有本地性的政治抵抗要被记录下来,而对于地方性的强调也更容易契合更一般层面的无政府主义者对地方性的、小规模政治的青睐。

独立媒体本来有可能选择继续保留为一个策略性的媒体项目,但它没有这样做。为了实现机构化,费城独立媒体中心开始试着接受变为费城的独立媒体中心。2001年费城独立媒体中心在其网站上写道:“我们希望自己的网站能成为一个草根记者们每日传播他们的报道的论坛,报道议题既包括费城地区政治,也包括针对(2000年共和党全国代表大会)抗议者的重罪审判。我们想要建立一个共享的草根新闻分发中心,这些新闻不仅来自虚拟空间,也来自线下世界。”[15]换句话说,独立媒体的线上的、以社会行动主义者导向的媒体生产,要怎么样才能转到一个恒久稳定的世界里去呢?它的位置在哪里?它如何真正能与所在城市的人和组织发生关联?在这些问题上,费城IMC的创立联盟(一群本地的媒体工作者和更为松散的社会活动分子群体)、它的使用者和读者集群(已经从事社会活动的行动主义者和所谓的普通费城人),以及它的代码(对所有人开放,但是主要还是为了深入宣扬特定的政治观点),这三者之间存在紧张关系。独立媒体致力于标榜它的开放发布模式,同时它也需看到并承认使用者社群本身的碎片性。这是独立媒体在早期 40
发展中苦苦求解的一个例子,让很多在线媒体组织都深感困扰:如何能捕捉到“政治公众”,或者说使其成为在虚拟空间里存在的、有意义的实实在在的群体?在一个拥挤的、碎片化的媒体宇宙里要建立一个新闻机构，这意味着什么？在一个理论上无穷无尽的数字内容世界当中，新闻业所声称的普遍性或者说全面性，如何能落在实处？对于费城 IMC 来说，答案就是拥抱开放性的修辞和开放发布的代码库。独立媒体宣称，为了求得普遍视角，人人都必须被赋予不仅仅是说话而且是生产新闻性内容的权利。通过这样的言说，普通人就可以挑战传统媒体在新闻报道领域的垄断地位。

在费城，独立媒体并非唯一在费城网的早期专业化试验之外挖掘在线新闻潜力的参与式在线媒体项目。另一个本地项目是社区博客 Philly Future。2000 年 7 月 28 日，费城未来第一次和费城 IMC 链接到一起，那是在讨论即将召开的共和党全国代表大会期间，而费城未来还是一个刚存在了几个月的新生儿。在那之前和之后，费城未来的博文还包括一次飞行表演后在费城附近发生的 F-14 雄猫战斗机坠机事件、郊区扩张发展的影响、什么是“真正的费城人”以及体育、文化等各类与政治无关的话题。网站创办人卡尔·马蒂诺（Karl Martino）这样描述其创办初衷和目的：

> 这个网站最初就是一个我 1999 年 12 月在 EditThisPage.com 上开通的博客。技术工具能赋予人们传播和相互连接的权力，这种潜能始终鼓舞着我。UserLand 软件公司的执行官戴

> 夫·温纳(Dave Winer)①每日都会发布关于这个“读写”网站的信息。他有想法要做点什么。最后但是最重要的理由是——我已经有了自己的个人网站——经历了成长的艰难(那是个得改天再叙的长故事了),所以我想回报一些给这个城市。我将这项新工作聚焦于费城,关注其作为城市的成长和健康,因此也就有了这个名字。[16]

马蒂诺招募其他费城居民参与创建费城未来网站,请求他们或者作为正式注册的撰稿人,或者作为网站编辑加入。他在博客上写道,“加入费城未来免费又方便。(在用你的邮箱注册)之后,你马上就可以贴出新闻了。新闻帖会出现在主页上。不会在讨论版里沉掉……那些能定期供稿的人可以当责编,对网站有完全的访问权限。”马蒂诺强调,“帖子需经一小群责编(现在就是我)审核通过,”但有提到他计划“接受几乎所有的话题。我可能会把审核程序关掉,把闸门打开!这可能会是一种真有趣也真疯狂的方式。”当费城未来(见图 2.2)成功吸引了一小批稳定的嘉宾供稿人后,马蒂诺显然很骄傲。马蒂诺在 2000 年 6 月 15 日写道,“对费城未来来说,过去的两天有何特别之处?那就是来自其他博主的供稿。昨天,我自己甚至什么也没发。我们现在是一个真正的社区网站了。”[17]

① 美国著名软件开发者。——译者注

41

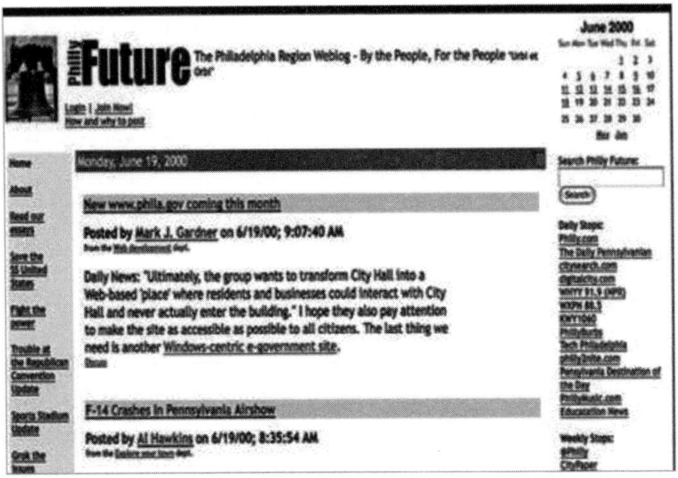

图 2.2　2000 年费城未来网站截图。(来源:http://archive.org)

和费城 IMC 一样,费城未来认为自己是一个参与性的、多编辑的项目。和费城 IMC 一样,费城未来采用的也是基于特定代码提供的内容管理系统——这里指戴夫·温纳的 UserLand 公司开发的 Manila 系统。尽管这个词语尚未被广泛运用,但 Manila 的基本功能——相对来说没什么问题的对在线内容的托管和编辑功能——最终被大家称为“博客”。在记录费城未来的诞生时,马蒂诺讲述了一个尽管简洁,却涵盖了软件应用、公司结构和个人历史的起源故事:

我想在 Manila 的托管服务网站 EditThisPage.com 上做些尝试。Manila……是一个有着

> 很好博客编辑功能的内容管理系统。我那时已经在用(UseLand 的)另一个产品(Frontier)来管理我的个人博客。丹·吉默(Dan Gillmor),当时是《圣何塞信使报》(*San Jose Mercury News*)的专栏作者,他用 Manila 来运行自己的电子杂志。我那时是《费城问询者报》和《费城每日新闻》的软件工程师,也是那时奈特-里德报团的唯一博主,又在使用 UserLand 软件方面有些经验了,丹联系我,提出了各种问题。我就想尽可能地熟悉 Manila 的运用。[18]

费城 IMC 的代码库与 Active 代码的发展密切相关, 42
后者被一群政治倾向强烈的跨国程序员们用来记录政治抗争活动。因此,它既采取激进开放策略,又聚焦于报道新闻。费城未来则与此相反,它植根于硅谷的"主流"网络开发社群,其运行的代码库更契合用户对话而非报道。

费城未来也从具体的地理维度看待自己的使用者和生产者群体。网站的早期版本解释说,"费城未来就是一个地区性网络博客,关注那些能让费城和它周边地区变得更宜居的议题……这座城市里每天有一百万个故事被讲述。而且,费城可是个爽爆了的城市啊。"[19]结合对费城的明确关注,网站完全不介意链接到外部资源上。实际上,链接就是这个网站的首要目的。费城未来的早期页面就大量链接了《费城问询者报》《费城每日新闻》《城市报》(*City Paper*)和《费城周刊》(*Philadelphia Weekly*)上的报道,以"博客"的方式把它们贴出来。马蒂诺回忆说,“在最初的几个月里,我每天都在地铁上刷一下早上的报纸,看看有没有什么有兴趣的点。当我到上班地点时(很早的),我会搜索这些报道的链接,然后贴在博客上。哦,这可是手工活呢。”[20]因此,费城未来对使用者的想象在很大程度上基于“地缘”(geographical)——它的读者(和供稿人)被认定对这个城市深怀兴趣,可能现在或曾经居住在这里。它的中心栏目是一系列关于费城故事的链接列表,而博客友情链接(“Daily Stops”)到的网站,几乎也都是本地网站。除此之外,还存在早期数字新闻的第三种边缘形态:早期的网络主页和网络博客。它们跟“费城未来”一样,拥抱“紧密的数字社区”这一愿景,但更多聚焦该社区成员的特殊的(和独特的)兴趣。这些早期网站第一批开始明白新闻公众并非大众,而是相互连接的微型公众(micro-publics)。随着这批网站的发展,新闻网络的分化开始在真正意义上展开。

成为媒体:个体化、机构化和博客的涌现

Philebrity网络历史周项目中对费城早期网络社区的回忆以怀旧的笔调记录了“城市报城市网”(City Paper City Net,CPCN)的历史,这是一个由《城市报》(费城两家另类周报之一)建立和维护的本地BBS和电子报。BBS是“旨在网络上共享或交换信息或文件的应用程序或计算机。它最初就是过去在许多厨房和工作场所的墙上挂的公告板的电子形式,用于在用户之间张贴简单的信息”[21]。早期BBS社区的一个独特方面是它们的“强制

本地化”:登录 BBS 系统通常需要用本地电话来拨号,为避免支付长途费用,这意味着几乎所有用户都来自同一地理位置。

这种本地化的互联网体验从 CPCN 的定位描述中可见一斑,它是“最早一批立足费城的在线社区中的一个”,描述中还体现了早期 BBS 的一丝无政府主义和技术原始意味: 43

> 我花费了好多时间(还有一大笔长途电话费)从(新泽西)卡姆登(Camden)①的罗格斯大学(Rutgers)远程登录 BBS。这个网站非常简陋。没有图片,没有检索功能,没有精美的超链接,也没有用户个人资料。只有一些简单指令:按“W”可见“谁在线”(Who was online),按“C”表示“聊天”(Chat),诸如此类。可以从这个网站访问 Usenet 新闻组和其他本地存储的新闻组/公告板。但最让我震惊的,是这个网站居然如此不受欢迎,尽管(城市报)出了整版广告招徕使用者。但任何时候,网站上最多可能都不会超过 15 人。[22]

1992 年至 1995 年,超文本传输协议(HTTP)和超文本标记语言(HTML)的标准化,以及图形浏览器界面(Mosaic,1993 年)的发明,改变了“在线”的体验,“万维

① 美国新泽西州城市,与费城一河之隔。——译者注

网”视觉化的、图像密集的环境变得无处不在。像1996年成立的酷我音乐网(GrooveLingo)这样的网站,被称为“费城首个本地音乐原创博客”,就是互联网作为视觉空间早期历史的一个组成部分。1996年,一位自称“和父母住在郊区的无聊的大学毕业生”创办了该网站,创办目的是追随记录费城的音乐活动——按照崔西·格多维克(Trishy Gdowik)的说法,这本身就是“结交新朋友,出去做有趣的事”的策略:

> 我浏览《城市报》和Welcomat/Weekly上的节目单,找到那些有意思的秀,还做了笔记。我虔诚地收集开伯尔和葡萄街音乐酒吧的演出日历,一直把它们装在钱包里,希望艺术活动开展的时候,我能融入其中。尽管城里有很多乐队在演出,每周也有对不同乐队的评论……但当我们需要这些档案信息时到哪里去找呢?我想要在Alta Vista搜索引擎(后来的Google)上动动指头就能了解一切!其他人一定也有同感。创立Groove Lingo就是为了让我记录哪些乐队是好的,哪些值得再看一次,哪些根本不值得再花钱了。[23]

对酷我音乐(GrooveLingo)网站起源的描述(见图2.3)和历史学者W.卡莱布·麦克丹尼尔(W. Caleb McDaniel)关于博客的讨论非常相似,它是一个已经有上百年历史的“新闻化”(Journalization)过程的最新例子:试图通过个人化的选择(一开始是杂志,现在是网站)来应对爆炸式增长的印刷品(以及数字内容)。[24] 这些网站——由超链接、文化批评和政治思考混搭在一起——很快就会纳入一种新的线上产品,我们现在称之为“博客”。

44

图 2.3　1997 年流行的本地博客 GrooveLingo 的截图。(来源:http://archive.org)

1999 年冬,一个受欢迎的网站列出了当时所知的 23 个“博客”的网址——它们被简单地定义为由从新到旧的时间顺序排列的一系列文章条目组成的网站。[25] 2000 年到 2003 年,当博客跟踪网站 Technorati 着手发布对它所称的“博客圈”(the blogosphere)状况的定期报告时,博客的数量已经从 13.6 万个增长到估计有 400 万个之多。[26]

正如丽贝卡·布拉德(Rebecca Blood)在她关于早期博客历史的经典文章中所总结的那样,“(1999年早期)博客风潮初起……到1999年7月都处于稳定增长状态,直到第一个免费自建博客工具Pitas推出,马上就涌现出数以百计博客。8月,Pyra发布了Blogger,Groksoup也上线了,因为这些网络工具所提供的便利,博客风潮从稳定跃进变成了极速爆炸。”[27]

简单概括这段复杂的历史,[28]博客实践的指数增长应被归溯于社会、文化、经济和政治因素的复杂融合:如1999年Blogger、Moveable Type和EditThisPage等免费易用的在线博客工具的推出;网站的倒闭风潮,讽刺的是,这导致了一批最早的互联网达人有大把时间可支配,他们无事可做;“9·11”恐怖袭击和伊拉克战争激起的巨大的政治动荡;最后是Google的出现,其搜索引擎的系统特性,对Blogger软件公司的收购以及博客广告服务,都增加了网络日志的能见度和(潜在的)获利可能。[29]2004年,民众炽热的政治激情在美国后“9·11”时代的第一次总统大选中找到了出口,博客开始被更多的传统记者和主流文化生产者所接受。2006年4月,Technorati的一项分析报告指出,博客数量已经超过了3500万,是2003年的60多倍。[30]

本章要回顾的四个所谓的传统博客中有三个创立于2004年夏季或秋季,它们是乔伊·斯威尼(Joey Sweeney)创立的以盈利为目的的八卦网站Philebrity

45

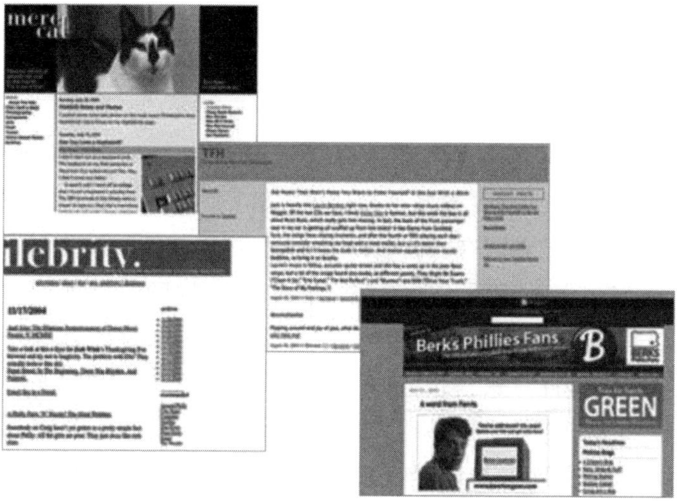

图 2.4　四个代表性的本地博客。

(http://www.philebrity.com);《雷丁①鹰报》(*Reading Eagle*)市场部一位员工创办了 Beerleaguer 博客(*http://beerleaguer.typepad.com*),博客最初的名字是“伯克②的费城人队球迷”;专业记者艾米·奎恩(Amy Z. Quinn)开办的 Citizen Mom 网站(http://quinnchannel.typepad.com),起初名为“女权主义家庭主妇③故事”。创办于 2002 年的 Mere Cat 网站是个例外,但也证实了规则;其创办人是网络技术的“早期采用者”,做网站开放和编程

① 雷丁为宾夕法尼亚州伯克郡的城市,属大费城地区。——译者注

② 宾夕法尼亚州伯克郡,郡首府为雷丁。——译者注

③ 指兼具这两种角色的女性。——译者注

的工作。另外三个网站俱为当时是或曾经是“传统”记者的副业。从 2002 年到 2004 年,博客主逐渐从有计算机技术背景的人慢慢变成那些试图拓宽视野的更加传统的文字记者了。

46 尽管这些博客创办时间重合,但这四个博客每一个都有不同的目标(虽然正如前面指出的,四个博客里有三个都是前记者或在任记者开办的)。Citizen Mom 的创始人奎恩,那时开始作为撰稿人给华盛顿特区的多个网站写稿,她起初就把博客看成一种“可以与人分享东西又不被电子邮件打扰”的方式。后来她又补充说,开博客是一种写作练习。奎恩曾经是新泽西州阿斯帕里帕克(Asbury Park)城的《阿斯帕里帕克报》的记者,也担任过《费城问询者报》的自由撰稿人。她在 2004 年开办“女权主义家庭主妇故事”博客时,正抚养着儿子,而且离开新闻界有一段时间了。她说:“我准备好重新开始写作,我需要写作。我也准备好再次全身心地投入新闻记者的工作。”[31]女权主义家庭主妇故事网站主要是个人日志,但 2005 年时奎恩将其改名为“公民妈妈”。她说,已经准备好要做出改变。正如她在新命名的博客里所说的,当她开始更认真地看待开博客这件事,把博客视为更加传统的新闻表达的一种(至少是暂时的)替代品时,她做出了改博客名的决定。

现任和曾任记者也开始创办 Berks's Phillies Fans 和 Philebrity。Philebrity 的自我描述是:“一个充当媒体过滤器和八卦/信息表的博客,费城生活方式一站了然。”[32]Philebrity 开始就明确自己是一个要求盈利的企业，而不是一个爱好，它是《费城周刊》和《城市报》的前音乐英语评论人乔伊·斯威尼的心血结晶。斯威尼回忆道，2004 年时，“费城还没有一家报纸有博客。基本上都是在机械照搬印刷出来的内容。我所选择的职业——周刊，却行将就木。”[33]它的内容(尽管不是全部，但主要是艺术和文化)和它的调性(尖锐讽刺以至滑稽自黑)表明，Philebrity 毫无疑问和它所诞生的另类的周刊宇宙是同质的。Berks's Phillies Fans 是《雷丁鹰报》的员工创办的，缘起是其创办人在 2003 年读到了《纽约时报杂志》上一篇关于博客的文章。他回忆说，“我那时已经听过博客这个词，后来 Google 开始提供免费的 Blogger 服务，我还帮助一个朋友建了网站。一天，我发现自己正在写一封很长的关于费城人队的电子邮件，我想也许我不应该只是把它发送给一个人，或是转发一下，我应该为此类文章建一个网上的园地。”[34]他补充道：“一开始我只是为自己写作，但是慢慢就有人加你了，关注你的人数从三个到六个，再到十五个。我感到我需要做出某种改变和升级。因此我在 2005 年 5 月把博客搬到了 Typepad 上。从那时起，博客真正开始发展起来了。”这个博客后来改名为 Beerleaguer，2008 年，《费城杂志》(*Philadelphia Magazine*)赞誉博主为“费城最佳体育记者”。

相比之下，Mere Cat (http://merecat.org)博客一开始是有点商业野心的，但后来完全变成了一种个人尝试。Mere Cat 的创始人托尼·格林(Tony Green)称，他把在 2000 年发布的原始网页当作一个能将他的工作拓宽到网页设计的机会。托尼·格林回忆道：“我想创办一个说服

顾客我能帮他们建网站的网站，但我对此从未有过足够
47 的自信……最终，我意识到我只是在逃避问题……所以
我就用 Dreamweaver3 软件做了一个简单的模板，开始写
作我最喜欢的话题之一：龙虾卷。这是从 2002 年年初开
始的。那一年的晚些时候，我重新设计了网站，开始‘写
博客’。”[35]

这个关于格林为什么要开办 Mere Cat 的描述契合了大多数费城博主和其他地方博主的想法和感受。[36] 格林自己高兴地承认，他的野心是适度的：

> 当开始在这个网站上写作时，指导我的简单原则，就是写我自己想看的。比如，当我访问其他人的网站（摄影师、音乐家或程序员，诸如此类）时，我发现，他们有时候撰写的生活片段跟他们的工作一样有趣。所以，在我看来，博客就算不是一种直截了当的艺术形式[我这个（网站）肯定不是]，也可以看成一种自我表达，所以我发现博客令人满意，而且是有创造性地让人满足。我期待我的这个网站能让一小部分（好吧，很少一点）志同道合地沉迷于计算机和摄影的人感到有趣。[37]

尽管我们挑出来分析的这四个博客有不同的作者，各自也有不同的诉求，但是它们有很多相似的基本特征。它们都有三栏，通常是一个中心栏呈现最有特色的主要内容，两个边栏。中心栏的内容是按照时间顺序排列的，

最新的放在最上面。一般来说,中心栏由文字和一系列链接组成。从表面上看,这四个博客和费城IMC、费城未来在结构上是相似的,但事实上,它们很不一样。在这四个博客上,通常都是由一个人写下几乎所有的内容。除了Philebrity,其他三个博客的确就是一个人运作的。一位作者生产内容,管理内容,维护所需要的有限业务运作。特别是,所有发在中心栏的那些新内容,看上去都是由一个人写的。甚至Philebrity也是这样,尽管它还另有一名工作人员,但它的那些个人化的博文看上去好像也只有一位作者。这和费城IMC就完全不同了,费城IMC主要依靠志愿者向它的新闻专线提交内容,而且还用一个由长期志愿者组成的委员会来挑选有价值的内容。而费城未来在早期尽管很像一个传统博客(大部分中心栏上的内容都是其创办者卡尔·马蒂诺撰写贴出的),但用马蒂诺的话说就是,它的目标始终是要成为一个"参与性小组项目"。换句话说,费城IMC是一个组织,而费城未来有成为组织的野心。这四个博客则相反,它们是高度个人化的项目。它们的内容也常常是非常个人化的,Mere Cat就更是如此,从其创办人带有自嘲意味的暗示"一小部分志同道合地沉迷于计算机和摄影的受众"中,可听到在BBS最早一批登入者中弥漫的社群主义情绪的回响。现在,网站上的图形可能更流畅了,用来连接的工具可能更先进了,但是相似的个人聚合成数字群体的冲动,始终存在。

换句话说,尽管这些博客具有个人性质,但我们所提 48
到的这些博客网站都不应该被视为孤立的、自说自话的事物,这也是博客的悖论。所有这些网站都通过链接到其他网站来补充它们在网络世界各方面的独特表现。正如约瑟夫·图罗(Joseph Turow)和徐洛文(Lokman Tsui)所指出的那样,网络链接是互联网的深层结构,在线的“联合路径不仅无处不在……而且是把创造性工作与趣味、名望和财富联系在一起的基本力量。通过链接,个人和组织就能指出人们什么样的想法和行动者是值得一听的,以及赋予他们多大的优先权。他们还能向受众表明,哪些主题之间的关联是有价值的,哪些不是。”[38] Citizen Mom、Beerleaguer、Philebrity 和 Mere Cat 的博主们所进行的链接实践,与个人思考与表达等更个体化的实践一起,创造出了博客基本的 DNA。虽然本章研究的博客在主题、作者背景和“新闻”实践程度上都不同,但它们都凸显了个体化与相互链接的基本组合。

这四个博客也可看作 2001 年到 2005 年参与式媒体在线生态发生更大转变的地方代表。博客以个人化为基础。尽管费城 IMC 集群包括一系列多媒体工作小组和社区活动者,而费城未来把自己看作一个协作式社区门户网站(尽管在很多方面它还是像一个传统博客),费城的博客还是非常个体化的。这种朝着“一个人发行的报纸”方向转变的驱动力,部分来自博客自身代码的变化,特别是 Blogger 和其他容易使用、受欢迎的博客软件的出现。Citizen Mom、Beerleaguer、Philebrity 和 Mere Cat 的博主对读者的设想也各不相同,但最终,它们都把自己的读者看成某个特定兴趣社区的成员(比如费城人队球迷或龙虾卷爱好者)。这些社区主要被看作读者的,而非内容制作者的；在一个理论上人人都可开博客的世界，人们没有兴趣打开现有博客的大门，吸引大规模读者参与。

博客走向主流：从"我们会撒谎吗"到 Attytood

正当博客开始爆发性增长，也是 Philly.com 的管理者与奈特-里德数字集团围绕它们的复杂关系进行谈判(如前所述)之时，《费城问询者报》和《费城每日新闻报》的记者编辑们也即将根据他们对新技术的使用，特别是他们对博客技术和文化的理解，进行即兴的劳动分工。因为 Philly.com 专注于做一个地方性门户网站，《费城问询者报》就开始组建"一个聚焦于突发新闻的在线部门……全天候地提供突发新闻"[39]。有意思的是，《费城问询者报》做出推出"在线新闻部门"的决定，并非出自加利福尼亚州圣何塞的集团管理层。它由《费城问询者报》技术生活(TechLife)部门负责人推动。这位经理说他"想要和6ABC(一个当地新闻台)以及 KYW 新闻广播竞争。推出在线新闻部门是让《费城问询者报》新闻编辑室具有过去无法实现的竞争力的一种方式，因为报纸开特别版的成本太高了，而下午版也没人做了"[40]。

当《费城问询者报》专注于突发新闻时，《费城每日新闻报》则开始尝试开博客。2002 年，该报技术部门的一位员工参加了在洛杉矶举行的会议，会议名为"新闻生产技术创新的下一波浪潮"。在这次会上，洛杉矶《圣何塞信使报》的技术专栏作家和博客先驱丹·吉默谈到报纸开

49

FIGURE 2.5 Screen capture of Would We Lie?—one of the first *Philadelphia Daily News* journalism blogs, from 2005. *(Source: http://archive.org.)*

图 2.5　2005 年《费城每日新闻报》首批新闻博客之一——“我们会撒谎吗?”的网站截图。(来源:http://archive.org)

设博客的话题。参加会议的《费城每日新闻报》员工说,“我回到总部就对执行主编说,我们也应该开一些博客。”[41] 2002 年秋,《费城每日新闻报》推出博客 Bark's Bytes,这是一个关于费城老鹰橄榄球队的博客。但是老鹰队的赛季一结束,博客就不再更新了。后来《费城每日新闻报》又开了其他博客,如“女友健身指南”(Girlfriend's Guide to Getting Fit)和“我们会撒谎吗”(Would We Lie? 以简洁的“怪事一箩筐”简介和卡通画为特色,见图 2.5)。也许在这些博客中最重要的是 2004 年开办的“大选号外”(Campaign Extra),这个博客主要由记者威尔·邦奇(Will Bunch)负责,并成为后来他主办的具有开创意义的《费城每日新闻报》博客 Attytood 的前身。据威尔·邦奇回忆,他在网上与人对话的经历开始于他在 2003 年 1 月撰写"为何开战"专栏之后。他说:"尽管《费城每日新闻报》把专栏文章放在头版,但是它显然还没有得到全国性关注,因为我们只是一份二线地方 50
报纸,生活在费城之外的人绝大多数都没听过这份报纸。所以我把文章通过电子邮件发给我那时正在阅读的一些博客,他们很喜欢文章,并且链接了文章地址。此后,我收到的电子邮件像雪片般飞来。这就是我一直孜孜以求的全国性关注!"[42]他还说,到了 2004 年夏天"我想要尝试点新东西,我的打算就是开博客。那时(《费城每日新闻报》的网络编辑)正在推动一个专注于大选的博客。所以这些因素都极其迅速地汇聚起来,并以博客'大选号外'的形式推出了"。2005 年,"大选号外"改名为 Attytood 并继续更新,邦奇开始将他的工作时间分成两部分,一部分写报道,一部分写博客。

尽管一年之后,《费城问询者报》也开了它的第一个博客 Blinq,但是我在费城访问过的绝大多数人都同意 Philly.com 一位高级编辑的观点:"在最初的几年,我们有一个非常功能化的劳动分工。《费城问询者报》负责突发新闻,《费城每日新闻报》的内容全是各种意见和态度,并负责运行博客。"[43]不管这些具体细节如何,关键在于:到 2005 年,博客领域不再仅仅是业余爱好者、创业的前记者,甚至是待在家里的记者的自留地了。费城最大的媒体集团也已进军博客。

2005 年的费城在线媒体情况与 2000 年时大不相同了:规模更大,更个体化,越来越分散。因为个体化带来的无限可能,组织基础架构和合作的重要性似乎下降了。此外,一些在互联网诞生之初就有的超社群主义倾向随着博客的勃发再度出现了。对那些曾加入早期在线媒体革命的网站来说,它们中有很多都怀有成为参与性媒体中心的雄心,而碎片化、个体化的博客空间的成长给它们带来了特别的挑战。正如一位费城 IMC 的成员在 2005 年的一次会议上发言称,“博客已经改变了媒体格局。来自个人的独立声音在过去为媒体组织保留的公共空间里占据了一席之地。”[44] 博客的出现如何影响了费城独立媒体组织的目标和重点?”在第五章里,我将更进一步地研究最早的数字新闻网站是如何开始努力让它们的参与性实践主流化和普及化的。

结论

在本章和第一章里,我按时间顺序记录了 1997 年到 2008 年费城媒体生态系统兴起和发展的情况。依据大量的数字档案,我研究了费城代表性网站的历史,了解了费城的新闻业如何“上线”,并认为要掌握这一历史,我们需要了解这些组织的网站设计中所蕴含的价值观,以及它们如何把对生产者和使用者的理解贯彻在网站的数字架构中。早期的“公民新闻”网站,如费城 IMC 和费城未来试验了合作性新闻实践和自助式的报道;它们的使命感
51 很强烈,并强调要激进地重构新闻实践。但 Philly.com

在网络上好似没有明确目标，尽管 1997 年就上线了，但 Philly.com 在其数字生命中不断经历设计、组织和目标层面的改变。

在其历史的大部分时间里，Philly.com 最具前瞻性的方面实际上已经嵌入一系列专门项目中，其中一些项目早在 1998 年就启动了。2000 年互联网泡沫破灭，以及来自奈特-里德高管们的持续干扰，推翻了费城传统媒体取得的许多成果，并在 21 世纪初开展了新一轮更为谨慎的网站改造。在此期间，地区博主们也开始发展出他们自己对创造一个交往型社区的理解。总之，这两章预示了本书后面会遇到的许多主题：捕捉本地在线公众本质时存在的困难，新闻组织的管理结构在适应网络变化时导致的问题，以及出现了一些令人惊讶的方式观念，如“去中心化社群报道”(community－decentralized reporting)和“受众参与新闻”(audience participation in journalism)等，它们从新闻话语的边缘地带转移(或者没能转移)到重塑的专业领域的核心。

第一章和第二章的主题，一方面是关于新闻社群、受众甚至“公众”的概念是如何在数字时代变得问题化的；另一方面是记录一系列新闻出版物和工作实践的增长与最终混合的情况。这两章逐步展现了公众是如何被问题化的，正如我们所看到的，1999—2009 年的内容大爆炸产生了无数的在线社区，它们既是个人主义的，又是网络化的。这个博客世界里会形成什么样的公众？试图朝机构化方向发展的在线媒体组织也面临着社群和公众的问题。建立在政治性承诺和开放出版软件基础上的费城

IMC，其公众是否像它的技术专家和革命无政府主义用户们所想象的那样，是普遍的公众呢？相比之下，费城未来采用的是一种严格限定的地理上的公众观念。那么，它能够把这些公众带入公共对话吗？最后，费城那些更传统的报纸，也努力想解决社群的问题，它们想知道如何将它们想象中的对大众眼球的垄断转移到更个人化的网络上，同时获得能更真实刻画受众的细碎的信息。总之，对所有在线媒体领域的参与者来说，以前关于社群、读者和公众的简单观念，现在都突然变得问题重重。

除了“公众的问题”与同时产生的数字空间的分化和拥挤的问题之外，这两章还记录了许多新闻出版物和新闻工作实践的增长与混杂化。在线媒体表现出越来越多的重合与制度混杂的趋势。职业记者和激进的活动家们
52 一起工作，最终产生一批新的新闻工作者。另类周刊的专栏作家开设独立博客，传统报纸则付费给内部孵化的博主。记者从专业空间移动到志愿者空间，回到了半专业空间。比如，本章讨论的“公民新闻”概念存在多种变体：费城 IMC 的“开放新闻线”(open newswires)与大多数博客的参与性选项之间是有差异的，前者是通过一个大按钮要求用户直接向网站首页提供内容，后者则直接提供了参与的选项(一个小小的“评论”链接，允许读者分享他们对博主发布的特定文章的看法，这些看法会展示在一个页面上，至少要链接一次才能看到)。[45] 正如我已经指出的，在线互动性、公民新闻和用户生成内容的兴起不是线性的、技术决定的产物。相反，它们是以截然不同的方式确立起来的抽象观念，每一个都体现了新闻、政治

参与和公众的不同愿景或想象。正如尼采在另一个语境下表达过的意思,我们只有把“公民新闻”的历史清空,才容易给它下定义。

本书第一部分是把所记录的这些组织放到历史背景下解读。第二部分则转向对微观实践的研究,分析内嵌在地方新闻生态系统中的日常编辑、新闻生产程序和常规。

II

数字时代的地方新闻工作

第三章

21世纪新闻工作:记者和聚合者

2008年7月16日,星期三。《费城问询者报》编辑部做了一个早间报道。这不是什么爆炸性的故事,也没有改变费城政治和文化,既无长期影响,甚至都没有能维持几天的谈资。实际上,它在某种程度上是连记者自己都不愿意承认他们会认真对待的选题:对发生在费城西北罗斯福大道上一起造成多人死伤的车祸的报道。是什么让这个报道从一起普普通通的车祸变成《费城问询者报》记者和编辑眼中值得投入新闻资源的选题呢?是最早的报道所强调的事实:这是一个发生在前恋人之间的高速汽车追尾事故,车里还有一名婴儿受伤严重。截至上午7点30分,一位在线新闻部的记者完成了报道初稿并且把它推上了网,报道内容主要基于与警方的对话。第二位记者鲍勃·莫兰(Bob Moran)——一位年轻的业余摄影师,而且什么报道领域都做,已来到事故现场,并给在线新闻编辑打电话补充了一些信息。第三名记者，山姆·伍德（Sam Wood），他是编辑部的一员老将，试图在在线新闻世界里找到灵感——他完成了对现场记者口述的记录。他的笔记，混合了现场记者的观察和他自己的标注，读起来是这样的："事故发生在罗斯福大道西行车道的亚当斯大街东北部，就在亚当斯大道出口处。在东北大厦购物中心的前面（那里有一家沃尔玛和家得宝连锁店）……事故接近于旧海军码头的 R&F 家具店……除了电视记者外没人在现场。"另一页上也是诸如此类的笔记。[1]

第三章和第四章离开了在线数字空间，转而专注费城日常新闻的日常实践与新闻常规。鉴于第一章和第二
56 章指出的数字化发展——各种生产和分享新闻的在线个人媒体和组织大量出现，以及传统新闻编辑部遭受的财务压力——那么费城在 2008 年夏天一个普普通通的新闻工作日是什么样的？这样的普通日子是如何被新闻编辑部外部的压力塑造的？考虑到费城新闻生态系统的变化，这个城市的新闻流通情况是怎么改变的？这两章记录的是费城主要报纸公布破产之前几个月的情况，但人们无法通过观察记者每日的新闻常规实践得出报纸即将破产的结论。本章所描述的这些常规实践与后续章节所记录的其后的戏剧性发展之间存在的紧张关系，构成了一个待解之谜。

我花了很长一段时间调研《费城问询者报》、Philly.com、《费城每日新闻报》、费城 IMC、费城未来和几十家本地博客，观察它们的从业者如何在一个正在激进变革和重建的行业里工作。本章发现，在数字时代存在两种

主要的新闻工作模式："新闻报道"(news reporting)和"新闻聚合"(news aggregation)。对于任何看过有关新闻业的电影或电视剧的读者来说，21世纪与报道新闻相关的活动都应该是相当熟悉的。虽然报道的过程正在发生变化，在一定程度上报道工作与经济、技术和组织要求的转变相交织，报道的基本实践和结构与前几代新闻编辑部研究者们所观察到的并非全然不同。但是，新闻聚合的行动看上去代表了一种正大量涌现的新闻工作的新形态，尽管如我下面所说的，我称其为"二阶新闻工作"的新闻聚合一直是报纸编辑、新闻策划人士工作的一部分。虽然新闻聚合的基本工作没有改变，但受该术语激发产生了新闻工作在修辞层面的紧张和冲突。同样发生变化的还有用于聚合外部新闻源的大量资源，以及"博客"在新新闻生态系统中的作用。

从历史上看，博客在21世纪的新闻想象中一直是一个令人讨厌的形象，"博客"作为新闻实践的历史也再清晰不过地揭示出新闻报道和新闻聚合二者之间的复杂互动机制。博客已经从新闻生态边缘迁移到主要新闻机构的中心位置。博客过去主要是新闻聚合和对话，但在我研究的新闻机构中，它已然变成一种主要基于报道的实践。在我研究期间，所谓的传统博主在费城新闻编辑部内是很少见的。(他们现在变得越来越普遍了。)与此同时，报纸重构博主的称号和博客工作，以服务于报道的目标。在对博客为何、何为的复杂重构中，我们可以看到新闻业定义的可塑性，以及"报道"理念对新闻从业者的终极重要性。但我们也可以看到，围绕聚合和报道的新闻 57

工作形式的差异,在叙事层面上产生了远比这些实际所允许的实践更为尖锐的界限。新闻界的修辞在"聚合新闻"和"报道新闻"之间划出了泾渭分明的边界地带,尽管这些新闻活动在实践中是越来越缠结难分的。

本章的核心主题之一是实践中的缠结与修辞上的厘清,以及这两者之间的紧张关系。第二个相关的主题是在工业时代发展出的"装配线"式的新闻工作模式上同步发生的破裂与固化。毫无疑问,许多外部因素正在影响新闻业的传统,通常是那些有百年历史的新闻规范。但与此同时,我在对费城新闻编辑部的研究中体会到的一种主导性的感觉是"照旧如常"。费城新闻生态系统如何能够既发生分化,又同时维系运行,就像新闻业没有什么新奇的事发生一样?虽然我直到本书的后面才开始认真对待这个问题,但本章和下一章对费城新闻生态系统中稳定与断裂之间令人费解的动态关系,还是进行了最为详尽的探索。

第三章和第四章的第三个主题将对新闻公众(第一章和第二章曾对之做过大幅讨论)的讨论和这两章对报道实践的分析发现联系起来了。如前所述,21世纪数字新闻的重大变化涉及记者对如何组合公众的经验技巧的理解,以及对公众本质属性的理解。关于报道实践的讨论不可避免地会影响到新闻业的公众观念,因为前者是以报道的信息来触及后者。这里只是间接提到了这个主题,但在本书第三部分会对报道与公众的关系展开清晰的阐释。

报道

我在2008年春夏度过了紧张的5个月，此外还断续地展开了为期5年的研究，在这段时间里，我观察了费城新闻记者的日常工作实践。乍看之下，记者们的工作似乎没有什么变化。但是，这种明显的静滞，只是一个错觉。虽然在许多线下编辑部里，报道过程显得“一成不变”，但那些处在与互联网需求关联更密切位置上的记者们正在建构截然不同的新闻采集工作常规。《费城每日新闻报》在2010年之前，都没有将在线新闻部完全制度化，而且每天的报道程序基本上和以前一样。记者们通过跑条口和接听热线（通常是通过座机电话）或者“检查布下的陷阱”搜集新闻选题。然后记者们开始在编辑部管理链条上直接主管的管理下完成选题，他们会询问选题的新闻价值和可能的报道角度。如果可能的话，记者会再找一位摄影记者，出去收集相关数据（包括图片），然 58
后返回编辑部，提交报道初稿，编辑报道，最后收工回家。但是当《费城问询者报》在2008年组建了一个人员配备充足的在线新闻编辑部后，这个平静的过程马上就被打破了。虽然在线新闻记者的整体角色基本保持不变，但是对速度的强调——以及随之而来的报道运作方式——正在发生变化。《费城问询者报》的摄影编辑海·杜（Hai Do）说，“（在互联网上）你的截稿时间得以分钟来计，人们的日常时间表被打乱了。记者们不再只是从早上10点开始工作到晚上七八点，而且他们通常还会给每一个新闻报道提供不止一个公开版本。"记者,摄影师或摄像师经常是先从提交突发新闻简讯、单张照片或可以快速发布的视频开始他们的报道过程。接下来,他们会在简讯之后补充简短但在信息量上有所增加的报道。当天晚些时候,他们会提交完整的报道,这也是经常被用于报纸的报道版本。最后,如果可能的话,会增加新的信息来对故事稍加调整,让它在传统的截稿时间过了之后,仍然"新鲜"。这样,一个新闻报道就会在网上有五个版本,一个接一个,每一个都比前一个更"完整"。

在 2008 年 1 月之前,《费城问询者报》的在线新闻部门只有一名文字记者和一名摄影记者;现在,在线编辑朱莉·巴斯比(Julie Busby)告诉我,在线新闻部门人员整齐,而且绝大部分记者"都知道他们的工作是在网上爆出新闻,然后在报纸上去解释"[2]。巴斯比为人友善,充满活力,在《费城问询者报》南泽西记者站工作多年,她告诉我:"我们现在是电子媒体的一部分。"说这话时,她混杂着一种特别的兴奋和惋惜意味。在线新闻部门的另一位记者则指出:

> 对于许多记者来说,这并不是什么新鲜事。电视记者本来就要出现场,要能很快地抓到新闻,通讯社(wire services)也总是如此。但如果你是个报纸记者,在十年或十五年前,你是有一整天时间来做报道的。你知道这么做会有很好的新闻报道,但你也知道,你做的是明天才刊登在报纸上的新闻。但是我们现在必须马上做出

报道才行。[3]

费城的许多记者接受了这种不断变化的工作模式，有一些还很享受这个新的、快节奏的时代带来的兴奋感。但另一些人表达了他们对此的怀疑。我访谈到的第二位资深记者将互联网的新闻周期与美联社的截稿时间和发布压力作了一番比较，他曾在20世纪70年代的大部分时间在这家通讯社工作。这位老记者也是《费城每日新闻报》的资深记者，他对现在的变化并不高兴。他说："过去，我们有一整天的时间来处理一个新闻，为明天的报纸生产没有错误的内容。"他补充道，所谓独家新闻，作为一个独家的、完成了的报道，要在新闻生产周期中提前一整天准备就绪。这可不同于现在搞的所谓"信号弹"式报道，现在组织竞争的时间框架是以分钟而不是以小时或天来衡量的。[4]第三位记者则明确指出："如果你每天要 59
花20%的时间在网上发布新闻报道，那这20%的时间你就不能用来干别的了。"[5]

新闻时间观念的转变——像"电视记者那样"处理线上突发新闻的需要；将独家新闻作为"信号弹"(通常是一条信息，甚至只是一个视频片段或一张照片)的观念；在一天中对同一个新闻选题进行多次、越来越详细报道的渴望；"随时随地"的便携数字技术(黑莓手机、笔记本电脑、无线宽带)的涌现——以上这些合起来，就造成了一种矛盾性的局面，而过去的新闻实践正在此困局中为了新的媒介时代重新定位。在有无线网络的地方，记者们配备了便于使用的便携式设备，他们可以远程报道突发新闻，并通过电子邮件发送给编辑。我在费城做田野调查期间，就观察到有一些新闻报道是以这种方式采写和传播的。例如，宾夕法尼亚州州长艾德·伦德尔（Ed Rendell）被任命为全国州长协会主席这一消息，就是《费城问询者报》的记者汤姆·菲茨杰拉德（Tom Fitzgerald）在他的黑莓手机上撰写的。[6]国家游戏委员会富有争议的主席辞职事件的新闻，其初稿也是记者安吉拉·库鲁姆比斯（Angela Couloumbis）在手机上写的。[7]但如果记者没办法获得必要的技术条件，或者无法链接到无线网络，或者不能使用移动通信设备，在这种情况下，在早期报纸时代更通行的报道方法现在被改造用来满足快速报道的机构需求。其中一个改造手法（repurposinngs）——我称之为“改写部门”（rewrite desk）的回归——不仅是对互联网时代记者时间普遍要求更高的一个例子，也标志着一个重要的时刻，即公民新闻早期形态——费城 IMC 在 2000 年和 2001 年从抗议现场发回的街头报道——后来成为更多主流报纸采用的新闻惯例的雏形。

有一个很有幽默感的时刻凸显了这样一个事实，即记者们根本无法“随时随地”撰写突发新闻。2008 年 6 月 5 日，大学生乔斯琳·基尔希（Jocelyn Kirsch）在成了有名的身份诈骗高手（《费城每日新闻报》称她为邦妮，该昵称取自电影《邦妮与克莱尔》①中的邦妮）后参加了她的审前听证会。基尔希从当年春天开始，就成了一个小报名

① 又译为《雌雄大盗》。——译者注

人,关于她的故事预计会吸引大量的关注。出于对读者会高度关注基尔希命运的考虑,《费城问询者报》决定"用博客直播"她的听证会。但是,现场记者才不过发布了两篇博文,就因为违反电子媒体使用规则被驱逐出庭。就算是在2008年也有一些地方是限制数字或其他传播技术的使用的。此外,经济情况也使得《费城问询者报》和《费城每日新闻报》无法向那么多记者提供黑莓手机和笔记本电脑,尽管2010年新管理层接管报纸后,这一情况有了些变化。最后,也不是每一个记者都对使用这些设备感到满意。《费城问询者报》一位编辑指出,他最终可能会遇到的情形就是,记者先通过电话把新闻报道简单报告给编辑部,然后跑回办公室去写第二个更详尽的版本,如此往复,扩充成多个在线报道版本,直到它第二天以详尽的面目见诸报纸版面。[8]

一位《费城问询者报》的记者在当下做突发新闻的方 *60*
式和过去报纸的"改写部门"做法之间做了一番有趣的并行比较。他说,在早先的报纸新闻时代,记者会打电话给那些"改写记者"(rewrite journalists),"改写记者"会听写下前方记者的口述,并以前方记者的名义写出报道。在很长一段时间内,很多优秀的记者实际上自己并不擅长写作,但他们是收集信息的行家。随着新闻行业的逐步规范化,专业化以及对记者的教育培训,再加上不断增加的新闻院校,以及日报取消了一日发行早中晚等多个版本等因素,直到不久前,报纸才不再需要"改写部门"了,但近来情形又有所改变。另一位记者告诉我:"(现在又有)很多前方电话打进编辑部来,后方编辑听写前方记者口述。我过去总是想知道,以前那些负责改写新闻稿的人后来都干什么去了,现在我想我知道了:他们变成了‘我们’。我们必须这么做。如果有人报给你一堆碎片信息,你就必须改写它们。改写也能让报道变得更加有趣:它们被增加了更多的爆点。”[9]

一个关于改写的例子显示了在远程技术和多重截稿日期的时代,报道过程已经变得多么复杂了。7月中旬,某位宗教领袖自1990年以来首次访问费城,关于他行程的报道是一个很标准的“要人访问本市”的故事,在他抵达费城很久之前媒体就预先报道了大量的人物传记性的细节。《费城问询者报》的宗教事务记者大卫·奥莱利(David O'Reilly)负责报道他的行程。这位宗教领袖第一次公开露面一结束,奥莱利就在上午10:26呼叫在线新闻部门。山姆·伍德(Sam Wood)负责改写工作。伍德不是简单地听写下那些碎片般的信息,而是打出了完整的句子。前后方记者来来回回对信息的聚合过程可以提供一个合作的示例:

> 伍德:好的,我们可以把现场人群称为“祝福者”(well-wisher)吗?
>
> 奥莱利:重要的是,你要强调一下他们大部分都有蒙古人血统。

同时,在伍德的电脑屏幕上,我看到了这些被迅速修改的句子:

他对大约100名观众讲话。→

他对大约有100人的欢呼祝福的人群讲话。→

他对大约100名观众讲话,他们大部分都有蒙古人血统。

电话通话不到10分钟,伍德通过电话重读了奥莱利报道的导语给奥莱利听,导语里已经完成了对一些信息的整合。接下来的15分钟,伍德继续编辑这个报道。10:43,伍德再次开始编辑一个已经在6:40就上线发布了的预发报道。他从这个在线报道中复制粘贴了一些细节到自己打开的Word文档中;6:40发布的报道的最后两段变成了新版报道的倒数第二段。这时候,房间对面的在线编辑喊道:"你还需要更多的时间吗,山姆?"伍德答道:"我写完了。"10:50,伍德又做了一次快速改写,并提交了整个报道。不到一个小时,这个报道就出现在Philly网站上了。

对于不熟悉过去"改写部门"这种操作方式的记者来说,这个过程可能令人迷惑。然而,大多数记者都不知道,费城IMC至少早在2000年的共和党全国代表大会上就设置了从现场观察到电话再到文稿改写的操作流程。当时它采用了以下结构:公民记者,通常也是抗议者,搜集所见的各种信息,偶尔也会采访一下其他抗议者;他们定时将信息汇总到费城IMC总部,那里有一群文稿改写记者;另外一群IMC的志愿者则将这些观察发布到"突发新闻专线"栏目。(见图3.1)

61

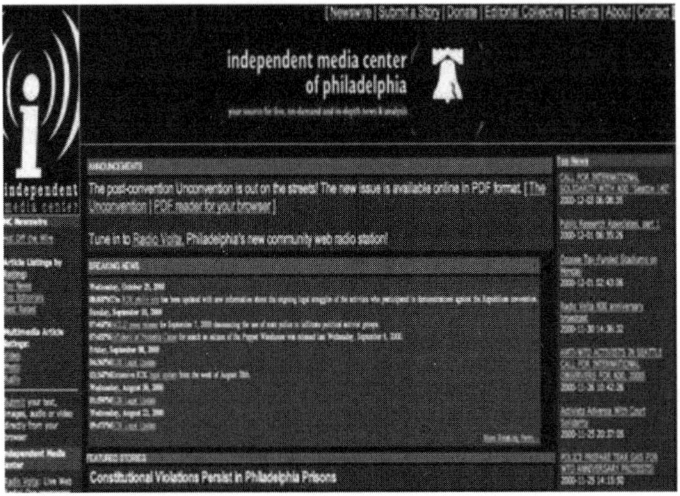

图 3.1　2000 年费城 IMC“突发新闻专线”栏目部分截图，该截图强调了费城 IMC 自己的突发新闻和最终被传统新闻组织选用的突发新闻之间的相似性。（来源：http://archive.org）

根据这些突发新闻记者们提供的信息（见图 3.1 中间栏部分），以及 IMC 的开放的新闻专线（见右边栏），最后一组 IMC 志愿者负责将这些信息包装成个人化的“特写报道”，他们第二次或第三次改写报道，试图提供更全面的、全景式的抗议活动报道。

这种反复的改写方法，最早是独立媒体记者在 1999 年和 2000 年的“反全球化”抗议运动期间开创的，后来它成为整个 IMC 历史上报道突发新闻的标准操作流程。[10] 2008 年，这个流程被再次重塑。这次则是由《费城问询者报》的机构化的记者们发动的，他们利用了自己“改写部门”的旧有文化。就这样，新技术发展(以及对新技术可能性所产生的制度化期待)有助于建立一系列报道实践模式，并能克服偶尔的技术故障(比如没有无线网)。数字技术并非新闻实践变革的唯一动力，可以说，网络正在创造一种新闻文化，频繁地发布新闻是其常态，哪怕在技术上不可行或是不可能的情况下也是这样。在这种文化下，过去那种严格的“作者”的身份概念在新的工作压力下再次消解。 62

大多数经典新闻民族志研究是在四分之一个世纪之前写就的，而 21 世纪初期线下地方新闻的记者角色、新闻惯例和新闻判断与那些研究相比，变化不大。但是对于那些与在线数字世界的节奏联系更紧密的记者来说，事实收集的常规正在发生重大转变。新闻时间的概念已经压缩，新的关注重点是速度和不断重写的副本。频繁发布的文化，部分是因为技术发展所致，强调从远处传输新闻而非简单记录的能力(我在费城 IMC 和《费城问询者报》都观察到了这一点)。这导致新出现的新闻常规有时会表现出一些矛盾和不必要的复杂——比如新闻稿改写部门的回归。对速度的关注似乎导致更多的被动应对式的报道而非主动的报道。事实上，这样的反应似乎使记者更加依赖新闻判断的最基本的形式；互联网激发的速度文化可能会让记者不再追求在报道里体现细微差别和审慎思考，这反过来可能会进一步强化他们对基本新闻价值的依赖。

打造日常新闻:一起车祸

让我们回到本章开头介绍过的罗斯福大道车祸事件,看看这些变化中的报道实践是如何在这起车祸报道中实时展开的。上文说到山姆·伍德转录来自车祸现场的笔记。转录完成后,伍德马上开始写事件报道的第二稿,以便能迅速在网上发布。编辑们和记者们讨论了报道的导语以及围绕几个相互冲突的事实的平衡——首先,新出现的信息表明车祸是因为“路怒症”造成的;其次,确认的受伤者人数;第三,道路关闭的时间——所有这些信息不应使报道的开头段落太长。一位记者指出:“关于车子的牌子和受伤者人数,也有一些相互矛盾的报道。但总而言之,看起来我们现在有一篇相当完备的报道了。”在线新闻编辑骄傲地说:“而且,我们有一张现场照片。鲍勃·莫兰用 iPhone 拍的,用 email 传给我了。我喜欢 iPhone 拍的照片,我感谢它。啊,技术。”朱莉·巴斯比确认现场报道已经披露了所有能得到信息——
63 “我们找不到可以交谈的人,我们得不到任何当事人的姓名,伤者被送去了四家不同的医院”[11]——然后打电话召记者回编辑部。上午 9:50,莫兰回到了编辑部,向计算机系统上传了第二张质量更高的照片,一则比以前的报道完整得多的报道版本也上传到了《费城问询者报》网站和 Philly.com。

莫兰后来这样描述他清晨被派往撞车事故现场的情形:

我昨天才拿到我的新iPhone，费了不少脑细胞来研究怎么用它(拿出iPhone)。当我一进到编辑部，他们就告诉我："哦，费城东北部的罗斯福大道上发生了一起大车祸。我们想让你去那儿。"好吧，我猜关于这起车祸唯一的信息，就是电视报道了车祸，但我没看电视。于是我查看了一下10频道的网站，确认地址就是那个。然后我就去了，在这页记下了一些基本信息(拿出他的采访笔记本)。我去了现场，事故现场没什么可说的，我只记了三页现场笔记。我只是站在那儿，在线报道了我所见到的情形。

莫兰接着描述了他用iPhone拍摄照片的过程：

然后我用了相机(他停下来举起了相机)。我总是随身带着它，哪怕是在我的私人时间里；它是一款很棒的相机，还有摄像功能，尽管我自己还有两个摄影相机，但我可不喜欢带着它们出去。其中一个摄影相机有这么大(比手势)，我可不会带着它出门。相机很酷，它可以放在你的口袋里。我用它拍了一些照片，然后我想，"让我试试这个"(拿出iPhone)。我也可以用iPhone发邮件，所以我就用iPhone拍了张照片(他来到台式电脑前调出了自己的报道)。让我们看看还在不在。我不知道他们把它换掉了没有。（停顿）没有，它还在（他指着屏幕，上面显示的是 Philly. com 的主页）。这就是我的 iPhone 照片。我只是把它发给了编辑们。从屏幕上看它还真不错，但它太亮了一点……我给编辑还另发了一张照片。那张照片的背景里可以看到一些警方的隔离带。

巴斯比赞扬了莫兰在车祸现场拍的照片：

他（莫兰）在创新新闻实践方面真是编辑部的一个榜样，他是个多面手……他拍的照片和视频可能不像专业摄影师拍得那么好，但是（它们）对网站来说已经足够好了。我们肯定是朝着全能记者这个方向发展。这部分是因为资源问题：如果你可以只派一个记者，那为什么要派两三个记者呢？[12]

莫兰自己是这样总结的：

他们以前有规定不允许这样的，但我还是会拍照。那时，我们都是各司其职的。有趣的是，在如此短的时间内事情就发生了变化。
64
2006 年，我做了很多关于城市暴力激增方面的报道。我拍了照片，记得有一次当我拿出相机时，编辑部里有一位专业摄影师。我只不过拍了一些照片，她就走过来说：“你在干什么？”她

> 就这么对着我的脸,而且给人那种“你不被允许拍照”的感觉。我当时的想法是:“这是给我自己拍的,不是给报纸拍的。”现在这堵界墙倒了……原来那种方式很好,很轻松,而且能给更多的人提供工作。但是……现在这种方式效率更高。如果有人可以做,而且做得更快,他们就会去做。很显然,你会失去的是专业摄影师比我拍得更好的照片,但你无法到处都带着专业摄影师,那你就需要让人在没有专业摄影记者的情况下也能自己拍照。[13]

尽管在7月16日上午,在线新闻部门的编辑们对罗斯福大道车祸报道是满意的,但报道工作还远未完成。上午10点30分,在线新闻部门内都在说,负责警务报道的记者芭芭拉·博伊尔(Barbara Boyer)接手了事件的报道。一位记者说:“她到了费城警察局,和警察交谈,并拿到了新信息。她将会彻底改写报道,写一个她自己的版本,并发到网上去。”的确,到12点06分,一篇非常不一样的撞车报道先是出现在《费城问询者报》的网站上,然后在12点13分又出现在Philly.com的突发新闻栏中。当我向其中一位网络记者询问这一变化带来什么时,得到的反馈比我预期的要平淡。这位记者说:“这个报道被别人抢去会让我沮丧吗?不会。我有这么多事要做,还有这么多报道要完成,要有人能分担点儿,那真是谢天谢地。这个撞车报道可能会持续几天,那我怎么有时间去做别的工作啊?”[14]巴斯比说,工作交接“处理得很有技巧。当最初设立在线新闻部门的时候,我曾与关键的新闻条线沟通过,看看他们希望如何处理这类情况……(我问他们)你想在凌晨3点被电话叫醒去做突发新闻吗?大多数记者对于在线部门做第一轮报道、他们再跟进没有意见"[15]。这时就意味着一个传统的新闻周期——纸质日报的跑口报道的周期——的再度出现,其在文化上优于、时间上先于那个新的更快捷的在线新闻周期。某种程度上,这两种新闻生产周期不稳定地相互叠加,特别会出现在上午晚些时候,那是许多传统记者开始工作的时间。如果没有互联网,没有在线新闻部门,罗斯福大道撞车报道可能会从博伊尔出现在警察局时才开始。但事实上报道并没从那时开始,它开始于几个小时之前。从更广泛的意义说,这个例子强化了我在新闻转型过程中观察新闻流程的总体感受。从管理、机械的角度讲,这是重复劳动,效率低下,但从保留特定新闻价值的角度讲,撞车事件的第一轮报道是对传统新闻工作的玷污。这些变化的主要驱动力是新闻时间观念的改变。

65 聚合

记者和新闻工作者创作的一篇篇报道一直以来都以特定方式被收集和整理:先是报纸,其后是广播节目、电视新闻和网站。发布新闻不仅是创造出一篇篇的报道,还需要通过另一个劳动密集的过程把个别的新闻报道有序地组合在一起,打包成为当天的新闻集合。在这里我区分了“第一层”新闻流程和“第二层”新闻流程，前者指把新闻事实变成新闻报道，后者指把新闻报道变成一个更大的整体。在第二层新闻流程中，编辑与设计师、版面协调人以及后来的网站负责人等一起在新闻的构建过程中扮演了关键角色。新闻编辑的工作不仅仅是单纯地“编辑”一篇新闻报道：报纸编辑们靠着他们的新闻感指点属下的记者们如何报道，管理属下人员和工作时间，在一堆新闻报道中勾勒出报纸的样貌，还要将 Philly.com 和他们自己的报纸网站连接起来。

编辑负责帮助记者们找到特定新闻故事的“角度”——帮他们在一堆没有关联的事实之间取舍，并体现事实的新闻价值。《费城每日新闻报》的编辑加尔·约瑟夫(Gar Joseph)指出，有一个组合报道的心理公式，那就是不但知道报道好在哪里，而且知道什么时候报道已经完备。他告诉我：“很多都是靠本能。它可以(在记者中)慢慢熏陶出来，但无法直接传授。只能意会无法言传。”对于那些缺乏新闻敏感或者还不够成熟老练的记者来说，编辑的工作就是去补足这种新闻感觉。编辑还需负责人员安排，这样才能展现报道的新闻价值。《费城每日新闻报》的编辑，同时也是普利策奖的获奖者芭芭拉·莱克(Barbara Laker)说：“好编辑需要问问自己，这个报道我需要哪些片段？你应该想想，要重现整个新闻现场，你需要些什么，然后你需要把这些任务分给你的团队成员去完成。”

上一节讨论的新闻生产周期节奏的变化也影响了编辑过程，特别是报道被编辑的速度。例如，7 月中旬的一个平常的日子,《费城问询者报》在线新闻部门的责任编辑一人就负责了 9 篇新闻报道的全部生产流程。突发的在线新闻包括对本地一家 711 便利店的抢劫;南泽西地区一家星巴克关门(星巴克宣布在全国关闭多家连锁店);有关全球谱运动场最后的日子的一组报道;对在瓦乔维亚中心举办的老鹰乐队音乐会的评论(该文在音乐会结束后的凌晨 2:30 提交);关于伯灵顿县自行车赛的报道(转自此前新闻发布);关于美国国立卫生研究院(NIH)一个已被禁止刊登的报告中关于西班牙裔美国人糖尿病发病率的报道。新闻时间管理的差异源于每一个
66 报道的物质限制(material constraints)——例如,一篇报道基于新闻发布,而另一篇报道需要到南泽西去一趟等。但是,总体上加速的新闻生产周期不仅给记者也给编辑带来了新的时间感。一位在线责编告诉我:“我们迅速行动,因为我们会在网上看到,如果报道有个时间戳(指时效性很强的报道),那人们就会读它。但是我们就没多少时间思考我们所追求的新闻报道的更大的社会意义了。”编辑告诉我,报道的基本元素——文件、信源、直接的观察——都是一样的,只是收集每种素材的时间更少了。[16]

靠着新闻感觉,编辑们将新闻报道编织成一张新闻纸——我称之为对新闻事实的第二层建构。费城两家报纸的各部门编辑和图片编辑一天开两次会,讨论第二天报纸的排版。在这两次编辑部会议上,编辑人员都围坐在一个大圆桌旁。早上的编前会,总编助理主持讨论,让编辑一个个地报告他们的记者正在给第二天的报纸做的

选题。虽然看似随机，但会议上的对话是高度仪式性的。“编辑X!”总编助理喊道，然后他通常会得到如下回应：“哦，记者Y正在搜集那个大型政治报道的素材，他要看记者A的报道，还要看克林顿和奥巴马在本地区之外活动的稿件。希拉里·克林顿晚上10点有个活动，这个晚了点，只能放在本地版。”就这样，靠着一个个编辑的回忆、各种生产文档以及对报纸应该如何编排的内在直觉，编辑们建立了当天见报新闻的记录，而选择头条报道是高潮部分。正常情况下，头条报道（通常由执行主编决定）会在《费城问询者报》和《费城每日新闻报》下午的编前会上被讨论。对于通俗小报《费城每日新闻报》来说，格式（头版上刊登一篇长报道）和发行策略（超过75%的发行是靠街头零售的）使其格外看重对头条报道的选择。这些会议展示了新闻感觉、围绕新闻故事建构的物质条件和时间限制之间的相互作用——这一次，在异质性的报道建构的网络中占据中心位置的是编辑而不是记者。[17]

随着互联网的发展，特别是Philly.com作为一个高度依赖《费城问询者报》和《费城每日新闻报》内容的独立新闻网站的出现，一些报纸编辑承担了与Philly.com生产团队对接的额外工作。在这个意义上，他们的工作既包括协调（以尽可能合理的方式管理在线新闻时间的变化需求）也包括后勤服务（将内容从一个制度体系转移到另一个制度体系）。通常，这些编辑还是他们各自报社网站的在线编辑，这使得他们处于全身心投入的报纸采编人员和数字网络生产者之间的位置。《费城问询者报》的在线编辑说："早上我会给 Philly.com 打电话，但一天中其余的沟通是靠全天不间断的电子邮件完成的。"

67

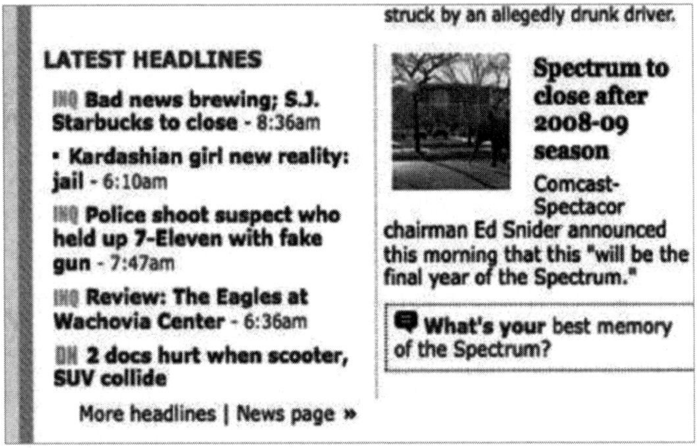

图 3.2　Philly.com 上一个典型的突发新闻栏的截图，该截图再次强调了不同网站突发新闻的重合。（来源：http://www.philly.com）

这两份报纸的在线编辑负责将他们报纸的内容推送给 Philly.com。几乎所有数字内容的生成和发布均由报纸工作人员而不是 Philly.com 的员工负责。因此，有必要采取一些行动将这些内容从报纸网站转移到 Philly.com 上。这个流程会在一个平常的新闻日重复很多次，其大概的形式是这样的：首先，记者通过他们自己的内部内容管理系统提交报道。接着，在线编辑会查看一遍，如果有必要的话会进行最终的编辑。然后，编辑会在计算机键盘上按下特定的组合键提交报道。这时会出现一个名为"导出/发送至"的菜单以及可选择的网站列表。点击下拉菜单的选项“发送至Philly.com”后，这篇报道就会出现在Philly.com的网站上，一开始会位于网站的“最新头条”栏目。（见图3.2）

不过，当报纸编辑点击了“将报道发送至Philly.com”的选项后，他或她密切参与建构报道过程的工作也就结束了。接下来，接力棒交给了第三种新闻工作者，我称之为“网络生产者”（web producer）。这是一个新的岗位，是网络新闻时代独有的。当新闻从报纸移动到网络后，网络生产者就在新闻生产过程中起关键作用了。网络生产者（建立在较传统的第二层新闻工作之上）和促进聚合的 68
博主们一起，为转变21世纪的新闻工作做出了最大努力。

作为新闻聚合的网络生产

Philly.com网站聚合和重新包装着来自《费城问询者报》和《费城每日新闻报》的内容，这也是我在费城研究期间观察网络生产工作的最主要的组织。值得注意的是，在2008年夏，Philly.com是一个独立的机构，它有自己的办公场所（位于费城市场和十六街的一个不起眼的办公楼第36层），也有自己的管理、工作流程和文化。[18]令人惊讶的是，网络生产团队只占据Philly.com办公室内的一小部分空间。营销和广告部门占据的办公空间和人力资源远远超过内容生产团队。和我访问过的新闻编辑部一样，基层员工的办公桌占据大办公室的主要空间，靠墙的是行政办公室。我曾想象这个办公环境会充满各式乐子和游戏,就像我读过的很多所谓新经济工作环境那样。但事实上,它出乎意料地安静,特别是与闹哄哄的报纸新闻编辑部对比起来看更是如此。“这不是一个新闻编辑部”,Philly.com 工作人员不止一次地这么告诉我。

Philly.com 的新闻从业者究竟在做些什么?我为什么将他们的工作归入独特的“网络生产”类别?当我开始在 Philly.com 进行实地考察时,我发现网站工作时间是从早上 5:30 持续到晚上 11:00 的。后来还增加了员工,以便能让网站一天运作 23 个小时,这一新的工作流程在 2009 年秋季实现了。一个采取轮班制的网络生产者团队分为 4 班倒,每班工作 8 小时。每一天,在每一次轮班中,都会有一名工作人员负责主页(也就是网站首页),生产团队的其他员工则负责网站的不同部分,这些部分被称为“频道”。比如,一个生产者负责娱乐频道,第二个负责体育频道等。工作日从早上 5:30 网站内容负责人和早班工作人员的会议开始。这个早间会议试图在没有重大突发新闻的前提下(但这种情况很少见)确定网站一天的主要内容。第二次大规模的会议会在上午 11:00 举行。[19]在那次会议上,网络生产者们要回顾已经推上网的那些报道,讨论它们获得了多少网络流量,再看看与《费城问询者报》的往来邮件(偶尔也有《费城每日新闻报》的邮件)中当天的新闻报道安排,并再次尝试尽可能地安排当天的新闻。在我参加的一次会议上,网络生产团队的负责人说:“《费城问询者报》的在线团队今天人手不够。编辑手下的很多人都不在。”第二个生产者接着说:“他们在报道大西洋城的一起枪击案,一死,一人情况危殆。我们想他们大概几个小时后就会在网上上传报道。""一旦提交,这个报道就会放在页面空间的'重磅'位上。"生产者团队负责人回答道。与会者还查看了会议之前作出的报道安排。一位生产者说道:"我们一早就推了一些关于体操资格赛的报道,但是我刚才把《费城每日新闻报》的头条报道放到前面了。那个关于老师的报道效果不理想,所以我们把它换成了一篇特稿,我们想叫它'性行为'(carnal knowledge[①])。"内容负责人回应道:"关于换稿,各位有何建议?要不要在午饭时间把'性行为'这篇再往上挪一挪?"

这些生产者在把内容从报纸移动至网络的过程中还使用了一些特定的术语——"组合"(trio)、"聚焦"(spotlight)和"重磅"(biggie)。这三个词指的是Philly.com后来重新设计过的主要内容板块。"组合"是出现在网页上半部分的底端的比较静态的内容条。"组合"报道包含网络视频链接,通常会出现在一些特定的报道类型里,如体育、商业、周五电影和周日的"旅游集锦"。"聚焦"则指网页上半部分出现的次重要的报道;而"重磅",顾名思义,指的是网页上半部分出现的重头报道——通常是一个包含有相关链接并使用大图片的报道。另外,"替换"(swap)指的是网站上用一个报道换下另一个报道的过程。有时候,编辑会用一个全新的报道来替换,有时候会通过把页面上已有的报道升格来替换,正如网络内容负

① carnal knowledge,古语或法律委婉用语,意为"性交"。——译者注

责人上面所说的有关“性行为”特稿的处理意见。“扩充”(build out)指的是一旦一篇报道被提升到“重磅”的位置,它就要增加图片,特别是增加额外的超链接。

在 Philly.com 这样的网站,网络内容生产者的主要角色是决定新闻报道(通常是《费城问询者报》或《费城每日新闻报》的记者撰写的)在网站上的位置。这是一个新闻判断问题:这个报道配得上“重磅”的位置吗?它应该被降一档到“聚焦”版块吗?还是应该放在“组合”版块?《费城问询者报》或《费城每日新闻报》在线新闻部门的一位编辑给一则新报道打上“重磅突发”的标签,按下正确的组合键,通过报纸的内容管理系统提交了报道,然后发电子邮件通知 Philly.com 编辑部报道已经提交了。随后,网站内容生产者们进到 Philly.com 的内部内容管理系统,那里有一个编号的报道列表。编号 1 的报道被放到“重磅”位置,编号 2 和 3 的报道被放到“聚焦”版块。来自报纸的带着“重磅突发”标签的自动排到第四位。生产者们控制着对第一、第二和第三位报道的访问。为了将突发新闻从“头条位置”(排在第四位)移动到“重磅”位,一位生产者手动把这篇报道的位置改到第一位,添加了必要的美编元素和相关报道的链接,并更新了网站。Philly.com 的网络内容生产者们重写了在他们看来不适合网络阅读的导语和标题,美化编排,添加额外的链接来增强报道效果。为了能进入“组合”“聚焦”或“重磅”位置,一篇报道需要添加美编和额外的“用户生成内容”部分(通常是指一个评论框或投票栏)。一篇报道要进入“重磅”位,它还需要添加相关的报道链接。

由此看来，我们有可能将聚合者定义为做第二层工作的新闻从业者：他们是网络内容的排序者、内部链接者、绑定者和展示者。聚合在新闻性网络中是特别常见的，各条内容经由处在新闻网络终端的生产者组合和提交。在很多情况下，这些网络末端的生产者并不是新闻机构进行内容聚合的正式成员，但他们是去机构化(deinstitutionalized)的新闻工作者。聚合者的主要工作是和一系列准机构化的内容生产者协调。因此聚合者的主要任务就是在独立生产的新闻报道之间建立链接，并根据他们对报道重要性、受欢迎程度和新闻价值的快速变化的新闻感来给这些报道集排序。

为了进一步理解这种比较粗略的对网络工作的描述，我会再回到那个罗斯福大道车祸报道，这次用 Philly.com 网络内容生产者的视角来看这次报道。

打造日常新闻：从 Philly.com 的角度来看一起车祸报道

7 月 16 日上午 9 点左右，当鲍勃·莫兰从凌晨报道罗斯福大道的车祸现场被召回新闻编辑部时，Philly.com 即认为这是一个重要的报道。哪怕是车祸报道的最初版本也很能吸引网络流量，此时那些关于前恋人的八卦和垂死的婴儿这些细节都还没被曝光。但为了继续推进这个报道，他们需要更多：他们需要一些视觉内容。“莫兰有没有拍摄现场视频？”一位 Philly.com 的生产者问《费城问询者报》的在线编辑朱莉·巴斯比。“没有视频，”巴斯比回答道,“那里没什么可拍的。”汽车残骸已经被清理掉了,那里也没有任何可以在镜头前说话的目击者。巴斯比告诉 Philly.com 的网络内容生产者:“如果我们是一家电视台的话,我们可能会派记者整个晚上都待在现场,但我们不是。”

Philly.com 面临的问题是这样的:这个报道用来吸引流量是很好的,但是要进一步提升它在网站的位置(比如升格到“重磅”版块),它需要有视频,或者至少得有一张大幅图片。这时就要再一次提到鲍勃·莫兰那部才买了一天的 iPhone 手机。因为拍了一张可以立即上传的车祸现场照片,莫兰就让 Philly.com 的网络内容生产者们得以进一步提升这篇报道在网站上的位置。巴斯比得意地说道:“这就是为什么我们会派莫兰这样的人去,有些人不需要提醒就会从现场弄回点有视觉效果的内容。”到 9 点 40 分,罗斯福大道车祸成了 Philly.com 的重磅报道。

尽管莫兰努力让 Philly.com 的网络内容生产者满意,但他后来告诉我,他认为 Philly.com 和《费城问询者 71 报》的在线新闻部门是“完全不同的媒体。你仅仅从他们推送和强调的内容就能区分出来……在 Philly.com 上你能看到很多小报化的内容,很多比基尼女郎的视频,你知道,这些视频可比我拍的新闻报道视频的点击率高”[20]。Philly.com 对娱乐和速度的强调,到撞车那天的中午时分,就初步显现了。如前所述,负责警务新闻的记者芭芭拉·博伊尔在那天上午晚些时候接手了报道,12 点 13 分,Philly.com 突发新闻频道推出了关于此事的全新版本。但是这篇报道在 Philly.com 的头条位置没有停留多久。电影《妈妈咪呀》上映的消息取代了它的位置。Philly.com已经进入新闻日的下一个生产周期了。

我已然指出在这个"典型的、日常的"新闻报道中,传统的报纸和新兴的网络新闻各自生产周期的相互叠加带有的矛盾特性。依照传统新闻价值,第二个细节完备的车祸报道是更好的。它不仅利用了其他记者已经报道的信息,而且核实更正了错误的信息。它有更好的信源,写作时间更长。但Philly.com在很大程度上忽略了第二个版本的车祸报道。这一事件的两个报道版本有相似的报道对象——车祸现场、一些警方信源——它们在组合上有些微不同而已,每一个版本也都有一组额外的报道对象。第一个报道包括了一张用iPhone拍摄的现场图片;第二个报道有一些增加的信源和专业品质的照片。不过这两个报道在Philly.com的组织棱镜下折射出来的情况是不同的。第一个报道成了"重磅",第二个报道却没能跳出"头条"栏。在这些转变中,新闻生产周期的速度变化再度起了主要作用。

第二天,罗斯福大道车祸报道又有了新的重大进展。当我7月17日上午10点30分赶到Philly.com的新闻会议室时,与会者已经在讨论如何处理罗斯福大道上的最新消息了。对话的细微之处很难加以概括,因此我在这里把对话复述如下:

负责人:今天早上的重磅将是另一起驾驶事故报道,一个棒球迷在比赛结束后醉驾冲向人群。他有一个MySpace主页,这篇关于

MySpace 主页的报道真的很棒(点击量很高)。但一个《费城问询者报》的记者追踪报道了昨天(罗斯福大道)车祸报道中那个婴儿的情况,这个婴儿刚刚死去了。(停顿)那么,你们认为这是现在最重要的报道吗?

生产者 A:是的。我们可以把醉驾报道放在“聚焦”里。

负责人:它已经在“聚焦”里了,所以我们做得不错。(浏览最新的罗斯福大道新闻进展。)我只是想确认一下大家伙儿是否都认为这应该是我们的头条报道。

生产者 A:我们有图片吗?

负责人:我们有疑犯大头照,还有撞车的图片,所以我们可以把大头照放在撞车图片上……问题是,我们必须有关于这个报道的优化视觉效果的内容,这样才能把它放在头条。

72 听完这段对话后,我了解到了关于第二张照片的故事:出现了一张在碰撞发生后瞬间拍摄下的残破汽车的照片。7 月 16 日当天编辑部没人知道还有这么一张照片,但 7 月 17 日,它登在了《费城每日新闻报》上。对于鲍勃·莫兰拍的出现在 Philly.com 上的第一张照片而言,新闻网络工作的核心元素是一部 iPhone 手机,正是这种技术设备使 Philly.com 能够把报道放到头条。而事发第二天的新闻网络的核心元素是一位自由摄影师,报道此事的《费城每日新闻报》记者告诉我:

> 我起初和我们的一位职业摄影师谈过，他去了现场。他告诉我那里什么也没有。现场的汽车残骸没了。所以我就没去现场。问题是，撞车发生在夜间，我们的职业摄影师不可能整晚守在那里。但我们有时候会依靠那些"监控狂人"(scannerheads)——他们是些奇怪的家伙，会在警方的监控摄像头前一坐几个小时，一听到什么动静，他们马上就跑去拍照。拍这张照片的就是这么一个人，他准是知道我们会买下他的照片。[21]

本章记录下的新闻工作可以概括为：两张照片的旅程：

> 7月16日的照片：
>
> 鲍勃·莫兰→iPhone→照片→电子邮件→《费城问询者报》在线编辑→电子邮件→网络内容生产者→内容管理系统→网页
>
> 7月17日的照片：
>
> 警方监控→自由职业的"监控狂人"→摄像机→《费城每日新闻报》编辑部→《费城每日新闻报》印刷厂→《费城每日新闻报》印刷版→电子邮件→网络内容生产者→制图师→内容管理系统→网页

iPhone 和监控狂人有何共同之处？很少。一个是缄默的技术装备,连接时间和空间,并能被一位有创新精神的《费城问询者报》记者操作。另一个是一个活生生的人,靠着他的主观能动性把此前不为人所知的照片通过新闻媒体展示出来。然而,就在新闻网络中扮演的功能性角色而言,7 月 16 日的 iPhone 和 7 月 17 日的“监控狂人”又是非常相似的。作为行动者,二者都存在于传统的、机构主导的新闻网络之外,但又都令这一网络得以运转。iPhone 是一个网络反叛,一个惊喜,一种未知因素。“监控狂人”也是如此。这两者对于罗斯福大道撞车报道的成功来说都是至关重要的。

总之,Philly.com 的网络内容生产者从事着以下类型的新闻工作。他们运用特定的新闻判断标准,在数字空
73 间里,依据价值排序(“数字位置和空间等级”)赋予各种已经完成的报道秩序(即所谓“替换”)。他们给许多报道增加视觉内容,有时候使用报社提供的照片或图片,但更多时候是与自己的版式设计结合在一起的。他们监控网站上的垃圾信息。他们与《费城问询者报》,偶尔也与《费城每日新闻报》进行报道的后勤协调。他们添加和管理用户生产的内容——通常是评论或意见调查部分。最后,他们增添相关内容的链接,有时候会在报道文本内添加,更多时候是附在一个专门设计的相关内容框内。通过这种方式,他们“扩充”了单篇报道。在每一种情况下,当新闻事实在报纸和主要网站之间进行看似“无磨擦”的数字之旅时,我们都会看到它们的变异。有时,这种变化

体现在优先显示或强调级别的不同(如报纸的头版头条可能在网站上不了“重磅”报道的位置)。相关链接给被阅读的报道添加了背景,也改变了它的语境。偶尔,正如罗斯福大道撞车报道使用的“监控狂人”的照片,照片会成为更大的视觉作品。在极端的情况下,单独一篇报道就可以在Philly.com上演化出许多个版本,而通过添加内部链接就可以将一次新闻实践生产出来的个别新闻事实拆解开来。

传统新闻编辑部之外的聚合

Philly.com和两家报纸记者合作的过程只是一个小小的例子,展示了新闻机构是如何越来越多地和它们不直接雇用的其他内容生产者一起工作的。从事内容聚合的,不仅包括主要的报纸。我接下来要讨论的三家网站——费城IMC、费城未来和青年费城政治网站(Young Philly Politics,http://www.youngphillypolitics.com)都采用了这种模式,相当一部分内容是非本机构的生产者(即内容生产者并不正式隶属于该网站,或拿正式工资)提供的。当然,新闻业一直都雇用自由职业者,所以这种至少有一部分新闻内容来自新闻网络边缘的模式,并不能说是完全的新事物。新鲜的地方在于,正式员工和无隶属关系的劳动者(即雇用方不通过发付薪水来控制的劳动者)之间的平衡发生了变化。这三家网站几乎所有的内容都来自非正式员工。这改变了网站运营者的主要职责:他们主要的工作是调节和过滤从新闻网络的最后环节生产的内容——不是删除它,在大多数情况下,是把内容的位置从第二梯队的空间位提升到更有能见度的位置上。也许这就是对“新闻聚合”所下的最明确的定义。在接下来要讨论的所有例子中,聚合者的工作都需要将三栏页面(见图 3.3)侧栏上的内容移到中心栏。换句话说,在概念层面,他们的工作与 Philly.com 网络内容生产者的工作是近似的。

75 这种新闻聚合渊源有自。独立媒体(Indymedia)网站是最早的数字新闻聚合者之一,它的基本模板建立于 1999 年:

> 最初的(西雅图 WTO)网站创造了典型的独立媒体网页原型,在西雅图抗议活动之后这类网页增长迅猛。它包括三个栏:右边栏是“新闻电讯”,完全开放给任何想要发布信息或图像的人,中间栏是“特写”,由团队编辑,他们会浏览新闻电讯的内容,选出最相关的内容放入这个凸显和精选的中间栏中。第三个栏是左边栏,提供搜索引擎服务和有关组织的信息,现在还包括对不断增长的中间栏内容列表的链接。[22]

在差不多过了十四年之后,费城 IMC 网站编辑的主要工作是密切关注新闻电讯内容,选择有价值的帖子,给它们增加美编效果,并把它们“构建”出来。

费城未来的卡尔·马蒂诺也用类似的术语描述他的

74

图 3.3　都采用三栏页面布局的系列典型网站

日常工作情况:“我把自己的工作看成编辑,让人们注意我们地区网络世界里那些有趣而又未被人发现的内容。所以我每天都会先扫视一下费城未来的聚合新闻电讯上的内容,挑出那些符合上述标准的帖子。然后,我会看一下我们本地媒体和谷歌新闻、雅虎新闻等更大的新闻聚合平台,接着再看一下 Technorati 之类的大型博客聚合网站。我一般会从这些材料中挑出一个或更多帖子。在理想情况下,我会确定讨论相同话题的一组博客,并试图构建起它们之间的对话。”[23] 简而言之,马蒂诺的工作需要他从费城未来博客聚合平台和其他聚合平台那里提取有趣的帖子,并把它们整合进一个更大的“特写”报道里。

社群网站青年费城政治的管理者也以同样的方式描述他的工作,尽管他本人为网站撰写了很多特稿。他告诉我:“这是一个社群博客,人人都可以登录并撰写自己的文章。这些文章会呈现在边栏。而我和其他几个人会决定要把什么文章放在首页,这就意味着有某种程度的编辑把关……此外还有一些基本的管理事务,比如看看有多少用户是僵尸粉,要试着把他们删掉,还要对付一些偏执疯狂的使用者,诸如此类。”[24]

显然,Philly.com 和费城 IMC、青年费城政治以及费城未来的网络管理人员的工作常规,是因组织而异的。但是,至少有一个重要的方面是共同的。在由处于网络终端位置的生产者们(如不同于聚合网站的报纸,激进志愿者,由 RSS 汇总的博客作者或社群日志撰写者)完成和提交一条条新闻内容的新闻网络中,新闻工作的一个关键方面变成了聚合、层次化、扩充、相互链接甚至是挑选视觉元素。在每种情况下,当信息通过这个新闻网络时都会发生变化。网络内容生产者就处在这个为费城各种在线新闻网站的数十万日常访问者“决定什么是新闻”的不间断的变化过程中。 76

博客作为职业争夺的场所:在报道与聚合之间

2004 年年底到 2005 年年初,博客实践开始被吸纳到更传统的新闻架构和组织当中。曾经是业余评论员和前记者们进行相对个体化的边缘表达的博客,开始出现在诸如 Bling(属于《费城问询者报》)和“我们会撒谎吗”(Would We Lie?)、Attytood(属于《费城每日新闻报》)这样的网站上。这些传统新闻机构的许多记者都把“写博客”作为一种需要特定写作风格的实践。一位《费城每日新闻报》的专栏作者认为,“写博客是关于态度和观点的”。[25]公民妈妈网站上一位受欢迎的费城博主艾米·奎恩(Amy Z. Quinn)告诉我,“博客取决于博主的个性和内在声音”。当博客被用这种方式理解为一种风格时,我注意到许多传统记者对此都感到相当不安。Beerleaguer 的博主杰森·韦策尔(Jason Weitzel)轻蔑地告诉我:“许多记者认为博客就是讽刺,是表态,是不敬,每一样都是新闻的对立面。”[26]

然而博客并不仅仅意味着风格,尽管记者们常常以这种方式谈起它。当我分析博客的日常实践时,我清楚地意识到博客社群中主要的差异并不是因为有些人有“态度”而其他人没有。相反,在博客社群中造成区分的是有些博主自认为自己是记者,而另一些博主认为自己从事的是聚合实践。博客作为一种使用某些在线软件的新技术实践正在被重塑,以满足“传统”报道的需要。《费城每日新闻报》的一位体育博主的评论对这种“重塑”总结得最好:“我只读电讯,我没有时间读体育迷的博客。”[27]与此同时,我访谈的绝大多数传统记者都在以重塑博客的形式来为自己的报道常规服务,其中一小部分在专业身份和工作实践等方面都更靠近绝大多数不拿薪水的博主。简而言之,区分“记者—博主”和“聚合者—博主”可能会帮助我们进一步搞清楚记者和博主在数字时代复杂的工作角色。

众所周知,博客很难定义。维基百科(讽刺的是,在这里它成了一个相当权威的参考)把博客定义为:“一个网站,通常由个人维护,定期发布评论、对各类事件的描述或诸如图片和视频等其他文本。”[28]实际上,这个定义几乎可以用来指任何在线工作,包括本章到目前为止所
77 说的绝大多数实践。在我研究的报社里,有许多博主同时主要是作为记者在工作的,并利用他们的博客来补充自己的报道。《费城问询者报》和《费城每日新闻报》的许多博主告诉我,他们主要把博客作为发布突发新闻的门户。[29]当问及他们的博客与他们的报道工作有何不同时,许多人都同意《费城每日新闻报》八卦专栏作家丹·格罗斯(Dan Gross)的观点:“说真的,我的博客和我的专栏之间没什么区别。如果我多链接别的博客,如果我

更频繁地发发博文,如果我更多地带入其他人的观点,我的博客就会更像一个典型的博客了。”[30]许多记者用他们的博客来补充自己的报道:快速报道突发新闻,培育信源以及其他用途。“我不认为自己一身多任,”格罗斯对我说,“首先是博主……然后是专栏作家,再是报纸记者。不是的。我把我做的一切完全看成一件任务。”[31]对于格罗斯来说,这件“任务”就是尽可能快地发布新闻并广而告之。一位《费城每日新闻报》编辑补充说:“我们参加新闻发布会、读电讯、参与团队工作、联络信源等,那我们为什么不能用博客来补充这些我们已经在做的事呢?”[32]

身兼博主和记者二重身份的《费城每日新闻报》“重磅出击”博客作者克里斯·布伦南(Chris Brennan)对自己日常工作的描述能帮助我们增进对这种专业博主新闻实践情况的了解。在正常的工作日,当布伦南到达市政厅的新闻办公室之后,他会阅读《费城每日新闻报》的网站并登录报纸的内容管理系统Clickability。然后他会读一读前一天他帖子上的评论。他告诉我,“我对那些留下评论的人很感兴趣”。接下来,布伦南开始组合他当天的第一篇博客文章:一篇“早报”,文章会讨论当天报纸上有趣的内容以及当天市政厅可能发生的事情。他将早报称为“基本上就是一组带着链接的单句”。在阅读《费城每日新闻报》网站,浏览报道和复制链接的同时,布伦南的电脑桌面上同时开着几个网络浏览器窗口。布伦南说,写早报帖子的时候,“我几乎全链接到《费城每日新闻报》了”。上午约莫9点45分时,一位KYW新闻广播的记者从房间对面对布伦南喊道:“你要上楼到大厅去吗?”“我去。”布伦南回应道。我在田野笔记上写道:“这个新闻办公室给人一种非常老派的感觉。”尽管做的是21世纪的新闻工作,“发黄的报纸;随从走卒式的政治标语”(“重诺守信。不要忘记是市长帮助了我们。爱尔兰人投票给市长约翰·斯追特(John F. Street)”)。[33]

布伦南在早上剩余的时间里都要处理传统的市政厅各类报道:他出席了民主党核心成员会议,列席听证会,参加特别活动,并不断寻找相关文件和信源来跟进当天的进展。但因为有“重磅出击”这个博客的存在,布伦南时常要进行一番内心搏斗。他告诉我:“这是一种平衡行为。如果你得到什么料了,你必须决定什么时候你可以把它放在博客上,什么时候你应该捂到第二天报纸见报,因为它可能是一个独家。你得决定一个料是‘博客属性’
78 的还是‘报纸属性’的。”布伦南说的“博客属性”还是“报纸属性”究竟是什么意思? 比如说,一个具备“博客属性”的例子是,一则新闻指出市议会的所有成员都配发了一辆新车用于议会公务。他告诉我,“这就是一个典型的博客题材,”“就这么一个小豆腐块,让人觉得有趣,可能撑不起一个完整的报道……不过如果它很成功,既然这是市议会季的最后一天,我也可以将它与在毕业日拿到一辆新车做一番比较,”布伦南总结道,“博客既是一个负担,也是一种福音。它给那些无处刊登的新闻提供了一个空间,不过它也意味着更多的工作。”博客创造了新的新闻洞——在报纸上无法安放的新闻报道在这里找到了空间,而且它还有助于“关注和维持信源。市政大楼里的人会读博客并谈论它,他们能谈论它,这是能拿起电话打给你的第一步”。不利的一面是,博客意味着更多的工作——而且是无偿劳动。“更糟的是,”布伦南酸溜溜地说,“编辑们不读博客,也不欣赏它。”[34]

尽管我们看到了记者们是如何通过重塑新的新闻形式来满足传统的报道需要的,但即便是最传统的记者型博主也提到对于一个“真正的”或“成功的”博客来说,风格的转变是必要的。一位记者告诉我:“博客应该是更加非正式的,对话性的,像聊天那样。”[35]在我接触过的所有报纸记者中,这个观点是很普遍的,包括《费城问询者报》的宗教事务记者大卫·奥莱利。他和我说了一次让他很懊悔和尴尬的博客体验,他本打算要用“博客直播”的方式报道2008年教皇本笃十六世访问华盛顿特区。“当我写博客的时候,我并没有真正意识到博客自己的叙述调调。我在博文的最后打上‘教皇已经抵达!’这样的句子。这个感叹号用得可真够蠢的。它看上去很不专业,也不像我的风格,”他说,“整个体验都糟透了……更糟的是,我最终为报纸撰写的报道与教皇访问几乎毫无关系了。”[36]奥莱利还惊讶地发现他的博文在发布前不会有编辑审核,“我不得不打电话给我的编辑,请他帮忙登录进去把我的错别字改一下。”

在这里,我们看到了对此感到不舒服的传统记者又一次调用“博客作为风格”的论调。但是我们也应该区分两种不同的写博客的方式,一种是作为传统报道的补充(搜集新闻事实,并将它们编织到正式的报道中去),另一种是作为聚合性的链接。我观察到的一些博主(以及大多数我访谈的身处传统媒体机构之外的博主）都并非记者。事实上，当我要他们描述一下自己的日常博客实践时，很多人都笑了，而且发现这个问题很难回答。当我坚持这么问时，这些“非报道型博客”的大多数博主给出的都是相当简单的工作描述。Beerleaguer 博主韦策尔笑着对我说：“我们读很多，写的稍微少一点。”[37]

在写博客的语境下，这里所说的“读了很多”是什么
79 意思？公民妈妈网站的博主艾米·奎恩告诉我：“我现在有一套工作流程，这让我更加严肃地把自己看成一名写作者。”有时候，当奎恩作为自由职业者接到评论或报道任务时，她得在晚上参加音乐会或去看秀。“但我最主要的工作是阅读和每天写上几个小时。”她说。奎恩有一份在线阅读材料的清单：Jezebel.com，PerezHilton.com，Politico.com，McClatchyDC.com，Philebrity，Phawker，威尔·邦奇的 Attytood，丹·鲁宾（Dan Rubin，《费城问询者报》的博主），以及《大西洋月刊》和《纽约客》。[38]《费城每日新闻报》的记者和专栏作者邦奇指出，他的博客链接数是博客阅读清单的两倍多。“我有十几个，可以说是 A 类必读博客，我不间断地阅读它们，”他说，“我试图定期阅读的唯一地方博客是 PhiladelphiaWillDo，那位博主有新闻报纸的敏感性，而且他试图……把当天重要的博客话题都汇总到一块儿，它提供了很好的一站式阅读服务。另一个过去我每天都阅读的博客是 Philebrity——我得承认我现在已经不怎么读它了，因为我认为它太时髦，而且新闻太少了。”[39]

那么，博主究竟写的是什么呢？Beerleaguer 的韦策

尔认为自己的工作比记者的要轻松。他说:“记者做的和我们做的很不同。他们要在更衣间和球员们交谈,要赶在截稿时间之前交稿。我们呢,却总是在和二手资料打交道,很少去采访运动员。”他继续说道,“记者们的截稿时间得跟着比赛走,我却能自己设定截稿时间。他们必须一路跟着球队,不能陪伴家人。”尽管对自己的工作说得很谦虚,但韦策尔对博客的日常工作流程要求是很严格的。他对我说:“我早上到办公室后就开始浏览 Google Reader 和 Philly.com 上的新闻。上午晚些时候,我会发布一篇文章分析前一天费城球队的比赛情况。快傍晚的时候,我会再发一些短小的文章,可能是关于最新的业内小道消息的。”最后,快到比赛开始的时间,读者们会在新帖的留言区展开讨论,这时“博客变得更像是读者之间的对话了。人们来我这里不仅是要看我的观点,他们也想要看我的评论区里的那些留言。”[40]

非记者型的博主阅读其他的博客,然后自己写博客文章。他们所写的内容经常是与他们在网上阅读的内容直接或间接相关的。这样的工作如何能被称为一种新的新闻工作形态呢?有这么几个因素使得它足够独特,能够被当作一种新兴的新闻形式。第一,对网络媒体信源高度常规化的消费。第二,博主与读者的关系。第三,博主之间的关系。正如韦策尔所说,博主和他或她的读者之间的关系体现在,读者们不仅想来读博主的文章,而且想看其他读者的评论。从一个博客可以通过链接转到另一个博客上去,博客与博客之间用这种方式建立起彼此间的关联。对话的观念一直都是写作过程的一部分,但 80

对于写博客而言，博客社群的聚合却是通过读者评论和与其他博客的链接体现的，并且被视为重要的博客文化。

费城地区最早的博客是一位新闻从业者办的 Bark's Bytes，是一个很明显的对话型博客。创办人《费城每日新闻报》的艾德·巴科维茨(Ed Barkowitz)早在"博客"这个词开始流行之前就开始写博客了。巴科维茨对我说："我们不知道要叫 Bark's Bytes 什么，那个时候我们没叫它博客，我都想不起来我们是怎么称呼它来着。我们总是把它看作'对话发动者'，是一种新的带动读者的方式。"[41]这个博客的结构非常简单：当时在《费城每日新闻报》体育部任职的巴科维茨，会发一些关于费城老鹰队的短小评论和观察文章，并鼓励他的读者各抒己见。这种鼓励总是很明确的："我认为公羊队失去马歇尔·福克(Marshall Faulk)是致命的打击，就好比老鹰队不得不派三流四分卫上场一样……你认为公羊队失去福克会比老鹰队失去科伊·德特默(Koy Detmer)更糟吗?"[42]读者的回复通常都是直扣主题、有信息量的。一位读者写道："我认为老鹰队将以 34∶24 赢下来。我相信安迪·里德(Andy Reed)必胜。我对 A. J.(指老鹰队的四分卫费利(Feeley))也有信心。"[43]

巴科维茨这样描述作为新生事物的 Bark's Bytes：

> 橄榄球运动在费城占据着主宰地位，《费城每日新闻》对自己的声称——"人民的报纸"——向来严肃对待。我这么说是什么意思呢？好吧，你知道有时候酒吧里会有一些球迷

> 打电话过来,请我们裁决一场运动赌局。我们就想在网上做点什么东西,把握这种和读者的互动。当我开始写博客的时候,我只想说:“这里有一些看法,这里有一些观察,你是怎么想的?”所以这个博客的确是一个集散地。

虽然他偶尔也会写写费城飞人队(Flyers)和费城人队(Phillies)的比赛,但巴科维茨承认:“我和本地体育博客圈子没什么联系。我不会读多少他们的博客文章。事实上,我读的是体育新闻电讯。”[44]

有一种对话式的博客鼓励了读者和博主之间的交流,也鼓励了读者之间的交流。在这种情况下,博主的任务是写出带有争议性甚至挑衅性的条目,提供一个讨论的论坛,主持对话,偶尔也直接回应读者。不过,另一种对话式的博客可以没有博主和评论者之间的互动。在这种情况下,博主阅读其他博主的文章,参与博主之间的对话。换句话说,这里发生的对话,不是在博客的评论区,而是在博客网站之间。邦奇认为:“如果博客只是独白,不是对话,不是聚合,那必败无疑。你不应该只把博客当作新闻采访本的草稿来用。报纸博客最大的问题之一,就是装作博主不是新闻社群的一部分。”[45]

Attytood 的发展和邦奇本人成名的一个关键节点是 81
2003 年 9 月。邦奇说,当时热门左翼网站 Buzzflash 链接了他的一篇博文。邦奇回忆说:“给我的电子邮件都能堆到天花板了。这正是我一直追求的全国性关注。”[46]在一段时间内,这种社群聚合的物质形式——博客之间通过链接来关联的方式——让邦奇变成一个“真正的”博主，并与其他博主进行远距离互动。韦策尔认为博客群体对博主来说是很重要的，他指出 Beerleague 吸引的读者来自“华盛顿特区、芝加哥、湾区、波士顿和纽约……它很像那种‘加时赛’付费电视套餐，让那些不是本地的和海外的人也可以看到家乡球队比赛，这些人组成了一个移民观众社群。去年季后赛期间，有人甚至给我们发了一张伊拉克的照片。”[47]

就这样，博客这样一种简单的实践，因其所内嵌的经济、文化和专业网络的不同，表现为非常不同的形式。在第一种情况下——可能在传统报纸里这种情况是主流——博客被重塑为高级的、开放的“条线新闻”形式。在这种情况下，博主要做的是，更快地报道新闻，撰写可能无法在报纸上登出的博客文章，培育和信源的关系，所有这些都是在与传统报纸非常近似的工作机制下运作的。在这种情况下，新闻判断的工作多了一层，因为混杂型的记者博主必须决定一组特定的事实属于“报纸报道”还是“博客报道”。在第二种情况下，博主的角色起到了扩展的聚合作用，这种聚合既发生在读者社群内部，也发生在更为分散的志同道合的博主社群当中。这类博客的运作机制包括，大量阅读和使用在线文本资料，与评论者对话，定期写文并链接到其他博客上。在这些对话式的博主那里，新闻判断流程的整个等级结构已被颠覆，他们最常问自己的不是“这是新闻吗”，而是“这个内容对我和我所在的社群来说有意思吗”。

如何解释这些不同类型的博客之间的分歧？我认

为一个重要的变量是博主们受雇所从事的工作。我在费城的期间内,本地分类博客的博主们通常也是在报社里领薪水的记者,把博客作为一种补充日常工作的工具。相比之下,第二种类型的博主往往是不拿薪水的业余爱好者,是希望建立在线声望的自由职业者,只有在很罕见的情况下会出现威尔·邦奇这样在网站领部分薪水(不是全薪)的前全职记者博主。我在费城考察期间,甚至在那之后的几年里,报道仍然是新闻工作的主要形式——至少在名义上是——尽管报道和聚合之间的界限在实践中越来越模糊了。近来有证据表明这种博客类型的二分法最终会崩溃,本书最后一章会对此进行更深入的探讨。

结论 82

在本章中,我分析了费城新闻工作的两种主要组成形式:聚合和报道。然后我探讨了报道和聚合的混合类型——博客,认为许多传统新闻机构围绕博客实践进行的辩论和重新定义,凸显了21世纪新闻工作在话语层面的一些紧张关系。我还用了一些真实的报道案例来凸显数字时代报道的不确定状态。报道者和聚合者的分歧也常常表现为记者与博主之间的争论,什么才能构成有效的报道实践,以及这些实践是否以及如何将公众凝聚起来。

下一章,我将继续讨论新闻工作实践,将新闻工作和新闻生态系统结合在一起,记录并分析一组特定新闻事实的流通。这一事件是关于费城一群房屋业主在2008年6月的一周内被驱逐和逮捕的事。业主被捕新闻从出现到爆发再到迅速消失的流程,就发生在一周之内。通过将费城新闻生态系统的不同部分及其实践并而观之,我们可以深入了解该系统是如何进行日常运作的。

第四章 新闻如何在网上流动

本章通过聚焦一则具体的新闻报道在整个费城新闻系统的扩散案例，进一步拓展了第三章对新闻工作的民族志分析。这则新闻报道是关于本地四位房主被以捏造的罪名非法逮捕的事件。第三章从传统新闻编辑部的角度考察了新闻实践；本章讨论的新闻事件也发生在新闻编辑工作的核心地带，主编们、博主们和记者们在其中进行着他们的新闻价值判断。不过本章也探讨了一则有争议的报道是如何穿越不同媒体，以及不同的新闻媒体是如何提供报道、分析和评论，并将其变成一个新闻混合体的。从这个意义上讲，本章融合了第二章和第三章，探讨了新闻如何流动，新闻记者如何在整个本地新闻生态系统范围内展开实践。

所谓的弗朗西斯维尔四人事件报道是如何凸显了对本书至关重要的更宏观的新闻过程和张力？首先，它彰显了“报道新闻”的观念如何在网络时代变得混杂化。其次，它表明，从长远看，不同类型新闻工作之间的组织界限会变得千疮百孔。费城本地新闻网络正在慢慢浮现，只不过，这一事实在学术分析中比在本地记者和编辑眼中更为清晰。换句话说,研究者可以在弗朗西斯维尔四人事件报道中简要追溯新闻网络融合的方式,但这一过程对于实际工作着的记者来说并不是马上就明晰可辨的。记者们首要关心的,既不是发展这样的新闻网络,也不是利用它来生产新闻,而仍旧是以非常传统的方式来报道新闻。简而言之,弗朗西斯维尔四人事件报道不仅展示了网络化新闻业的具体现实,也表明在面对这一"现实"时,特定的组织和专业文化在很大程度上是无动于衷的。

84 弗朗西斯维尔四人事件:在线政治媒体的最初报道

2008年6月13日,周五,下午5点19分,位于费城的激进组织普罗米修斯广播项目(Prometheus Radio Project)发出一封邮件,宣称本市四位居民——最初披露的身份仅仅是"警方批评者"——于当日早些时候在警察的突袭行动中被捕。依照该邮件所说,最重要的是,这次逮捕行动并没有法律依据。邮件中说:"警方突袭了……这些房主,他们此前批评了警方在市长迈克尔·纳特(Michael Nutter)搞的'拦截盘查'运动中的行径。这四位居民在他们位于瑞吉大道(Ridge Avenue)和17街的住宅内被捕,警方正在封查整栋建筑。这些人被带往警局,但尚未受到任何指控。"四人中有一人是丹尼尔·莫法特(Daniel Moffat),他正是房屋的主人。该电子邮件将逮捕行动与警方行为不端这一更大的城市议题联系起来，“很少有人会想到，对城市政策的单纯的批评竟会导致批评者的住家被查封，住户被逮捕。”[1]

尽管普罗米修斯广播的政治活动主要是全国性的，并且集中在相当深奥的低功率广播和在线频段接入等议题上，但该组织的核心分子也都是地方激进社团的长期成员，许多人都居住在西费城地区的几个大型集体住宅区中。[2]逮捕的消息很快就在当地的“西费城激进分子”中传开了。大约一小时后，已从朋友们那里得知了突袭事件的记者汉斯·班尼特（Hans Bennett，他经常为“公民媒体”项目供稿）收到了普罗米修斯广播的电邮，并将其转发给了费城独立媒体中心的编辑团队。通过使用费城 IMC 网站的开放式发布功能，班尼特自行将该报道变成了网站的“新闻简报”。他在给费城 IMC 的邮件中提议，要从新闻简报变成封面特稿——意味着这篇报道要占据网站最核心的位置。因为班尼特之前已经做过一次有关费城无线网络接入议题的建议，但尚未推出，也因为那时费城 IMC 一次只能在核心位置放入一篇报道，班尼特试图在提议中找到一种方法来平衡不同新闻特稿的发布时间。他在邮件中写道：“嗨，各位。我刚从普罗米修斯电台得到这个，它看起来很严重。我已经从认识这些被捕者的朋友那里听说了此事，它听上去是一个值得做的选题，特别是它来自普罗米修斯电台。你们觉得是现在就把它提到我们本打算推的（关于城市无线网络问题）特稿之前好呢，还是我们现在就推城市无线网络特稿，然后 24 小时后再换上这篇？”[3]

负责城市无线网络特稿的编辑庆幸自己原来的稿子

还没发，就这样，6 月 13 日下午 6 点 54 分，就在普罗米修斯电台发布电邮之后的 90 分钟，关于逮捕事件的特稿就出现在费城 IMC 网站上了。大标题是："警方批评者被
85 捕，警队突袭，住家被查封。"报道基本上照搬了普罗米修斯电台发布的电邮新闻。[4]

虽然费城 IMC 协商发布特稿的过程是快速而轻松的，但在另一个社会活动家和记者小站——青年费城政治网那里，协商对话则要激烈许多。班尼特当天下午 6 点 21 分在 YPP 网站(青年费城政治网)的博客板块上发布了普罗米修斯电台的新闻稿。[5]但是和在费城 IMC 的情况不同，YPP 的一个用户以"MrLuigi"为笔名马上就在这个帖子下贴出了批评意见。MrLuigi 认为普罗米修斯新闻稿中最成问题的地方是断言市长纳特拒绝参加讨论警方执法不当情况的社区会议。MrLuigi 坚称，纳特在这方面比以前的费城市长做得好多了。"我非常有兴趣听到关于这次逮捕事件的具体细节，但我也绝对清楚，认为'市长和警察局长在处理社区关系方面比从前退步了'这种空洞的说法，显然是非常可疑的。"[6]班尼特在评论区对此作出回应，承认在纳特的领导下，社区—警察的关系状况可能比在前任市长治下有所改进，但是他将对话主题转到这起事件蕴含的新闻价值上，"我也在等待更多的信息……但是，我真的想帮助人们把这事说出来，这样那些人获得公平对待并让真相大白的机会更大。我本人认识普罗米修斯电台的人好多年了，我还给那封邮件下面列出的人打了电话确认，这确实是一个非常严肃的事件。"[7]在交流中，班尼特通过强调如下事实来捍卫其新

闻资格:(1)报道对公众的重要性;(2)它可能服务的目标(如增加对被捕者“公平对待”的机会);(3)他的信源的可靠性(“我本人认识普罗米修斯电台的人好多年了”);(4)他自己付出的艰辛努力(“我还给那封邮件下面列出的人打了电话确认”)。

这个帖子贴出 12 个小时后,YPP 的主要负责人和网络内容生产者对报道的新闻可信度问题提出了质疑。该负责人以“YPP 标准”为题,写道:“转发语焉不详的电子邮件不能说明什么问题,特别是你在严肃地指责别人的时候。如果你有更多的信息,那发布它;如果没有,那么,请你等到有了更具体的内容,比如有任何一类真实信源的时候再发布。”[8]这一评论激发了对班尼特所发帖子的状态以及 YPP 的新闻角色的重要讨论。在班尼特重申了他前面提到的发布这个报道的理由后,他说自己“挺这篇报道”。[9] YPP 负责人回应称,“当然,你可以挺它。但是,这不是民主,而且我告诉你它不符合我们这里的标准。当我说一个信源的时候,我说的是:有没有目击者,有没有名字,有没有第一人称的讲述,有没有警方报告,哪怕是任何东西都可以……我不是要指责普罗米修斯电台或费城 IMC,不是要批评他们决定要转发、
报道此事或者发特稿的做法。但是,不同的地方有不同 86
的标准,如果你要在这里发帖,我们的标准是不能通融的。”[10]

随后,班尼特表达了他对 YPP 的失望之情,并再度重申,对他来说,普罗米修斯电台发布的新闻稿和媒体联系人的公开确认,都证明其是可信的来源。第二位 YPP

网站的内容生产者加入了讨论:

> 也回应一下:把我想说的看成“网站政策”也好或者叫别的什么也行。一般来说,像我们这样的网站处在一个非常奇特的空间里,一边是新闻,另一边则好比站在街角说短道长、谈论政治。我认为,它是一个很了不起的工具,可以让人们认识到某些重要事件,人们真的在听。它也是一个有助于相互理解的工具:我并不是什么都知道,但在这里,我可以通过与其他人的交谈来了解事情。所以我认为,网站政策并不是说(我们)要划太多条条框框,或者扮演那种伪独裁的角色,而是应该鼓励每一个人认识到拥有这样一个平台的权利和责任,尽管这个平台是虚拟的,但它创造出一个书面记录,并且有力量对真实世界产生或好或坏的影响。[11]

尽管对班尼特发布的信息是不是可信的讨论还可以在 YPP 上持续,但这一讨论的走向在很大程度上会受到当周周末事情接下来的进展以及相应的媒体报道影响。

在此事发生后不到 48 小时内,有几个问题是值得我们注意的。第一,与大多数关于在线新闻业的文献相反,在本案例中,事实上是一个非专业的、完全由业余志愿者组成的媒体组织“捅出”了这个逮捕事件。不过,即便是在这些更为业余的媒体中,人们也对费城 IMC 的报道表达了严重的怀疑,质疑其一旦超越了当地激进分子社群后，还是否撑得起“报道”。尽管最初报道此事的公民志愿者记者对自己所做的工作很有信心——他阅读了普罗米修斯电台发布的电子邮件，并联系邮件作者确认了事件——但是其他记者们想要的更多：“目击者，姓名，第一人称讲述，警方报告，任何信息。”[12]

还有许多讨论围绕着组织认同、自我认知和对“受众”的感知。YPP 的编辑们敏锐地意识到他们和“独立媒体群氓”之间的同源性，因此才竖起了机构标记，以此创造出强大的反身份。[13]边界工作的需求可以帮助我们来解释 YPP 的负责人与班尼特围绕邮件的讨论中为何会使用罕见的带有敌意的言辞来阐发 YPP“标准”。

最后，我们应当注意到，在所有这些案例中，业余记者们在判断新闻时都重申了传统的新闻考量标准。班尼特通过强调信源的可信性、与公众的关联性和新闻生产常规（“我还给那封邮件下面列出的人打了电话确认”）来为自己的报道辩护。YPP 编辑的回应则是要求额外的报道。最终，第二位 YPP 的编辑提到，维系一个社区网站应具有“公共责任”。 87

到 6 月 14 日，周末快过完的时候，关于被捕事件的报道仍然只是密林中的一棵树：它已经倒了，却（几乎）没多少人听到，所以它真的是新闻吗？但与此同时，在更为主流的新闻机构里正进行着另外的新闻工作，很快就会把弗朗西斯维尔四人事件变成一个重大的本地新闻。

从另类周刊到小报再到大报

6 月 13 日下午，《费城城市报》（*Philadelphia City*

Paper)[费城两份另类周刊之一，另一份是《费城周刊》(*Philadelphia Weekly*)]的编辑部接到了在17街和瑞吉大道的居所被逮捕者“朋友的朋友”的电话。[14]杂志记者以塞亚·汤普森(Isaiah Thompson)被派往现场，他告诉我，他那时刚来费城，而且打来电话的也不是他的常规线人。他说：“我想应该是那栋房子里有人认识我们周刊的什么人吧。不管怎么说，我尽快赶到了那里。”[15]汤普森的文章出现在《费城城市报》的日常博客栏目“The Clog”[16]上，内容不仅包括首次披露的关于逮捕的详尽信息，还刊登了一些来自费城警方的异乎寻常的坦率言论。汤普森拍摄的“调查”现场[17]，以及对房屋的另一位所有者罗伯特·吉尔伯特(Robert Gilbert)的“现场”采访，这些都使汤普森在某种程度上成为6月13日这件事的直接见证者。报道的第二段和第三段列出了逮捕事件的时间线：“当警方进入房屋并逮捕屋内另外三人时，丹尼尔·莫法特(被捕者)就坐在囚车上看着。接着，发生了一件奇怪的事：国土安全局的人出现了，来了更多的警探。然后是罪案现场部门，又来了一批警探。然后是消防局长，再然后是房屋许可和检查部门，接着又来了一批警探。周五从白天到晚上，这栋建筑物挤满了一批又一批政府机构的官员。”[18]

这篇文章还包括对莫法特的第一次采访，他重复了在最初披露的新闻稿里的内容，即警方逮捕他房屋里的人是因为他们搞的社区激进活动。最后，这篇文章还披露了警方逮捕行为的依据：第九警区的丹尼斯·威尔逊(Dennis Wilson)巡官和另外两名现场警官一起，“神情凝重地站在这栋建筑物的门口”，对《费城城市报》的记者说道，“这栋房屋里有‘关于杀警的文学作品’以及‘反政府的宣传材料’”。随后他发表了一番声明，后来在很多关于此事的报道中，这番话被无数次引用。他说：“他们是一个煽动仇恨的团体……我们正试图对他们提出指控，不过不幸的是，我们可能不得不放掉他们。”[19]

这个报道在周六基本完成，汤普森记得他和编辑就是否要把稿子留给杂志的印刷版进行了一场熟悉的辩
论，或者，“我们只把它放到网上？”[20]争论没有持续多久： 88
6月14日下午4点23分，The Clog推出了这篇报道。周三《费城城市报》出街时，封面上印有一个小方块鼓吹这篇“仅有网络版”的报道。[21]

周一工作日的早上，这些被捕者的朋友们制定了一个媒体计划，以期能让这一他们现在称为“非法逮捕”的事件进一步吸引公众关注。这场媒体闪电战的第一个标志是一篇新的、更详细的新闻稿，用《费城每日新闻报》编辑的话说，这篇稿子被疯狂转发。[22]早上8点30分，YPP刊登了这篇新闻稿的副本，并附有一份编者按，申明新闻稿的作者“已经看到了我的同事和朋友之间围绕周五发布的警方逮捕行动是不是够格发布的争论”，并补充道，“现在这个城市里的人正在为周五的被捕者们发出更多的讨论和支持。他们在周末完善了新闻稿，并决定组织一次新闻发布会（预定周二上午10点召开）。”[23]《费城每日新闻报》的一位城市版编辑从记者和信源那里接到了“至少五封附有新闻稿的邮件”，另一位资深记者“收到一封邮件，也许更多”。[24]新闻稿并非来自YPP，“而

是被捕者的朋友们给每一个人甚至他们的妈妈发送新闻稿”。[25]

《费城每日新闻报》的城市版编辑加尔·约瑟夫(Gar Joseph)说:“这个故事足以引起我的兴趣。”他同时指出,根据以往的经验,大多数类似的激进主义新闻稿都没什么意义,他一般对它们持怀疑态度。[26] YPP 上围绕这篇新闻稿的刊发问题产生的讨论也起到了加强报道潜在重要性的效果,让编辑部的人感觉这一事件是“热点”。约瑟夫说:“当人们兴奋的时候,我们就会注意到。”[27] 大卫·戴维斯(Dave Davies)说:“正是这些新闻稿引起了我们的关注。”他被《费城每日新闻报》派去做关于该事件的报道,要登在周二的报纸上。“看到《费城城市报》的文章时,我们刚刚开始报道工作。”[28]《费城每日新闻报》的编辑在下午的编辑部会议上对这篇第二天要见报的报道展开了讨论,参与者称编辑部认为逮捕事件既激动人心又令人怀疑。约瑟夫说:“编辑部会议的共识是,这是一个好新闻,但对事件背后的人们的动机持怀疑态度。”[29]

都市版专栏作家兼博客作者丹·鲁宾就在上一层楼的《费城问询者报》的编辑部办公,他记得周末见到费城 IMC 报道时还收藏了。“周一,我收到《费城城市报》布莱恩·霍华德(Brian Howard)的一条讯息,兜售他们记者对此事的报道。”鲁宾说。此后不久,他收到了那封广为转发的电子邮件,得知周二将就此事举行新闻发布会。鲁宾说:“我手上还没有周三专栏的稿子,所以我就开始关注这件事。”[30] 鲁宾回忆说,光凭 IMC 的报道本身并不足以促使他去写和此次逮捕事件有关的文章，“因为他们的报道也就是一篇新闻发布稿，我不喜欢把自己的文章链接到新闻发布稿上。”[31]但到了当天晚间，鲁宾不确定“逮捕事件到底应该写成一篇专栏还是一篇报道，因为它有这么多未知的疑点。要写专栏，我得更清楚要从哪个方面来评论才行。所以我就准备在周三写 89
一篇完全不同的专栏了，后来我也的确这么做了”。不过，他补充道，“我搜集了所有的材料，但还没给报纸写任何东西。周二早上我开始写作了，给博客写。这我做得到。”[32]

费城主要新闻机构是在 6 月 17 日星期二首次报道弗朗西斯维尔逮捕事件的。《费城每日新闻报》的报道是《警方搜查，户主发蒙，一片狼藉》，头版导读，全文刊登在第七版，这也是关于这一事件的报道首次以印刷形式出现。[33]鲁宾的博客文章《谁在 17 街和瑞吉大道写了‘杀死猪猡’?》在当天早上 8 点 52 分发布。这两篇报道后来都出现在 Philly.com 的首页头条位置。《费城每日新闻报》的数字版报道并没有使用链接，尽管它大量引用了《费城城市报》的报道[34]；鲁宾发表在博客上的帖子则链接了《费城城市报》和《费城每日新闻报》戴维斯的报道。[35]这两则报道都非常详尽，并且都包含了大量的新信息：警局声称他们第一次去是因为附近有摄像头被破坏，在这所住宅的墙上，有人曾写下“杀死猪猡”的字样。该住宅里的人拒绝透露房主身份，以及在住宅楼顶发现了一个“军事掩体”。在这两个报道中都是主要被访者的莫法特否认房中有任何人在墙上写下“杀死猪猡”，

(“如果有人这样做了,那就是警察自己做的。”他这样说。)他还指出,警方来时并没有说他们是在调查受损摄像头,而那个所谓的“军事掩体”实际上是一个温室。他出示了一张财产收据,上面显示他的笔记本电脑现在“被国家刑事调查局情报部门收管”。他还承认因为自己在警方到来时“惊慌失措”,所以否认了自己是房屋的主人。[36]

尽管这两篇报道有很多相似之处,但由于生产它们的媒介性质和媒体机构的差异,这两篇报道也有很多微妙的不同之处。《费城每日新闻报》的报道完全是“直截了当”的新闻作品,虽然它包含了大量潜在表述警方行为失当的信息,但它明确允许逮捕事件中的“双方”各执己见,并呈现他们各自的观点。而鲁宾在 Blinq 博客中的帖子虽然大体上也是这样,但表达上有微妙的不同。《费城每日新闻报》报道的导语是:“住在费城北区的四名年轻人周五在他们的屋子里被捕,他们曾发传单抨击警方布设的监控摄像头。在未受指控的情况下,他们被拘留了12 个小时。在此期间,警方搜查了他们的房屋。”而鲁宾对这些激进分子持更为怀疑的态度。鲁宾是这么开头的:“现在他有时间考虑了——在警察局里待上 10 个小时是能让你好好想想的——莫法特承认如果他合作的话,事情可能会朝好的方面发展。”鲁宾的结论甚至更强烈:“我所知道的是,如果一群警察凌晨三点把我从家里叫醒——我的直觉一定是合作的,对自己所做的事不会隐瞒。”[37]不过这篇稿件的大部分内容与《费城每日新闻报》搜集到的材料非常相似,如包含了潜在指责警方行为失当的信息。如上所说的差异的部分，源于报道形式的差异。虽然新闻报道必须“客观”，这个理念是不言自明的，但我在费城调研期间也注意到了一个同样深入人心的理念，那就是：博客文章，哪怕是事实报道，就算不是观点鲜明，至少也要体现强烈的作者的声音。[38]

对这两篇文章——以及事件所有的报道中的——差异的另一种解释是，它们来自两家报纸的专业自我意识和品牌认同的差异。一位《费城每日新闻报》的编辑在那周的早些时候告诉我：“这不是《费城问询者报》关注的事。它更适合做成粗粝的《费城每日新闻报》风格的报道。”[39]的确，周三之前，《费城问询者报》上都没有出现关于逮捕事件的新闻。周三，《费城问询者报》以周二发布会为新闻由头报道了此事，但事实部分大多是《费城每日新闻报》已经报道过的。[40]更有说服力的是这两份报纸规划的后续报道。当《费城每日新闻报》围绕警方突袭行动展开“迷你圣战”时，《费城问询者报》迅速扩大了对逮捕事件社会意涵的讨论，并采用了更为质疑的立场。《费城问询者报》参加了周二发布会的记者基娅·格雷戈里(Kia Gregory)说：“我得到了(房屋许可和检查)报告，这栋房子违规一百万次了。”格雷戈里没有点名，但可能暗指《费城每日新闻报》，“我认为有时候我们会从新闻里生造出一些人物角色”。在逮捕事件发生一个多月后，格雷戈里说，她认为这一事件所揭示的更深层的问题包括发生逮捕事件的费城北区的重建，以及被逮捕者与当地社区的长期居民之间的关系。“整个事情是关于人们进入社区以及他们与社区之间的紧张关系——这是我和我的编辑所关注的故事。”在提到本地博客的一篇帖子时，格雷戈里又说了另一起事件。在另外一个社区，“无政府主义者”与其他居民就要不要让本社区住房更加“高档化”的问题而爆发冲突。“一些(对这个报道来说很重要的)潜在的东西是这两个不同的群体如何合作共处。”[41]

尽管在语气上而不是在实际报道的事实主体上存在差异，弗朗西斯维尔四人被捕事件毕竟已经成为“新闻”了。它已获费城两家主要报纸的盖章确认，还开了场出席者甚众的新闻发布会。现在，这个报道将扩展到本地和全国的博客圈里去。事实上，当报道发展到“这一刻”，许多关于“新闻业与博客”关系的学术探讨才刚刚开始。

地方和全球博客圈

《费城每日新闻报》报道在周二出现的数小时后，费城本地的博客圈开始大量关注房主莫法特和弗朗西斯维尔房客的艰辛生活。特别是其中四个本地博客——Philebrity、Philadelphia Will Do、Attytood 和 Phawker，它们使得这个故事获得了超越常规《费城每日新闻报》和《费城问询者报》读者范围的生命力。此外，“地方桥博主”(指那些有时会将本地新闻与全国性读者桥接起来的博主)们的工作也有助于让故事获得全国性关注。(见图 4.1)

92 有几家网站在周二之前就关注这起事件，它们链接的是更早一些的《费城城市报》和费城 IMC 的报道。但显而易见的是，费城的主要博客因为《费城每日新闻报》

91

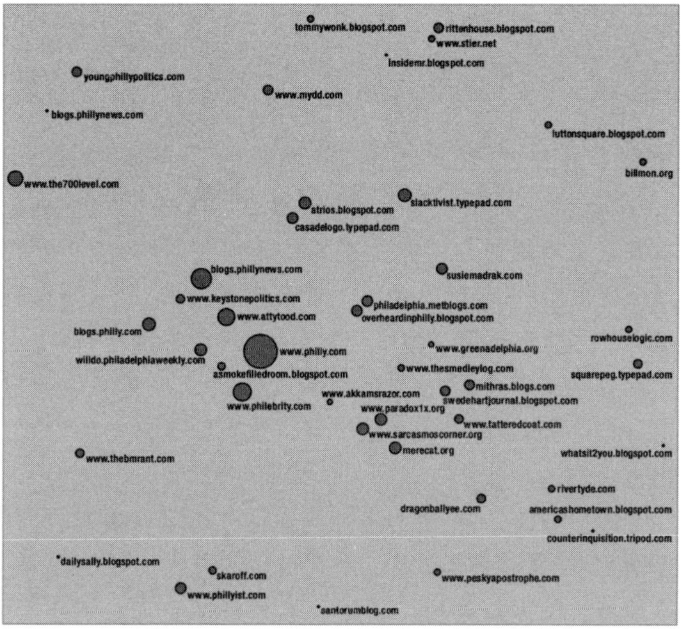

图 4.1　2008 年前后的费城博客圈。本示意图是对基于互链频率(co-link frequency)网络分析的可视化,这种互链频率表示的是数字空间中各种媒体节点的相互关系。附录中有关于这种分析方法的更进一步的说明。(来源:改编自晨兴分析)

和鲁宾博文的联合推动,以及 Philly.com 给予这两个报道的显要位置而行动起来了。Philebrity 在周二中午 12 点 24 分的推文《如果这事不是真的,那可就滑稽了》[42] 中链接了《费城城市报》《费城每日新闻报》和 Blinq 博客的内容;Philadelphia Will Do 在《警方突袭梦想之舟恐怖分子的家》的帖子里链接了《费城城市报》和费城 IMC 的内容[43];Phawker 则链接了《费城每日新闻报》和《费城城市报》[44]。总之,《费城每日新闻报》上的报道似乎成了关键:除了上述提到的三个网站外,Attytood、Stormfront(一个白人至上主义者群体)的网络讨论版,以及众所周知的本地博客 Fables of the Reconstruction(http://mithras.blogs.com)都提到这篇报道。在这里,我们确乎看到有关新闻业与博客关系的传统观点的明证:一旦报道印刷出版,关键的本地博主就会跟进这个故事;博客圈的大部分文章链接了报纸的报道(在很大程度上,博主们大都忽略了那位报纸专栏作家发表的只有网络版的报道,而且大部分博客文章很少有传统新闻意义上的"原创报道")。

即便如此,一个更为定性的评估分析可以表明,这种新闻扩散的"经典"故事要比它最初看起来的更为复杂。本地博客圈重新架构了新闻故事并且扩大了对话范围。事实上也有一些博主做了原创性的报道。一位记者型博主的想法显示了在线新闻判断的复杂性。最后,这个故事从本地博客圈流传到全国博客圈的方式也带来了额外的洞见。

虽然本地博客可能没有做更多的额外报道,但它们以反映和塑造社区对话方向的方式重新架构故事。Philebrity 和 Philadelphia Will Do 在周二晌午时分发表了关于这一事件的博文,这两个博客都对原始报道添加了"嘲讽"的味道,以一种典型的具有它们风格的讽刺幽默的方式写下它。除了重新讲述逮捕事件外,Philadelphia Will Do 的丹尼尔·麦克夸德(Daniel McQuade)还提到屋主莫法特有"梦幻"的眼睛——事实上,这双眼睛"对于费城人来说过于梦幻了"[45]。

但与此同时,当地博主似乎对警方搜捕感到非常愤怒。Philebrity 写道:"老实说,我们不知道该从哪儿写起。但是,让我们从这里开始:这是又一起文化大战(Culture Wars)①式逮捕。警察总会因为纯粹的愚蠢(非法搜捕和扣押,对媒体说蠢话)和文化无知(比如无法将拉莫娜·艾弗里卡(Ramona Africa)②和潮人区分开来,或者拿 Domelights 网站③的帖子当线索,诸如此类把事情搞砸。"[46]从新闻的角度看,博客 Philebrity 将报道又推进了一步:它通过添加事件的背景和语境来架构它,并且用一系列链接将此事作为此前博客报道过的费城警方的不当行为模式的一部分。博客 Attytood 的威尔·邦奇也为故事添加了语境(弱化了大部分讽刺色彩),将这个报道链接到他此前写的关于公民自由的帖子,以及关于费城新任警察局长查尔斯·拉姆齐(Charles Ramsey)在华盛顿特区任职期间记录的帖子上。[47]邦奇告诉我:"我(对这个故事)感兴趣是因为:第一,公民自由问题是我的博客关注的主要话题之一;第二,我去年专门写了在查尔斯·拉姆齐领导下的华盛顿特区警方在公民自由方面的糟糕表现。所以我等我们这个报道

① 文化战指的是不同社会群体之间的文化冲突和围绕价值、信仰与文化实践支配权的斗争,相关的议题包括堕胎、同性恋、色情和多元文化冲突等。——译者注

② 费城黑人自由团体 MOVE 的团队成员,也是 1985 年发生的 MOVE 爆炸案中唯一幸存团队成员。——译者注

③ 这是一个种族主义网站。——译者注

出来,就加了一些对拉姆齐本人的评论,以及如此明显
93 的滥用权力对于打击犯罪来说是多么有害的评论。"[48]与报纸明显的报道文本相比,这三个最著名的本地博主将这一事件进行了深刻的语境化,追溯到此前在这一主题下的报道。在接下来的几天里,这三个博客还会多次提到这一事件。

另一个使传统扩散模式变得更复杂的因素在于,在这些博客中,还真有一个本地博客 Phawker 在《费城每日新闻报》的报道发表次日也做了重要的原创报道。博客作者杰夫·迪尼(Jeff Deeney)写道:"上周五,当其他人都在市政厅参加关于警方突袭弗朗西斯维尔住宅事件的新闻发布会时,我在里奇大街上希望能找到我的老朋友,玛丽珍家庭活动中心的艾德娜·威廉姆斯(Edna Williams)女士。"[49]迪尼与威廉姆斯的交情可以追溯到他担任《费城城市报》撰稿人期间:"不久前,我在《费城城市报》上一篇关于为无家可归的贫民提供服务的文章里写到了威廉姆斯……她在一群本地社区活动者中发出了强有力的声音,她受到社会服务提供者的尊重,不断为受压迫者鼓与呼。"[50]迪尼寻找威廉姆斯是为了得到能推动故事发展的一个更紧迫的新闻问题的回答——那就是,那些被捕者的个性特征是什么样的?他们只不过是一些追求时髦的"潮人",还是他们实际上是北费城社区的成员?迪尼写道:"如果有人能对眼下的情况有一个很好的解读,那这个人就是玛丽珍家庭活动中心的威廉姆斯。当我问她关于那条街那栋房子的事时,她变得非常严肃,告诉我丹尼尔·莫法特和与他一

起生活的那些朋友都是很好的人，并请我把这个信息传递出去。”

迪尼运用他的记者背景——对基本的报道驾轻就熟；有稳定的相关联系人；不仅能识别出新闻“故事”，还有能搜集、展现和整理新闻事实的能力——来推进逮捕事件的新闻。迪尼也许会被称作“博客主”，不过最好还是叫他“自由撰稿人”，而且他当然是“一名新闻工作者”。然而，他的新闻身份深深地去机构化了（deinstitutionalized）。他曾是另类周报的记者，但 Phawker 的个人简介里介绍他是自由作家，以及“为无住房家庭提供非营利居住项目的工作者”[51]。

传统的博客—新闻业关系叙事还有第三个复杂因素。尽管邦奇对他如何决定为 Attytood 撰写弗朗西斯维尔四人报道的描述与新闻扩散的一般模式并不矛盾，但它的确给传统的智慧带来了一丝细微不同。因为它给博客型记者的观念打开了一扇窗户，下面我详细引用了他给我的电子邮件：

> 我是在动笔的前一天知道逮捕事件的。《费城城市报》的布莱恩·霍华德和博客 Clog 给我发邮件说国土安全部门到了现场。讽刺的是，我周一白天都在忙着一些与工作无关的事，没时间管它。但随后，当我周一晚上来到办公室的时候，我们的一位记者（大卫·戴维斯）跟我讲了他了解到的此事的一些情况……对我来 94
> 说，关键在于这位特定的记者认为警方的行为

> 非常令人震惊——他是一位可靠的记者,而且对每一个新闻故事都抱有开放的心态。当博主们说"一个可信的信源"时,指的就是他这样的人。如果这个故事是别的新闻媒体或博主报的,那我可能就不会选中它了。[52]

上面这段话包括两个重要的问题。首先,纸媒记者的作用是非同寻常的。不仅仅是一个"真正的记者"写了逮捕事件,而且是一个特定的真正的记者大卫·戴维斯写了这件事。对于邦奇而言,他是一个"可靠的""心态开放"的记者。尽管还不清楚那些不是这位记者的同事的博主(邦奇是他的同事,他们在《费城每日新闻报》编辑部的办公桌是对着的)是否都清楚他的声望,但我在费城交谈过的相当多的记者——博主们、广播记者们、独立媒体记者们——都对他评价甚高。其次,我们再次看到,邦奇编辑、积极推广的《费城城市报》的报道,强化了弗朗西斯维尔事件在许多机构新闻媒体工作的记者心目中的地位。尽管从报纸到博客的新闻扩散的方向仍在,但连接它们关系的箭头比最初看起来可能要更复杂了。

从弗朗西斯维尔事件在博客圈的扩散中,我们可以看到我称之为"桥博客"运作的证据。所谓"桥博客",是指那些与本地社区(就它们的物理位置和所写的主题而言)保持联系但通常也是关于全国或国际问题的博客。博客圈中那些地位更突出的博客可能会链接到这些博客上,有时会让这些桥博客有机会将地方议题带给更广泛的受众。弗朗西斯维尔四人事件就属于这种情况。

到6月17日星期二的晚上10点46分，弗朗西斯维尔地区的逮捕事件也出现在了Boing Boing的网页上，这是一个以“文化猎奇和趣科技”著称的博客。[53]从地方新闻到全球新闻（至少在博客圈里）的路径上的关键时刻，是邦奇给邓肯·布莱克（Duncan Black，笔名Atrios）发了一封邮件，后者是一个人在费城但主要撰写全国政治话题的博主。邦奇说：“我把帖子用邮件发给了Atrios，他也对公民自由话题感兴趣，而且时不时会讨论一些地方议题——他也的确链接了那篇文章。”[54]Atrios的博客Eschaton就是一个“桥博客”，它也是全美最受欢迎的自由派博客。Atrios写了一篇简短的帖文，取标题叫“仇恨群体”，这篇帖文没有链接到戴维斯的报道上，但是链接到了邦奇的博客文章上。接下来，另一个聚焦科学的全国性博客Futurismic跟进，并从城市监控摄像头的危险性这一新的角度重新架构了这个故事。[55]这个有未来主义特点的报道，通过运用与Boing Boing的有技术头脑的读者们相关的术语，帮助弗朗西斯维尔四人事件最终跃入了上层博客圈。Boing Boing博主克里·多克托罗（Corey Doctorow）写道：“费城北区那些保护隐私的活动人士散布了一份请愿书，反对在他们家周边安装监控摄像头。但在一场无证的突袭行动中，他们被警方逮 95
捕。”[56]一段出自丹尼斯·威尔逊巡官之口的话（他后来在采访中把那些被捕的活动人士称为“仇恨群体”，还说他希望能对他们提出指控），第一次被费城这个全美第六大城市里的一个小型另类周报的新手记者报道出来了，现在它扩散到了“世界上最受欢迎的博客”的页面上。[57]

我们已经看到了,在记者和博主之间的一般性的劳动分工——即记者负责报道,而博主负责评论——可以说是在这一逮捕事件上对传统媒体和新媒体之关系的一个准确又简单的描述。但这一新闻事件迂回曲折的旅程还没结束。在短暂地获得全国瞩目之后,弗朗西斯维尔四人事件又迅速回归地方新闻。将会是《费城每日新闻报》,这份费城报纸中最坚定地走本地路线的小报,给这个故事一个悬而难决的结论。

成于小报,死于小报

在逮捕事件发生后的周二下午,激进分子召开的广为宣扬的新闻发布会让《费城每日新闻报》陷于两难。记者戴维斯说:"那儿没有太多新闻,很难写出什么新东西。"[58]记者和编辑也开始对莫法特故事里的一些方面产生怀疑。一位编辑指出:"基本上,我认为他并没有十分坦率地承认自己的政治诉求。"不过,这两位记者和编辑都认为,这个故事本身的确让人深感不安。这位记者说:"除非再听到别的证据,否则我会认为已经发生的真是扯淡。我觉得警方简直就是想把整个城市的防备警力压到这么几个孩子头上。"[59]另一位编辑打趣道,这情况让他想起了 20 世纪 60 年代,"外面满是愤怒的人群",但是他似乎也接受了激进主义者们所提供的关于事件的陈述。[60]戴维斯说,逮捕事件背后的一个有意思的角度是,住房许可和监管部门在选择性执法,他建议写一篇专栏文章来指出这一点。一位编辑告诉我，“专栏的意图就在于保持新闻热度”，哪怕没有什么直接的新闻由头。

不过戴维斯并不是《费城每日新闻报》唯一想就逮捕事件写专栏的记者。报纸的专栏作者吉尔·波特(Jill Porter)也有类似的想法，她说，“有些新闻报道就是能够打动我”，一看就是上好的专栏材料，就像戴维斯在考虑写一篇专栏一样，波特也认为，情况有点儿不同寻常。她说：“这完全就是出离愤怒，所以我打电话给大卫，他说‘好，我们看看接下来会发生什么’……那我就打算另外想个选题来写我的专栏了。但是我的编辑说：‘怎么，你不打算写这件事吗？’所以我又决定专栏就写这件事了，特别是当我听说大卫要写的角度和我的不同，他打算把关注点放在住房许可和监管部门的选择性执法上。”[61]对波特来说，写专栏不仅可以提供观点，而且可以确保将重要事件置于公众视线之内。她说：“这种方式也需要做报道的”——事实上，波特在6月19日专程前往市议会询问市长关于弗朗西斯维尔被捕事件的情况。[62] 96

6月19日下午的编辑部会议快结束的时候，编辑部已经做出了决定，这两篇专栏不仅要出，而且要成为明天报纸的重磅稿件。一位编辑指出，“在没有人诚实地”指出发生逮捕事件的原因到底是什么的情况下，让这个报道保持热度是一个合理的决定，这样可以期望给城市的领导层一点压力，让他们能彻查此事。编辑部会议的讨论主要围绕着如何将两位而不是一位专栏作家的稿件整合到一篇封面报道里(一位版面编辑说,“可能应该从两篇专栏中选一篇做成头条文章”),以及怎么解决那些被捕者不愿意再被拍照的问题。尽管周五报纸的确切样貌还不那么确定,但可以很肯定的是,莫法特事件会成为《费城每日新闻报》的主导报道。[63]

但到了周四晚上,编辑决策改变了。当天傍晚时分又发生了一起突发新闻,当地新闻主播艾丽希亚·莱恩(Alycia Lane)向她的前雇主——CBS 地方台提起了诉讼。在过去的几个月里,《费城每日新闻报》不遗余力地推广关于莱恩的报道。这正是让丹·格罗斯(Dan Gross)的费城八卦博客获得早期成功的报道项目之一,而且这也正是《费城每日新闻报》认为归自己“所有”的一个报道选题——尽管有来自《费城问询者报》的竞争。[64]的确,截至 6 月底的时候,Philly.com 上年初至今排名前五十的报道里有五分之一都和这位吸引人的、随时会被逮捕的电视主播有关。[65]6 月 19 日晚,在这场席卷《费城每日新闻报》编辑部的莱恩狂热中,就连邦奇也不能不受其影响。因为通常写八卦的专栏作家在休假,邦奇最终写下了 6 月 20 日周五的头条报道:《莱恩发起诉讼,讲述她这一面的故事》。[66]

在短暂登场报纸头版之后,莫法特和弗朗西斯维尔四人事件就这样被一个明显过度报道的前地方新闻主播的提告事件撬了位置。尽管人们可以说,这样选择头条报道是对《费城每日新闻报》所代表的“公共”使命的背叛,但事实上很难想象编辑会做出任何其他决定。因为很明显,正是最初将莫法特事件做成头条的那一套新闻实践模式，让事件在与艾丽希亚·莱恩的八卦新闻一较高下的时候败下阵来。这套新闻实践包括：《费城每日新闻报》报道内在的煽情主义的倾向；它愿意代表那些它认为被市政当局冤枉了的人去“讨伐”；它倾向于绕过那些更深层的文化问题（与《费城问询者报》相反），而热衷于将新闻事件变成“人物角色”；它可以安然将两篇专栏评论文章放在头版。毕竟，莱恩的故事才是2008年夏季《费城每日新闻报》的黄油和面包。20日那天的报纸上，波特和戴维斯关于弗朗西斯维尔的专栏虽然同时出现 97
了，但波特指出：“专栏位置的改变大大削弱了它的重要性。”尽管她认为“让两篇关于弗朗西斯维尔事件的重磅专栏作报纸头版本是一个很棒的主意”，但看到最后的编辑部决定把莱恩事件放在头版之后，她并没有特别失望甚至也没有一丝惊讶，“这是不可避免的。”[67]

尾声

《费城每日新闻报》发表了那两篇专栏之后，莫法特和弗朗西斯维尔四人事件就在公众视野中消失了。费城IMC却一直保持着与激进主义者社区的密切联系，并在很大程度上不受所谓的新闻“价值”的影响，它在6月22日发表了一篇以两名被捕者口吻写的相当全面的“第一人称”报道。[68]这篇文章是独立媒体在一周前转发普罗米修斯电台新闻稿之后所做的第一篇原创报道。6月27日，《费城每日新闻报》的博客作者克里斯·布伦南在他的“Philly Clout”专栏中跟进了一个简单的帖文，提到莫法特已经被列入市政厅的“关注名单”了,尽管当局并没有什么不利于他的证据。[69]除了这一简短的帖文外,整个事件在这个夏季看上去就这么被遗忘了。对于《费城问询者报》的基娅·格雷戈里来说,这个新闻的消失不仅与编辑部的正式决策有关,也和警察局和激进分子的行动有关。格雷戈里告诉我,被逮捕的激进分子更感兴趣的似乎是如何利用自己短暂的知名度通过媒体推进更大的政治诉求。美国公民自由联盟威胁说要起诉费城当局,似乎也让警方采取官方的“无可奉告”的方式来回应。格雷戈里说:“(激进分子们)并没有提起诉讼,我联系了新闻稿中提到的其中一人,只是为了看看,嘿,还会发生什么事。然后他们说,好吧,他们真的不想再谈这个事件本身了。他们只想谈那些更大的议题,比如中产阶级化和警察暴行。然后我就想,这才是整件事情的关键所在。激进分子就是为了把他们的政治主张提出来,他们自己甚至都不去跟进自己的故事了。所以,这会让你思考,如果你自己都不起诉,那你所遭遇的到底有多严重或者说你会觉得有多冤屈呢……所以,老实说,我不知道。”[70]

另一方面,除了事件各方行动者的具体决定之外,新闻周期的速度对于这个报道的消失也影响重大。在本书中,我提到网络对于新闻工作的一个主要的影响就是它培育了一种大大加速新闻周期的感觉。在这个例子中,逮捕事件的新闻在事发后几个小时内就出现在网络上;一份新闻周报的记者在他的报纸正式出版前几天就已经把报道贴出来了;《费城每日新闻报》的相关报道出来之后几个小时,这一事件就登上了全世界最受关注的博客。

但是,然后呢?没有然后了,它消失了。新闻业的老话说,"新闻就是新近发生的事"。但是在弗朗西斯维尔四人事件这个例子上,我们看到,那些新近发生的事也不再是新的了——因此从长远来看,也就不再是新闻了。

结论:新闻报道的混杂实践和权威调用 98

正如第一章至第四章所显示的,承载着不同类型新闻工作的"机构容器"似乎正在破裂。至少,它们出现了更多漏洞。我们可以在表 1.1 中看到有关边界融合的一个方面,表 1.1 显示了多元的机构行动者正在穿越博客、付费报道、"传统"新闻和激进行动之间的界限。一些专业记者现在开始在费城 IMC 这样的独立媒体上以活动人士的身份进行新闻报道;一些博主曾经是受雇于大型报纸的记者等。第三章中对不同类型新闻工作的回顾,也凸显了边界的不严密。比如,"博客"——曾经被视为新闻业余爱好者们开展的边缘活动,现在正在被传统媒体组织积极采纳。最后,本章显示了新闻实践的许多关键过程——报道突发新闻、求证新闻、分析新闻,以及围绕新闻实践创造公共行动——这些行动被散布在地方新闻生态系统的多元行动者们实践着。

但与这种日益增长的新闻机制的混合程度相伴随的,是报道行为似乎也越来越被看作专业新闻工作的"管辖核心"(jurisdictional core)。大量的日常新闻报道继续由传统新闻采编专业人士来进行。报道,是费城新闻编辑室在言谈中最被看重的新闻工作形式。费城新闻组织雇用的博主们通常会挪用博客形式来促进报道。那些更为“传统”的博主们，比如 Beerleaguer 的杰森·韦策尔(Jason Weitzel)则因为意识到自己“不做报道”，而在言辞上谦逊地矮化自己的职业地位。这里还出现了一个悖论，其产生的全部后果我们还会在后面的章节里详述。在面临各种新的新闻实践和准新闻实践的管辖压力下，越来越多的费城新闻编辑部门将“报道”作为新闻工作的核心。但是报道的具体行为似乎也在技术和经济的压力下遭受到职业权威被削弱的挑战：报道变得更看重互动，更不专业化，更容易因为抢时效而出错，更依赖“秒表文化”并受制于主动受众的欲望。最终，就是报道变得更加不具有自主性了。因此，一方面传统的报道被看作新闻工作的基石，但另一方面，它具体的运作方式变得越来越界限不清，越来越混杂，并且越来越难以为继。

第一章和第二章重点关注的问题是：随着新闻生产进入界限不明的数字空间，本地记者对公众的看法发生了怎样的变化？第三章和第四章则描绘了在新闻业的图景下，同时产生的两种情况：对报道本身的看重和报道行动的混杂。似乎可以有把握地认为，在网络时代开启之前和之后的几年里，当代新闻的核心观念还是记者“通过
99 报道新闻创造出独特的‘公众’形态”。前面的几章提供了支撑这一观念的论据，并记录了这一观点在数字时代所发生的变化。

第五章和第六章将转而讨论面对报道和公众的问题化，记者、学者和思想家们，基金会和主编们的应对策略，即新闻的未来在于“网络化”。通过对弗朗西斯维尔四人

事件的分析，我注意到费城新闻网络的存在对外部分析者来说是很明显的，对于记者和编辑们来说则未必，他们都还在致力于以相当传统的方式履行报道职责。第五章和第六章将探讨强化费城新闻网络以及新闻工作者的生态系统思维的尝试。

III

打造新闻网络 *101*

第五章

“就像一个凳子有三条不同的腿”

一个平常的星期一上午,大约10点,北大街400号的《费城每日新闻报》办公室里,一位消息灵通的专栏作者接到了一个惊人的电话:费城艺术博物馆的常任馆长、费城文化精英里的头面人物安妮·德哈农考特(Anne d'Harnoncourt),前一晚突然去世了。她只有64岁,而且看上去身体很好。她的死讯让这份小报的人很惊讶。而这件事另一个让人心跳加快的地方在于,如果《费城每日新闻报》能快速把消息报道出来,就可能压过楼上的竞争对手《费城问询者报》一头,后者还不知道安妮·德哈农考特的死讯。记者芭芭拉·莱克(Barbara Laker)告诉我,因为《费城每日新闻报》没有庞大的在线采编团队,一般来说像德哈农考特之死这样的消息“总是《费城问询者报》的囊中物。但这次是我们先拿到消息,而且我们的头儿们也说过,希望《费城每日新闻报》以后能更快地报新闻”[1]。《费城每日新闻报》的编辑大卫·普雷斯顿(David Preston)补充说："我们试图比《费城问询者报》快一个身位。"他要求当时在办公室里的几名记者中的一位先就事件写出一个独立的摘要段，作为突发新闻放到《费城每日新闻报》的网站上去。这个段落仅仅报道了最基本的事实(德哈农考特是谁以及她已去世)，10点14分出现在网站上，是有关此事的第一篇公开报道。11点，普雷斯顿和一位记者一起正在写关于此事的一篇更长的报道，他们希望能尽快发表在《费城每日新闻报》的网站上。

10点30分到11点30分之间，《费城每日新闻报》和《费城问询者报》(虽比前者晚了几分钟发布消息，但正在调集它规模更大的采编力量和突发事件部门跟进此事)是各自独立地报道和编辑德哈农考特辞世的消息。《费城每日新闻报》记者和一名实习生写的一篇稍长一些但
104 仍然很单薄的报道(篇幅在15到20栏)通过电子邮件传给了《费城每日新闻报》的在线新闻部门，并在11点30分出现在报纸的网站上。几乎同时，《费城问询者报》一篇三段长的报道，不仅是它们自己报纸网站的头条，而且出现在Philly.com的头条位置上。《费城问询者报》的这篇报道对德哈农考特的生平着墨不多，但是提到了推断的死因(中风)。《费城每日新闻报》在11点30分发布了更新报道后，又开始准备报道第三版。又有一位记者加入原来的报道团队，他的任务是给费城文化名人们打电话，了解他们对此事的反应。下午2点，30英寸长的报道上线了，增加了一些细节和本地文化圈对德哈农考特辞世的反应，并跟进了死因。在这期间，《费城每日新闻报》

的编辑和记者一直在查看 Philly.com 上的消息,看看《费城问询者报》有何进展,并对楼上的老对手评论个不休。

这一常规新闻事件中引人瞩目的正是《费城每日新闻报》和《费城问询者报》之间的竞争。在这天早上,它们在报道新闻上展开如此认真的竞争,是很让人惊讶的,因为这两份报纸有共同的所有者,它们的员工也在同一个大楼里办公(尽管在不同的楼层),而且都被整合到同一个集团网站 Philly.com 上。从无关紧要的方面到严肃重大的方面,都会产生专业上的竞争。比如,当《费城每日新闻报》的实习生设法在《费城问询者报》之前获得了关于德哈农考特新闻剪报的共享文档时,编辑部里出现了一阵小小的欢乐气氛。一位编辑笑着说道:"(《费城问询者报》的记者)会奇怪剪报去哪儿了。"在报道的基本事实上,两份报纸也有竞争。在德哈农考特的死亡原因上,这两份报纸的说法不同。《费城每日新闻报》策略性地决定要推迟在线发布的第四个报道,以便让印刷版上能产生第二个独家——德哈农考特去世前不久正在接受乳腺癌治疗。

费城这两家报纸之间的新闻竞争最终围绕着 Philly.com 的数字网络空间展开——特别是,哪一家报纸的报道能在网站上占据最显眼的位置。事实上,《费城问询者报》那篇较简短的报道在那天早上的绝大部分时间里都占据着网页核心空间,这让《费城每日新闻报》的记者们感到愕然。当天下午晚些时候,一位城市版编辑给 Philly.com 出版人写了一封不客气的电子邮件,抱怨为什么一直把《费城每日新闻报》的报道放在不重要的位置上。在这之后,Philly.com 上最重要的网站空间就被这两家报纸的报道像打乒乓球一样你来我往地争夺着。“理想情况下,Philly.com 只需汇总两家报纸的内容(无须考虑哪家报纸的报道要成为头条),”大卫·普雷斯顿告诉我,“但当两家报纸展开同题竞争的时候,就对它提出挑战了。”在数字时代,《费城每日新闻报》与《费城问询者报》之间的竞争并没有加剧,但竞争的时效性和透明度似乎都有所提升。每一家报纸都可以公开、实时地看到它
105 的竞争对手正在做的事情。博茨科夫斯基(Pablo Boczkowski)称之为信息丰裕时代的模仿现象。[2]哪一份报纸能进到 Philly.con 首页的“重磅”版块,以及谁能够在基本报道之外制作出最有“感召力”的博客文章、背景内容等,围绕着这些,一场场新闻争夺战正在上演。

对于《费城每日新闻报》和《费城问询者报》的记者编辑来说,这两份报纸是竞争关系。但对于 Philly.com 的高管和制作人来说,协调报纸的竞争性的新闻冲动正是他们聚合性新闻工作的应有之义。Philly.com 副总裁温迪·沃伦(Wendy Warren)从网站编辑部的角度讲述了德哈农考特报道的情况,他回忆道:

> 当我走进(Philly.com 编辑部)大门,《费城每日新闻报》刚刚曝光了(德哈农考特)去世的新闻……《费城问询者报》很快跟进。你知道的,在这样的重大突发新闻上,这是经常发生的:我们的一份报纸做一件事,然后另一份报纸也做完全同样的事,特别是在开始的时候……

它们源源不断地给网站提供更新报道，Philly.con就要试图去兼顾平衡。[3]

事实上，一个密切关注Philly.com的读者会注意到，当天大部分时间Philly.com上刊发的关于德哈农考特之死的最重要的两个报道，对死亡原因的说法是不一样的。[4]

讽刺的是，之所以出现这样的协调管理的难题，恰恰是源于费城报界公认的新闻业实力所在：在同一个所有权下有三个独立的新闻“品牌”，每一个都倾向于在市场上寻找独特的新闻消费群体。上面所说的那些复杂的管理难题，就来自要把这些新闻品牌在一个组织上独立的新闻网站上整合起来。Philly.com的一位高管告诉我：“有人曾说这像一个凳子有三条不同的腿。这样在管理上是不是很难？是的，非常困难。三个新闻品牌给了你很多选择的自由，但这也让它变得难以想象的困难。”虽然费城大多数新闻组织的理性化结构能生产出有价值的新闻产品，但总的来说，它们也给多元的网络化协作可能设置了很高的门槛。上文所提及的在同一个新闻机构里协调内容生产的困难，让人想到约书亚·布劳恩(Joshua Braun)所称的“异构驱动”过程。在这一过程中，每一个“小组织都有自己传统的传播平台和组织亚文化……它们又要隶属在一个大的媒介公司之下和谐地合作”[5]。尽管费城这两家以前一直处于竞争状态的报纸在2012年就开始将不少新闻采编部门合并了，但这两个新闻品牌之间的竞争不会那么快就消退的。更重要的是，哪怕

我在这里讨论的两家报纸之间的具体组织关系已经发生了变化，它们共存于一个更大的框架下的争斗，揭示了数
106 字时代新闻机构网络化的复杂性。

基于数年的田野工作以及 2009 年之后多次对费城的实地调研，本章探讨了建构更加网络化的本地新闻系统的可能性（以及障碍）。本章首先概述了学者、政策分析师和媒介权威人士对网络化新闻这个概念的不同阐释，并将这些阐释与关于数字时代的报道本质以及公众观念等更大的问题联系起来。接下来，我讨论了三个费城案例，每一个被选中的案例都可用来解析网络化新闻环境的某一个方面。第一个案例是费城地区的"诺格斯倡议"（Norgs Initiative），这是一个由个人和新闻组织组成的联盟，旨在建立一个以互联网为中心的、用网络化方式运作的新的新闻机构。第二个案例是"下任市长"（Next Mayor），这是《费城每日新闻报》开展的首批特别项目中的一个，旨在促进与更广泛的传播行动者（博客、新媒体组织）的合作，并共同报道费城 2007 年的市长竞选。第三个案例着眼于费城媒体生态系统的数字化链接实践，并详细阐述了促进或阻碍这些"刻写网络"建构的各种文化、组织、经济和技术因素。直到 2013 年，这三个案例的主体内容在费城的网络化新闻进程中仍然处于初级阶段。具有讽刺意味的是，费城媒体组织发现，在复杂的一次性项目上合作要比在相对平淡的日常新闻报道常规中合作容易得多。合作和跨组织的连结都主要局限在一些特别项目上。

重建新闻

前面的几章不仅探讨了数字时代记者工作的变化——他们如何理解并从事报道工作——也探讨了记者对公众观念的变化,这个看上去好像不会有什么问题的对象,现在不断在网络上遇到问题。面对报道的观念以及阅读报道的公众的观念上的诸多挑战,传统新闻行业内外的许多分析者都主张要建立一个更加网络化的新闻生态系统,要重新定义公众和报道的意义。在这些分析人士中,很多人认为建立一个更加网络化的新闻生态系统的首要步骤就是增加组织之间的新闻性合作。纽约城市大学的新闻学教授杰夫·贾维斯(Jeff Jarvis)和政策分析师兼组织者约书亚·斯坦斯(Joshua Stearns)做了很多工作,促进了我们对合作性新闻工作的理解——贾维斯提出了新闻组织的理想型分类("网络化新闻组织"),斯坦斯则描绘了这一理想型的现实例子。对贾维斯而言, 107
数字媒体环境下合作的便捷、在线内容的爆炸式增长(其中大部分内容越来越专门化和有针对性),以及传统新闻机构资源的日益减少,使得网络化新闻的出现成为必然趋势。贾维斯写道:

> "网络化新闻业"体现了当下新闻的合作本质:专业人士和业余爱好者为了一个现实的新闻选题协同工作,人们打破不同新闻品牌和旧有界限,分享事实、问题、回答、观点和看法。它

> 承认新闻生产中的复杂关系,它更关注过程而非产品。[6]

伦敦政经学院媒介研究的教授、波利斯新闻智库主任查理·贝克特(Charlie Beckett)在《超级媒体》(*Super-Media*)一书和一系列相关文章中拓展了贾维斯的定义。贝克特认为:"网络化新闻业导致更多的去中心化决策、去科层制结构,更大的异质性和多样性。这直接挑战了传统新闻业的做法,那些做法往往更加集中、同质,不那么多元化。"[7]

但是除这些定义之外,驱动网络化新闻合作涌现的因果逻辑和背后的因素尚不清楚。"网络化新闻"是技术、组织和经济的大规模变革进程的必然结果吗?还是说它是对在一系列偶然因素融合的背景下出现的诸多可能性的一种预测?抑或说,它更多是一种建立特殊类型组织的呼吁?像所有具有挑衅性的博客文章一样,贾维斯的文章对这三点兼有论之,这使得它很能够激发下一步的创造性思考,但不能代替更严格的学术分析。

约书亚·斯坦斯做了很多工作,将关于"网络化新闻"的讨论从对协同性合作的呼声中解套,转而对实际存在的合作项目进行更加扎实的分析。[8]斯坦斯将这些实际项目分为五类:(1)商业性的新闻互享;(2)公私伙伴关系;(3)公共性的、非商业媒体组织;(4)大学新闻合作;(5)既有/超本地合作。虽然斯坦斯的分类主要关注的是合作组织的性质,但我们也可以重新调整他的类型,更强调协作的目的和结果。根据斯坦斯列举的三十多个合作项目以及我自己进行的广泛的实地考察，我认为当我们关注新闻合作的本质和最终的新闻性产品时，会发现有如下三大类。（下面所有的例子都来自斯坦斯的列表。）

1.共享资源，或者整合后台资源用于常规新闻生产、分析和发布。示例包括从资源层面的共享(例如，“福克斯与NBC电视台：共享一个摄影团队，并通过一个分配中心整合全国各城市的设备”)到更多基于内容的共享(如，“俄亥俄新闻组织：俄亥俄州八家最大的报纸相互合作，共享包括体育报道、州政府和本地事务的新闻”)。[9] 108

2.跨组织内容合作伙伴关系，或不同组织同意协同工作生产新闻，这里的重点是关注内容生产中的协作性，而不是分享已有的后台资源。这可能是一个当前合作工作中最常见的例子(“ProPublica①与一系列商业和非商业的新闻媒体合作。它们的报道出现在《洛杉矶时报》《纽约时报》《华盛顿邮报》以及其他地方”；另一个例子是“《纽约时报》和纽约大学的亚瑟卡特(Arthur L. Carter)新闻学院在《纽约时报》网站上合作一个涵盖曼哈顿东村地区的超本地新闻站点”)。[10]

3.物质层面刻写的合作，或者稍微模糊点

① 总部在纽约的非营利媒体机构，致力于新闻调查。——译者注

> 说,这是在物质空间层面展开并被承认的合作关系——也就是说,一个组织可以通过“链接”的方式来表明它与其他组织的合作关系。毕竟,通过“超链接”,新闻组织甚至可以在无须双方承认的情况下实现内容上的合作。这个跨越新闻品牌的链接理念也是贾维斯最早提出网络化新闻概念中的核心观点之一。同样,新闻组织可以在没有明确协议的情况下参与协作。[11]合作可以以很简单的方式实现,虽然你的新闻组织可能没有做什么重要的工作,但只要承认别的新闻组织做了重要的工作,并且链接到它就行了。(华盛顿州的新闻组织正启用一个叫Publish2 的新闻小组来合作创建重大地区性的链接新闻电讯。)[12]

在这三种潜在的网络化新闻形式之外,斯坦斯还指出长期合作和一次性伙伴关系之间存在差异,这其实暗含着比较的第二个维度,许多合作都是临时性的。用第二种比较轴来进一步分解上述三个合作类型,我们可以建构一个新闻编辑部不同合作形式的六象限类型表。(见表 5.1)

109 **表 5.1　网络化新闻合作的类型**

	资源共享	合作内容	刻写网络
临时伙伴关系			
长期伙伴关系			

不可否认,这些类别不完全是对实际合作情况的贴切描述,它们表示的是理想型。有许多项目都包括对后台资源的共时分享;集中在已经完成了的、合作生产的内容以及链接上。但也不是所有的情况都如此。事实上,我认为这些类别之间确有明显的区别:与外部网站建立超链接关系的"链接新闻电讯"式的合作、致力于生产多篇长篇报道的密切的组织性合作,以及对既有编辑部资源进行的后台终端分享。在费城进行民族志调研期间,我发现该市新闻组织长期合作的可能性远远低于它们在短期报道项目上进行合作的可能性。而它们在数字空间里以物质性的形式承认另一个媒体组织——通过简单的链接合作——的可能性又远远低于它们在短期或长期的报道项目上的合作。正式的合作包括会议、共享的——或至少是共同设定的——目标;合作的团队工作;对最终产品的协商。通过链接明确表示外部合作伙伴的存在,似乎只牵涉到一系列按键点击和技术代码。如果从经济和技术逻辑的角度考虑,很难理解为什么链接这种合作方式比更正式的伙伴关系要少。

为了详细阐述这些合作式新闻工作的理想型,也为了进一步了解正式协作和链接之间存在的难以理解的落差,我转而对协作性新闻项目进行了案例研究:名字古怪的诺格斯倡议(Norgs Initiate,旨在促进费城地区的合作氛围),下任市长项目(the Next Mayor project)以及费城传统与非传统新闻组织的超链接实践。

建立新的本地合作关系：到底什么是“诺格斯”？

下面要讨论的这一篇博文，是又一篇讨论新闻业未来的文章，与在它之前和之后的数百万篇关于媒体的博文很像。但是，这篇博文与其他类似文章的不同之处不在于它所说的，而在于它所做的。《费城每日新闻报》记者威尔·邦奇——2005 年 10 月 25 日发表的博文《一项新的费城试验：拯救〈费城每日新闻报〉》就集中体现了试图重新构想本地新闻生产之未来的最雄心勃勃的尝试之一。邦奇的博文如何被一群高度网络化的本地媒体制作人和技术专家用作组织化的对象，要将后来所称的“诺格
110 斯”网络整合到一起所需的庞大的工作量，以及这个临时性的集群（以及它产生的像网络上的碎木屑一样分散和数量惊人的数字作品）内在的不确定未来等，使它成为一个能表达我所认为的[①]新闻网络“本体扁平”（ontological flatness）特性的绝佳例子。“诺格斯”网络是由人组合而成的：他们的言语化为网上的博客文章，他们的组织工作，他们的物理空间，他们的学术支持，会议和在线列表的记录文件，以及新闻实践中（偶尔发生的）的实际变化。这些组合过程的关键，就是弗雷德·特纳（Fred Turner）所谓的“网络活动家”[network entrepreneurs，“介于多个话语和制度网络之间（并填充）‘结构洞’的行动者”]和

---

① 此处原文为“what I link to think”，应为“what I like to think”的笔误。——译者注

“网络论坛”(network forums,“不同社区的成员得以聚合、交流观点和合法性的地方”)。[13]

第四章描述了邦奇的Attytood博客的日常新闻工作常规。早在2005年年初涉足现在已经被人遗忘的“杰夫·甘农”(Jeff Gannon)争议事件(一位共和党公共关系经理冒充记者进入白宫新闻室的丑闻)时,邦奇就一直在思考关于新闻专业不断变化的本质,并把这些思考写成了博文。“关于甘农事件的博文将‘Attytood’与‘特别选情’区分开来”(“特别选情”是邦奇此前开办的博客,主要报道2004年的总统大选)。一位《费城每日新闻报》的编辑告诉我:“在‘特别选情’中有政治,(但)甘农事件开启了邦奇对新闻业的自我反思,包括新闻是什么、它是如何变化的以及该如何面对变化。”[14] 2005年10月下旬,因为人们对《费城问询者报》和《费城每日新闻报》财务状况的担忧日益加剧(人们主要关注的是这两份报纸的编辑部将分别裁掉15%和19%的采编人员),促使邦奇明确地写下他对本地新闻未来的反思。《一项新的费城实验》这篇博文开头的几个段落勾勒出一个想象的未来,其中“新闻组织”(news organizations,邦奇将它们命名为“诺格斯”)①取代了“报纸”的地位,成为本地新闻的主要提供者;在邦奇所描绘的未来费城图景中,Phillynorg.com

---

① 邦奇创造了一个新名词Norgs,该词为新闻组织(news organizations)的缩写。但他所要表达的意思是一种未来的、新型的新闻行动者组织,并称之为Norg或Norgs,以显示其独特性。因此,本书没有将Norg翻译为“新闻组织”,而是采用邦奇的方式,以音译法称之为“诺格斯”。——译者注

(“人民诺格斯”)是绝大多数费城人早间浏览网站的第一站;邦奇将 Phillynorg 理想化地描述为一个原生于网络的、有个性的、对博客友好的、提供新闻并能盈利的机构。[15]对邦奇来说,这一未来蓝图“虽可能是虚构的,但并不是空想”。他试图将《费城每日新闻报》经历的经济海啸视为一个大胆思考本地新闻业未来的契机:

> 由于员工人手太少,无法报道所有的新闻,我们可以学习如何去报道那些对人们真正重要的新闻,报道那些故事中真正让人震惊的地方。因为对读者来说,一份拥有 20 名为读者所知的有个性记者的报纸比一份有 200 个报道各街区会议的不露面记者的报纸要好。我们要用“诺格斯”,是因为我们得淘汰掉伴随着垂死的报纸媒体的旧身份,而强调我们真正拥有的最有价值的商品,那就是新闻——无纸化的。所以我们现在必须成为“新闻组织”,或者说“诺格斯”。[16]

111 邦奇帖子的整体基调暗示了长期困扰新兴媒体社区的分歧——在博主和记者之间、印刷媒体和数字媒体之间、公司媒体和“另类”新闻组织之间存在的矛盾——都需要被克服,以便建立新的合作精神、协同工作和相互尊重。

不过邦奇帖子的主要影响倒不是他对“新费城实验”的理论化阐述,而是他呼吁公众就费城本地新闻业展开公共对话，讨论在新的网络时代，费城本地新闻业应是什么样，以及新闻提供者们如何才能更有效地展开合作。他写道："'诺格斯'一词就是个噱头，它可能在博客上也存在不了多久。但这个廉价的噱头意在启动多年前就应该开展的有价值的对话……最后，我想说的是，我认为应该怎么样并不是最重要的。你们认为应该做些什么来拯救美国的新闻机构呢？"[17]

邦奇帖子下面的回复没多大意思。但接下来的事情却确立了迅速开启的本地新闻改革运动的方向。正如对话的早期参与者杰夫·贾维斯所回忆的那样，对话"开始于威尔·邦奇在《费城每日新闻报》博客 Attytood 上发表的文章。接着，(费城)博客之王(也是费城未来的创始人)卡尔·马蒂诺选中了这篇文章，并给他认识的博主、记者、教师等发电子邮件，建议我们聚在一起和邦奇共同探索这个问题"[18]。当说到一场更大的对话是如何由这个关于"诺格斯"的博文引发的时，马蒂诺详细谈了整个组织过程：

> 我从事网络新闻工作已经很长时间了，在费城未来网站工作了很多年，与很多网络媒体和从事网络技术的人都有联系，我想我可以把他们聚在一起讨论，甚至与当地报纸社区的成员开个会，这样可以搭建彼此之间的桥梁，还可以讨论新闻行业所面临问题的解决方案。我联系了《费城每日新闻报》的威尔·邦奇(在他撰写了那篇文章引发讨论之后)，以及《费城问询

> 者报》的丹尼尔·鲁宾,Philly.com的弗雷·德曼(Fred Mann)和凯文·多纳休(Kevin Donahue),博客Suburban Guerrilla的苏西·马德拉克(Susie Madrak)以及其他一些本地博主和技术人员。《费城问询者报》的克里斯·萨图洛(Chris Satullo)帮忙联系宾大社群成员让大学参与进来。杰夫·贾维斯在加大人们的关注程度和提高人们的参与意识方面起了很大的作用。是温迪·沃伦、苏西·马德拉克和威尔·邦奇共同领导了这项工作。[19]

这就是一个运用线上人造物(邦奇的博客文章)作为组织对象展开的网络集群过程,它创造出苏珊·丽·斯塔(Susan Leigh Star)和詹姆斯·格里斯莫(James Griesemer)所说的"边界物"(boundary object):"既足够有弹性,可以适应几方面的本地需要和限制,又足够强大,可以保持跨部门的共同身份。"[20] 3月25日,在宾大安纳伯格学院召开的第一次诺格斯非正式会议上,每一个核心组织者都可以被看作处在两个或更多个网络之间的混杂行动者:马蒂诺是前Philly.com的员工,与当地博
112 客圈和科技界有着深厚的联系;邦奇既是博主又是传统记者;马德拉克是博主和前记者;沃伦是《费城每日新闻报》的编辑,参加过"公共新闻"运动。换句话说,每一个组织者不仅处在他或她自己的网络的中心点,还处在不同网络重叠的关键节点上,他们的位置有利于将一个网络社区(如传统记者社区)的语言和关切翻译成另一个网

络社区(例如博主社区)的语言和关切。

除了早期进行“地方新闻业未来”对话的关键成员所处的结构位置之外,采用线上和线下的人造物来物质性地再现(materially represent)这些对话也有助于推动诺格斯倡议获得最初的成功。通过研究这一观念的形成和发展,我们可以分辨出科学和技术学者们称之为“刻写”(inscription)的多个关键时刻。所谓“刻写”,是指“各种各样的转化,经由它们,一个实体被物质化成一个标记、一份档案、一份文件、一张纸和一种痕迹”[21]。在2006年的诺格斯倡议中,“刻写”的例子比比皆是:邦奇最初的博文以及评论和对话;从在封闭的电子邮件里到半公开的列表服务站点里讨论诺格斯的可行性;小型的面对面会议;组织诺格斯会议;后来在网上发布的大量会议文件。同样,这些会议和数字“刻写”——特别是诺格斯会议及其邮件列表——也可以被视为一个具体的“网络论坛”(network forum)的实例。

2005年11月初,马蒂诺概述了截至当时围绕邦奇的改革呼吁建立对话的各种努力。“我们先是通过电子邮件(对话),和一群博主、记者、教育者讨论我们能做点什么(来重建本地新闻),”他在Pihlly Future网站上这样写道:“谈话发展成了规模非常小的工作会议,边吃着奶酪牛排,边面对面地讨论最好的实践方式、工具和解决方案。我们管这叫——不是开玩笑的——‘费城真正的新闻不变革就死亡研究小组’。”[22]这次面对面的会议反过来又激发了用电子邮件讨论的头脑风暴,产生了一个更大的公共邮件列表。事实上,从一个小型的、一次性的研究小组转变为一个真正的工作社区的关键时刻是，把对话讨论从“邮件抄送列表”转移到雅虎小组上。转到雅虎上后，马蒂诺和其他人创建了一个永久的讨论存储库，可以随时访问，而且新成员也可以受邀加入。尽管参加者最初表达了一些担心，认为这个新的更正式的结构可能会限制谈话的参与度，但随着一系列戏剧性的本地事件相继地发生，成员们很快就重新加入进来。正当人们计划着最终要在宾夕法尼亚大学的安纳伯格传播学院举办一场规模更大的面对面的新闻改革会议——参会者别扭地称之为“拯救费城本地新闻的诺格斯非正式会议”——
113 有消息传来说，拥有《费城问询者报》和《费城每日新闻报》以及其他 30 家美国报纸的奈特-里德公司要被卖给 McClatchy 公司了，而 McClatchy 公司打算把奈特-里德集团下盈利不佳的部分包括费城媒体，立刻转售出去。于是，到诺格斯非正式会议开会的那天，对《费城每日新闻报》将会大幅缩减人员或者关闭的猜测达到了高潮。我参加了那次“非正式会议”，那天是 2006 年 3 月 25 日。开会时，我观察到会场上的人们那种混杂着恐惧与乐观的复杂情绪。[23]

依据组织者的说法，诺格斯非正式会议旨在扩大、加强和巩固对费城新闻业之未来的讨论，这些讨论主要是在线上发生的，最初被邦奇的博客文章激发，并从费城报业市场的剧烈变化中汲取能量。超过 40 人参加了会议，他们有着“博客圈、独立出版业和新闻媒体的背景”。事实上，诺格斯非正式会议的召开本身就是一项成就：人们应记住，这一活动并没有一个更大的赞助者——不是在像在线新闻协会或美国报纸联合会等那样的永久性组织的支持下举办会议的。与会人员从“传统新闻机构的高层到独立媒体的一线工作人员,从经验丰富的记者到年轻的新闻消费者,从个人博主到在线社区版主,从软件工程师到媒体企业家”,不一而足。每个团体都有自己的一套内部层级、文化边界标记和深层的社会文化需求,这让他们个个与众不同——也就是说,“这些人通常都不会持有相同的看法,更不要说能认同一项共同的事业了。”[24]许多参与者所在的机构在历史上还彼此敌对。例如,参与对话的费城 IMC 的成员,他们所在的组织就是明确反对费城这两份报纸的,而后者正是对话会议的推动者。其中一位参与早期对话的成员告诉我,他们的网站甚至永远都不会“链接”到“公司”媒体上去。[25]但是,到了 2006 年,费城 IMC 的成员不仅参与了讨论,而且(一如往常地)对全天的讨论都进行了录像。另一位与会者试图记录下这一事件激动人心的地方,他当天晚些时候在博客里这么写道:“机构媒体与那些非机构化的媒体类型结合得很好。意识形态各不相同,但博主、学生和各色人等都对新闻传播的未来充满热情。这真让人兴奋。”[26]

尽管在会后与感兴趣的学者和新闻工作者的很多讨论更多围绕着职业认同、专业合作和竞争的理念,但会议本身的设置在很大程度上避开了围绕专业记者和业余人士关系的哲学争论。相反,讨论的主调是实践的,围绕着在费城“再造本地新闻”这一最初使命展开。围绕关于“按照早上的介绍,我们想让诺格斯成为什么”的问题,一轮头脑风暴的“闪电回合”给出了下面这些回答:[27]

114 要赋权给用户,使其真正成为公民。

要有声音,有个性。

要让社区能彼此知晓……

愿意将工会视为合作伙伴。

互动,让读者发声。

认识到新闻并不总是报道,它也可以是数据库。

多平台,包括免费的印刷版。多媒体,给不同受众提供不同的平台。

不是单行道。不是从印刷品到多媒体,是双向的……

让记者表达他们的想法和感受。

做永远存在的宣传机构(spin machine)的"看门狗"。此外还有州政府……

支持新闻实践。

个人化①。促进实际的人际互动……

致力于提高媒体素养——不是如何使用媒体,而是如何成为②媒体……

可提供不同层次的新闻:老派的传统新闻;社区新闻。

要采用新的指标衡量成功,点击量不是唯一的方式。[28]

---

① 该词原文所有字母大写为"PERSONAL",以作强调。——译者注

② 该词原文所有字母大写为"BE",以作强调。——译者注

关于21世纪新闻组织性质的头脑风暴引发了一场关于议程设定的对话，再一次让人关注到它对实践的聚焦。三个自发形成的小组讨论了三个主要议题："诺格斯"的内容和文化应该是什么，它应该采用什么样的商业模式，以及它的伦理责任是什么。后来关于"商业模式"讨论的反馈令人发笑地提到，该小组在"社会主义(以社区合作社的方式运作)和资本主义(讨论如何采用新的方式把内容变现)之间摇摆不定"，他们还提到在线资助调查新闻的困难。[29]有些令人惊讶的是，文化和内容组的讨论侧重于法律责任和管理功能的问题，而讨论伦理责任的小组最为明确地在处理有关地方新闻生态系统变化的那些"重大观念"。"我们要发展成什么样?"讨论笔记里反复出现这样的表述：

> 我们如何重新定义地方新闻，以及它应该是什么？寻找那些能把我们联系在一起的东西——是心理的，而非地理的。讲故事的重要性。寻找新的方式利用技术来讲好故事，甚至要超越我们的新工具箱(播客、博客等，这些都是网络时代的旧工具)。(我们应该)考虑党派新闻吗？那会怎样运作呢？(我们想要有一些)观点和立场……我们在多大程度上让那些非读者的利益包括公司的利益左右我们的运作？公民记者的角色是什么？他们能有助于解决"地理性困境"吗?[30]

另一个旨在减少沟通障碍的广为流传的数字化物件是会后敲定的集体声明，[31]该声明由《费城问询者报》《费城每日新闻报》和费城 IMC 的成员（每个人都更多以个
115 人而非组织身份行动），以及众多博主签署。这份包含 21 条内容的声明"试图总结 2006 年 3 月诺格斯非正式会议与会者们所同意的概念和想法"。声明强调，有必要把"新闻"与"新闻纸"区分开来，强调网络内在的社交和协作属性，跨出新闻编辑室的合作的重要性，以及要正视这样的事实，即一些公司（如亚马逊、易贝等）有能力将网络的"社交性"转化为实在的商业计划。这份声明总结道："各种各样的新闻报道，以及我们与它们的互动，定义了社区。"在过去一个世纪左右的时间里，人们通过"新闻行动"（acts of journalism）创造了一种具有历史重要性的新闻类型，而"诺格斯就是提供基础设施来支持这些新闻行动的组织"。

会议最后产生的新闻网络似乎给许多与会者提供了希望，即对话可能产生更加牢固和永久的网络。那么，这些对话最终到底达成了什么？我已经指出，这一会议——以及它的邮件组——存在即成就。不过实际参与讨论的对话者显然想要的更多。以下笔记来自对最后一次讨论的总结：

> 我们要建一个维基条目、一个博客和一个消息组，以此界定诺格斯仍处在变动中的架构。我们要与读者一起，填充细节，完善模式。我们要开始制作一份布道者日历，以便在更多的会

> 议上传播我们的理念(举办另一场会议,邀请新人参加)。但是我们不能坐等诺格斯自动建成。我们要发布我们今天提出的所有想法,并在和我们的读者的沟通中修订这些想法,在我们手头的工作里践行那些现在就能实现的理念。我们将在这三个方面展开工作:建立工作模式;把我们的理念推进到费城报业公司正在上演的破产大剧中去(因为这是目前费城一件压倒性的大事);致力于在所有的本地媒体中实践我们的理念。[32]

“但是你们的小组到底做了什么具体的事呢?”几个月后,一位马萨诸塞大学的记者在一次信息共享的视频会议上这样问道。温迪·沃伦回答:“我们正在做很多具体的事。”她指出 Philly.com 对新内容管理系统的审议,以及它最近采纳的用户驱动的交互的网络工具,都深受这些诺格斯对话议题的影响。“不过你必须记住,我们正在同时做两件事”,她还说,“我们正在建构一个从未出现过的未来,我们正在我们所拥有的现实中展开实践……这个项目的了不起之处在于,它促使我们思考,‘也许我们必须重新发明费城的本地新闻’,不过我们做的更多的是一种哲学讨论而不是一项具体事务。不管怎么说,这种哲学讨论帮助了我;我不知道其他人怎样……它的确帮助我们这些媒体行动者打开了思路,同时,它也有助于独立媒体拓展他们的想法。”[33]另一位组织者在活动结束几个月后的发言,同样指出“合作的精神的确是这次会议 116

产生的最令人惊叹的事情之一”，并强调了他对继续降低行业壁垒、拓展新闻网络的期望：

> 每天你都会听到这种“记者”VS“博主”的讨论，实际上这类讨论根本都不应该发生……这类讨论是很蠢的，而且转移了注意力。从爱思考和想要尽力为社区服务这方面来看，这两群人没有什么不同。我们在这次非正式会议上邀请了一些著名的博主，他们有来自独立媒体的人，有 Eschaton 的邓肯·布莱克，有苏西·马德拉克，他们实际上帮助组织了这次非正式会议，促成了这次非常棒的讨论，关于新闻业是什么和如何支持新闻业，有很多不同的观点碰撞。[34]

从这些与会者的角度，诺格斯会议的一个具体成果可以被表述为参与者在文化层面的重新定位。他们不再把媒体制作者分为“博主”或“记者”，而是更倾向于把他们视为“新闻行动”的潜在的贡献者，应该在这个基础上评价其贡献，而不是根据原先传统的类型划分。

许多与会者还希望这种无形的合作精神能产生第二个成果：一种不断发展的对话，不仅在个人与个人之间对话，而且可以通过雅虎公司的列表服务展开。通过一个粗略的衡量标准，也即雅虎诺格斯列表上的帖子数量来看，会议产生的兴奋情绪的确转换成了更多的帖子。会议召开前，论坛上每月的发帖数平均只有 42.3 篇，除了 3

月份(会议就是在那个月召开的)。会后,论坛帖子的数量为每月平均117.3篇。尽管这是一个非常粗略的衡量标准,但毫无疑问,会议的确在随后的几个月里,促进了在论坛上的讨论、观点的分享与合作。

会议的第三项成果就是它产生的文件,用更加技术的语言来说,就是它在互联网上扩散的数量庞大的数字物件。不同于一般的记录会议讨论和头脑风暴的白板,3月份的会议产生了大量的在线文档。我已经提到过费城IMC对会议做了录像,并且会议结束的时候有发布共识性的"原则声明"。下面还将列出会议产生的完整的数字物件清单:

- 关于诺格斯的维基百科页面(http://norgs.pbwiki.com/FrontPage);
- 诺格斯非正式会议原则声明(http:// norgs.pbwiki.com/The + Norgs + Unconference + Statement+Of+Principles);
- 会议笔记(http://123. writeboard. com/50f77441c4d21a4a8);
- 一场分会的原始录音(http://blogs.phillynews.com/ dailynews/norg/2006/08/what_we_did_saturday.html);
- 经过剪辑的会议视频(http://phillyimc.org/en/ 117
2006/03/20081.shtml);
- 经过编辑的会议笔记摘要(Http://blogs.phillynews.com/dailynews/norg/2006/08/what_we_

did_saturday.html)；

- 照片集(http://www.flickr.com/photos/d sets/72057594090659485)；
- 卡尔・马蒂诺、杰夫・贾维斯、威尔・邦奇、艾米・韦伯、丹・鲁宾、霍华德・霍尔、艾伯特・叶，以及作者本人的相关博文[35]；
- 诺格斯会议代表与“长颈鹿媒体”项目人员稍后会面时的视频(http://psg2.princeton.edu/media giraffe/MGP2006_062906_conference.mov)。

在回应“你们小组究竟做了什么具体工作”的问题时，人们可以说，会议让合作的感觉变得“具体”，费城媒体之间的对话也有了“具体”的增长，而且还可以提供记录这次会议的数字物件的“具体”数量——这些数字物件就像邦奇最初贴出的博文一样，可以作为组织工具链接不同的新闻革新网络。不过，我怀疑提问者在挑战诺格斯团队时真正的意思是：你们真在费城成功地“重新发明”出新闻业了吗？产生了什么新的永久性或半永久性的新闻采集组织吗？已有的那些新闻组织内部的新闻实践发生了怎样的变化？简言之，“在紧密的合作和对话尚未创造出一个真正的网络时，一个网络论坛究竟能起什么作用？”

网络化的诺格斯革新小组在许多方面取得了很大的成就，但是在另一些方面，又是一个很快就被遗忘的想法。诺格斯小组没能重建费城新闻业。就在费城媒体控股公司申请破产保护的几个月之前，威尔・邦奇在诺格斯列表上发出一篇帖子，反思他 2005 年的倡议以及其后他和许多参与者在第一次安纳伯格会议上所希望的改变并未实现。列表上的对话渐归沉寂，人们兴奋地讨论过的许多项目从未被付诸行动。最初的与会者没能为这个网络论坛工作，他们似乎都分散开来，回到了自己的项目当中，而且许多当地报纸的经济前景一路下滑。作为“在三年前的秋天推动了整个讨论的人”，邦奇写道：

> 我非常清楚(诺格斯倡议)为什么会失败。
> 我认为，到 2008 年时，在我们绝大多数人都心
> 知肚明的现实和我们当时心怀的希望之间存在
> 着不可调和的矛盾。现实当中存在着太多的障
> 碍，主要是文化和心理层面的，当然也有经济层
> 面的。这些障碍使得费城媒体控股公司帝国这
> 样的传统新闻机构或其他任何传统新闻编辑部
> (特别是纸媒编辑部)无力践行那些必须完成的
> 变革。在这个时代要建设一个有意义的新闻机 118
> 构的唯一方法，就是推倒重来。但是谁会想这
> 么干呢？[36]

沃伦回复了邦奇。她写道，费城本地新闻记者未能掌控自己的命运，但这一失败并不意味着新闻机构没有变化，也不意味着没有产生新的模式、合作和网络论坛。但她说新兴的网络不可能是本地的，甚至也不会局限在新闻社群之内。“这样的对话正在发生，”她说，“但它不是一个社群内的讨论，也不在本地记者当中。相反，它发

生在技术公司、潜在投资人和资助者(包括基金会)之间。如果我们不加入,那么在这个对社会而言至关重要的时刻,我们就会面临着失去话语权的风险。专业记者的头脑中有很多智慧,非专业记者的心中充满能量,我们应该同时把这两者注入我们的对话当中。”[37]

只要拉开足够的距离——时间上的或空间上的——那么成功的网络论坛和网络创业者的例子是很容易找到的。在我开始这项研究时,我要找寻的成功网络创业者可能会在别的什么地方找到,也许是在沃伦提到的一家技术公司或基金会。也许这个成功的网络创业者会在基金会的世界里脱颖而出,我在本章结论部分会进一步探讨这种可能性。但是,迄今为止,诺格斯非正式会议的参与者们所设想的新闻世界并没有成为现实。回想起来,成功的路易斯·巴斯德(Louis Pasteur),甚至斯图亚特·布兰德(Stewart Brand),都是网络化的天才,他们能运用现实世界的材料,按照他们的意愿创造出新的制度、话语,以及工作和认知的方式。[38]毫无疑问,未来的历史学家或社会学家最终将为我们记录下那些成功重塑新闻的行动者或机构的辉煌历史。但是,网络失败的数量远远超过成功的数量。聚焦那些高度本地化的、语境化的和限于特定时代的案例,可以帮助我们了解在网络模式路径中存在的那些障碍。

为了进一步探讨这些问题,我转而考察了费城另外一些组合新闻网络的尝试。诺格斯倡议试图开辟一个协作空间,使新闻组织更容易展开新闻工作的合作。下面要讨论的“下任市长”(Next Mayor)项目就体现了要进行这些组织协调行动的具体尝试。

“下任市长”项目

对《费城每日新闻报》而言，2007 年的市长竞选开始得很早——2005 年冬季他们就关注这一选题了。那时，这份都市小报就和公共广播电台 WHYY、非营利的“好政府”组织“七十人委员会”①合作，并由威廉·佩恩基金会提供资助，启动了“下任市长”项目，这是“一个长达两年的多媒体合作创新……聚焦于 2007 市长选举中的议题——而不仅仅是候选人的个性”[39]。“下任市长”项目 119
是“重新思考费城”系列项目的一个组成部分，“可能是美国最成功的‘公共新闻’案例了”[40]。项目最初的动作是上线“下任市长”网站，该网站致力于“提供深度报道、历史解读和本地议题的视角解读，这将给市长竞选活动带来活力”[41]。诺格斯小组试图建立正式的网络论坛，将相互分离的本地记者、博主、程序员等群体桥接到一块，而“下任市长”项目则是一个功能性的网络化新闻项目，它为了报道一个特定的有意义的公共事件而组合起来、投入使用。

20 世纪 90 年代中期达到顶峰的“公共新闻”运动与最早和最具创新性的在线新闻项目如“下任市长”之间，存在着显著的同源性。[42]当然，还需要进一步的研究来确定这两项改革举措之间的制度、个人和意识形态方面的

① “七十人委员会”是 1904 年费城一批商界和市民领袖为了改变费城腐败丛生的状况成立的组织。——译者注

关联。但眼下,我想先简单地指出“下任市长”项目最初是与公共新闻模式紧密绑定在一起的。当时的《费城每日新闻报》主编扎克·史泰伯格(Zack Stallberg)在运作公共新闻项目方面拥有丰富的经验。《美国新闻评论》杂志 2000 年 11 月的一篇文章引用当时副总编迈克尔·戴斯(Michael Days)的话说,《费城每日新闻报》“正在做更多的倡导新闻、公共新闻或者随便你叫它什么”[43],它强调“议题而不是个性”、知情的公民社会、使用研究和民意调查数据,它定期召开现场公民论坛等这些早期的设计,使得“下任市长”项目深具公共新闻色彩。但随着时间的推移,“下任市长”项目的雄心和形态慢慢变化了,从某种意义上讲,它将会在网络上“入乡随俗”。“下任市长”项目的这种演化过程给我们打开了一扇窗,让我们得以了解被费城许多媒体内容生产者称为最具诺格斯理念的一个项目。与此同时,“下任市长”项目的局限也凸显了诺格斯概念的局限性。

当时在《费城每日新闻报》工作的温迪·沃伦是“下任市长”项目的一位经理人。“‘下任市长’项目很早就开始了”,她回忆说,她之所以会参加该项目是因为她此前在一个“典型的市民新闻”项目“重新思考费城”里的工作经历:

> 扎克并不那么热衷互联网,但我真的对网络很好奇,而且很想试着做做在线新闻。我们想为市长选举建一个粉丝网站。我们希望你能在那里找到与市长选举有关的一切。我们想要

> 汇总我们能做的一切事情,我们想要表达“竞选并不一定就是愤世嫉俗,就是坏的”。竞选也可以很棒。我们可以询问人们对议题的立场,我们可以强迫候选人告诉我们他们自己对各种议题的观点。

除了让网站成功运行所需的新闻性工作之外,沃伦 120
记得他们还“拼命推广‘下任市长’项目的网站……我们利用个人闲暇时间在本市扫街,我们去街头集市,我们去参加富兰克林大道的大学日,四处分发推广项目的活动徽章”[44]。网站后来有了选举日历,候选人简历,“选举关键议题的报道指南(包括视频片段),候选人在各种议题上的立场比较,还有了一个博客。”[45]

在讨论“下任市长”项目时,沃伦一再提到该项目的“网络化”性质:“我一直认为‘下任市长’项目更像电影工作室而不是制造工厂——更像一个不同人做不同事情的灵活网络而不是一个永久性的机构。我们尽力在城市的各类行动者之间建立一个广泛的网络。”[46]在该项目存在的两年中,最有创新性的合作关系之一是与流行博客Philebrity共同开展选民登记工作:“‘下任市长’项目很高兴地宣布,我们正在与Philebrity合作,让您能更轻松地改变这个城市,”“下任市长”博客上的一篇文章如此说道,“很快,我们就将启动联合选民登记工作。那些在本次选举中应该发出声音的人们,我们将在全市范围内为他们登记。”[47]

沃伦一再强调,与Philebrity展开合作仅仅是“下任市长”项目在开展期间,进行社区网络建设的诸多努力之一。该项目还与商业社群建立了合作关系,“下任市长”社群网络的一篇新闻稿宣称:“超过 30 个团体……将为他们所代表的其他选民贡献自己的知识、热情和专业技能。”[48]沃伦还记得与这些社群团体的接触:“当然,我们想要他们的内容,但我们也告诉他们:如果你们加入我们这个项目,我们彼此之间的联系就会更容易。”她说:“作为回报,我们可能会帮助他们参加或主持一个论坛,我们可能会要求他们告诉他们的会员有关我们的情况。”

“下任市长”项目开始于 2005 年冬季,几乎是和诺格斯倡议同时启动的。这两者之间是不是有什么关系?沃伦努力向我说明,在她看来,这两个运动基本上是各自独立的。“我的目标一直是要从新闻方面体现包容性,那么‘下任市长’和诺格斯会议可以说因为这种包容精神而联系在一起。但是我不会说它们中有一方对另一方产生了很大影响,”她说,“不过我会说,诺格斯会议对于推广‘下任市长’项目是有用的。”[49]把沃伦的否认先放一边,我们会看到至少有一些“视觉”证据可以表明诺格斯会议促使“下任市长”项目的目标有所改变。因为在安纳伯格会议召开几周后,该项目更新了自己的官方网站(TheNext-Mayor.com),使其看起来更像一个网络化新闻站点,而不是一个“公共新闻选民指南”了。此外,在雅虎列表服务论坛里的讨论也表明,“下任市长”项目符合费城诺格斯倡议的精神,即便两者之间没有直接的合作。“我认为(‘下任市长’项目)正在挽救本地新闻业,”一位来自费城 IMC 的与会者说,“至少,它是本地媒体应该追求的在新

闻,信息资源、倡导、社区建设、好公民身份等之间交叉的一种形态。我不知道这种类型的盈利模式是什么(与一 121
个非营利机构合作可能不会受到什么损害),但是最终结果一定是一个令人兴奋的模式。”[50]

不过沃伦一再拒绝把2006年春重新设计“下任市长”项目网站和诺格斯会谈这两件事关联起来。“我认为网站在那个时间改变的原因是,我们从一个试图对尚未真正发生的事情‘引发讨论’的项目,转变成一个报道真正的新闻的项目,”她说道,“虽然我很喜欢公共新闻,但公共新闻的一个问题是,它试图让人们探讨他们以前没有真正想过的事情,但到了某一个节点之后,‘下任市长’项目就不再这么做了。”[51]我们或可以这么说,尽管“下任市长”项目看起来跟诺格斯有几分相像,但它大体上与安纳伯格会议是平行展开的。

在许多方面,“下任市长”项目试图打破传统政治行动者(社区领袖、政治家、媒体)、不同媒体(WHYY和《费城每日新闻报》)、不同媒介类型(网络、印刷媒体、广播、电视)和不同记者群体(博主和更专业的记者)之间的隔离状态。这至少是它声称的目标。但这些新关系是如何刻写在网络结构中的呢?换句话说,“下任市长”项目与其他网站链接的频率和方式是什么?这个问题的答案使我们更深入地了解费城媒体社区如何成功或失败地将自己组装成为一个合作性的网络。

正如第四章中对博客和网站生产的分析所显示的,链接越来越成为一种新闻工作的形式,存档链接实践显示了运作中的新闻工作的一个方面。“下任市长”项目参与者实际进行的链接实践,与他们对这件事的说法略有不同。特别是,链接彰显了传统新闻机构对网络世界的众声喧哗的妥协。新闻组织未必把每一个人都看作——用诺格斯非正式会议上的理想主义的语词——“新闻行动”中的潜在的参与者。相反,“下任市长”项目的证据显示,许多新闻组织把大多数在线社区都看成“博客”,而且它们通过建立自己的博客型网站来与这些博客竞争者们抗衡,而不是在自己主要的新闻网站上与它们互动。

“下任市长”网站第二次迭代之后,网站更像一个真实的新闻网站而不是最初那个类似选民指南的版本(见图 5.1)。网站第二次迭代所做的改变之一就是添加了一个“博客链接”,包括指向诸如青年费城政治网、Philadelphia Will Do 和 Philebrity 这类博客的链接。不过,当网站的第三个版本推出的时候,“博客链接”已经被一个链接页面(链接有一页面那么长)取代了,这些链接绝大多数指向其他印刷报纸和社区团体。换句话说,博客链接消失了。

这个消失的博客链接是否表明“下任市长”项目的组织者心目中的优先级发生了变化?他们是不是突然对博客这类非机构化的新闻工作者的工作失去了兴趣?我们所能看到的证据恰恰相反。在预演初选日的报道时,“下任市长”项目的制作者们明确指出,记者“将向‘下任市长’网站供稿,同时还要报道其他政治博客是如何谈论本次选举的”;尽管他们对其他博客的链接消失了,但他们还是做出了这样的声称。[52]沃伦也强调,“下任市长”项目主要关注的是把“我们得到的任何与市长竞选有关的内

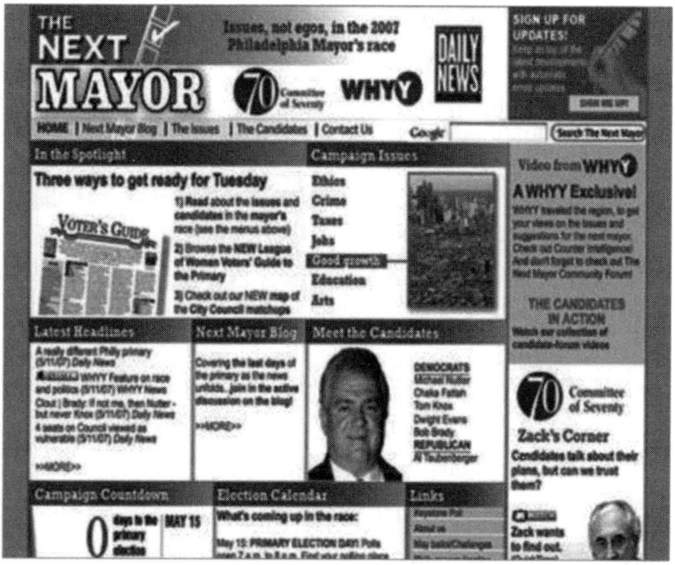

122

图 5.1　“下任市长”网站第三个版本。在这个版本中,网站重新强化了新闻而弱化了社群互动。(来源:http://archive.org)

容”聚合起来,[53]这也包括外部的博客内容。由于“下任市长”项目的档案在网上已经找不到了,因此无法再对它进行任何形式的内容分析,并清晰地回答有关网站链接的程度以及其链接情况是否随时间而改变的问题。但另一种可能性似乎也是存在的:“下任市长”项目最类似于博客圈的对话性、网络原生属性和跨链接实践的部分主要存在于项目自己的“博客”上。换句话说,“下任市长” 123
的主要网站是一个综合性的公共新闻在线项目,汇总各类信息,提出议题,讨论候选人,并与各社区群体展开对话。另一方面,“下任市长”项目的博客则表现得更像当地的“博客圈”,并与之互动。虽然诺格斯倡议的许多观念被“下任市长”项目实现了,如把新闻与新闻纸分开,体现网络内在的社会性与协作本质,以及超越新闻编辑室的协作等——但该项目最终还是把它的人力分开了,与费城博客圈最多的合作互动发生在第二层的“下任市长”网站上。

为什么像“下任市长”网站这样的创新项目会出现这种工作分离?毕竟,证明你自己是新闻网络一分子的方式之一,便是通过链接到一个附属的节点,以便让你自己物质性地嵌入那个网络当中。如果这种“链接出去”的简单行动很少——如下一节所述,事实的确如此——而且在管理层大肆宣扬新闻生态圈应具有“网络化属性”的情况下,这种行动仍很稀少,那么可能就有别的因素在起作用了。下一节就将对影响组织在物质层面刻写到网络当中的各类因素展开分析。换句话说,下一节将探讨费城这么多家新闻机构难以对外链接的原因。

“将公众联系在一起”:地方新闻中的超链接

第三章描述了在1997—2009年媒体数字化转型的大背景下费城博客圈的发展以及Citizen Mom、Philebrity、Mere Cat等博客的创建情况。我在第三章里描述的每一个博客都兼具个人化和开放的特征。这些博客通常是个人或小兴趣群体的非常独特的产品,与此同时,它们又通过向外链接能力向整个在线世界开放。[54]正如许多网络评论者所说,向外链接到其他网站的行为是在线世界的核心实践之一;链接“不仅无处不在,它们还是将创造性工作联系起来寻求乐趣、名望与财富的基本力量”[55]。从这个意义上说,链接可以被视为以一种“刻写”的方式彰显网络化关系。[56]它们好似镌刻的铭文,深深嵌入互联网自身的数字结构之中。

然而,链接不仅仅是嵌入式镌刻,它也显示出两个在线实体之间的存在关系。这种关系可能是引用(“我是从这里了解到这些事实的”)、类同(“我同意这些人/网站/群体的观点;他们是我的共同体”)、互惠(你链接了我,所以我也链接你),甚至是反对(“这些人/网站/群体的观点我不同意, 124
他们是我的敌人”)。在每一种情况下,链接行为都同时是创建网络的行为,任何链接到其他新闻机构、事实或网站上的新闻组织都在那个时刻参与到了网络刻写的行动之中。

博客,用户生成内容,新的在线社会活动家群体和非传统新闻机构的爆炸式增长,给费城最早的一批本地网络原生媒体——诸如 Philly.com,费城未来和费城 IMC 等——提供了潜在无穷的机会来刻写它们自己的网络。它们使得这些机构有机会通过链接其他人的工作来补充自己的新闻工作,并承认与自己不同的其他观点。简而言之,它们提供了一种在深层物质层面将新闻编织成网的能力。不过,这种看似简单的链接行动,每一个组织实行起来却是不同的。有两个几乎在任何方面都显得截然不同的新闻组织——费城 IMC 和 Philly.com——都非常不信任链接,多年来一直拒绝这么做。而费城未来却反其道而行,很快就将与其他网站的链接作为自己一大特点。新闻组织链接行为的差异,以及它们对链接意义的自我认知的差异,让我们意识到,新闻的网络化不是一个简单的行为,而是充满了文化、经济和组织方面的考量。在接下来的章节中,我们还可以看到本书采用生态系统法研究新闻的优势。很难想到还有两个比 Philly.com 和费城 IMC 差异更大的新闻企业了,但在谈到这种看似简单的跨越边界的简单链接行动时,这样两个新闻组织都面临着组织障碍。这对我们理解 21 世纪的新闻工作提供了有价值的证据。只有当我们认真对待数字新闻业的去中心化本质特征时,这样的比较才是可能的。

链接行动给新闻生产者提供了这样一个机会,即以数字的方式确认他们与其他新闻组织的关系。除了旨在促进更大合作和推进特别项目的会议之外,链接让我们得以把握新闻机构如何理解它们在数字媒体生态系统中的位置。费城未来很少强调原创新闻采集或者"公民新闻",但发现创建本地博客网络的理念和它推动公民对话的使命是完全一致的。激进的、有政治动机的费城 IMC 努力维系着其在对媒体民主的承诺、政治身份和开放发布系统之间的平衡。尽管 Philly.com 在 2008 年创建了一个"以用户为中心"的网站,并在 2010—2011 年试图更有效地"使新闻网络化",但是 Philly.com 基本上仍然拒绝采用外部链接实践,而是倾向于链接到费城媒体股份公司旗下的众多新闻和准新闻
125 机构。早期这些非常不同的新闻组织考虑链接问题的不同方式,让我们得以更好地理解关于数字文化、公众和原创新闻报道之间关系的更大问题。

对 Philly.com 和费城的主要报纸来说,下任市长这类项目取得的有限成功并没有成功地创建出更长期的、刻写网络式的合作。费城主要的新闻机构拒绝自己的网站参与

到更长期的、链接式的新闻合作中去。简而言之，它们只会链接到自己的媒体渠道。虽然这个基本规则也偶有例外，但即便到了2011年年底，例外仍然只是例外。Philly.com仍然不对外链接。

Philly.com总的来说是拒绝对外链接的，不过最大的例外是2008年其体育页面“来自露天座位的消息”(From the Bleachers)推出的项目，即“粉丝博客链接”。在“来自露天座位的消息”页面上，“Philly.com想看看费城地区的体育迷们在他们自己的博客上说些什么。想要把你的博客在这里显示出来吗?”网站这样说道。“那就让我们知道!”一位Philly.com的制作人认为体现在“来自露天座位的消息”里的基本思想是:“我们都要做(用户生成内容)，这是新网站设计的一部分。这是我想到的我能做的方式。”“来自露天座位的消息”版上的用户生成内容超越了简单用户评论，这位制作人自豪地告诉我，而且也指出以这种方式提供“用户交互性”其实比不断管理用户评论，所做的工作要少。制作人说，“基本上，我要做的就是在网站上添加一个RSS种源器，不过真正起作用的是我能以自动化的方式将最新头条抓取到顶部，这样所有本地区体育博客提供的头条标题就会滚动地出现在页面上。只要清楚地意识到，我不负责那部分的内容——那不是我们的内容，那么工作就变得很简单了。”有趣的是，本地体育博客主们似乎并不知道“来自露天座位的消息”或认为它对他们自己网站的流量贡献不大。“来自露天座位的消息”似乎更像是Philly.com生产者们的一个文化声明，表明他们认为本地体育博客主们是对话的一个有效部分，但并不将其视为在本地媒体领域能提供主要流量贡献的对象。2008 年之后,“来自露天座位的消息”停更,并被另一个名为“露天座位报道”(Bleacher Report)的网站所取代。“露天座位报道”被称为“领先的网络原创娱乐性体育内容出版商”,它使用数据和叙事科学(指把统计数字转化成文本的数字可视化技术)来创造数字体育内容。

2008 年,我与温迪·沃伦探讨为何 Philly.com 拒绝链接外部网站,她指出,是老的制度化实践的力量和信念,以及她所谓的保守的职业文化在起作用:

> 我认为 Philly.com 在许多方面是先锋,但我们仍然需要进一步远离旧模式。(在这种旧模式下)我们拥有自己的内容,我们掌控自己的内容,我们不对外链接,我们也不分享。老实说,这只
> 126 是一项说服工作,让人们意识到成为一个灵活网络所能拥有的力量,而且这还不是最简单的事……我认为在这一点上我们并不是孤例。要达到“贾维斯时刻”①(Jarvis moment),也就是“做你最擅长的,剩下的交给链接”——对于很多职业记者来说,这真是一个很大的转变。[57]

① 杰夫·贾维斯,美国新闻记者、媒体评论者,纽约城市大学新闻学院教师,这里的“做你最擅长的,剩下的交给链接”是贾维斯提出的观点,因此称为“贾维斯时刻”。贾维斯的相关观点参见其博客文章:https://buzzmachine.com/2007/02/22/new-rule-cover-what-you-do-best-link-to-the-rest/。——译者注

相比之下,对于费城未来网站的卡尔·马蒂诺来说,要解决如何以数字化的方式构建网络化新闻生态系统的问题,则是另一番景象。早在 2004 年,马蒂诺就开始重新思考费城未来在后博客世界的使命了,这暗指 2003 年数字内容井喷带来的复制还是原创内容的问题。在 2004 年发表的一篇访谈中,马蒂诺说费城未来的问题是"人们已经有了做得很好的博客。我发现要吸引那些自己已经有博客的人在费城未来上发帖子是很困难的。毕竟,他们为什么要这么做呢?我会把自己最好的工作留给我的个人网站,他们也是如此。让人们双重发帖是没有意义的"[58]。马蒂诺想知道,如果费城的每一个人都有自己的博客,那怎么还会有人要自找麻烦到他的地方网站上发帖?但如果人人都不发帖,那费城未来又怎么实现其"作为费城社区建设的信息交换场所"的目标呢?从 20 世纪 90 年代后期数字化赋权和机构分化浪潮中诞生的费城未来,现在正面临着新的分化浪潮,在新潮流中,在新的易用的内容创造技术下,甚至像这种相对去机构化的项目也变得多余。

费城未来在博客时代该扮演什么角色,对于马蒂诺来说,这个问题可以在新技术里找到部分答案:RSS(简易信息聚合)这种"轻量级(可扩展标记语言)的格式,用于分享标题和其他网络内容。可把它视为你网站上一种可分发的'新功能'……RSS 已经发展成为一种在网站之间共享内容的流行方式"[59]。换句话说,通过 RSS,一个具有 RSS 种子功能的网站或博客发布的任何内容,都可以自动被分发到任何订阅了 RSS 的读者或能够聚合 RSS

种子的网站上。

每当博客主发布一个条目,该条目的标题就可以在网络上自动显示出来(“推出”)。在互联网的发展早期,大部分网络使用依靠的是随机浏览,依赖搜索引擎技术,以及通过此前讨论过的链接以过滤和排列内容的做法。因此,RSS可被视为第四种管理网络内容的方式——它将更多权力交到内容生产者(他们现在有了更大的内容分发能力)以及消费者(他们可以自己定制想要的信息,以及决定何时何地接受它)手里。

虽然越来越多地采用RSS可能会让链接博客变得不那么重要,但RSS也可以被视为博主在当下内容聚合趋势下的一个补充。马蒂诺当然看到了技术在这方面的潜力。“我最初创办费城未来是为了提供一个报道费城的
127 网络博客的信息交换场所,”他在2004年的网站重新发布公告里写道,“我本希望吸引一支网络博客队伍,能在费城未来上定期更新。但这一愿望从未实现过。最好的(媒体制作者和博主们)想要的是一个可以完全自主地表达他们自己观点的地方……(不过现在)通过RSS,费城未来可以实现这个最初的目标了,还能做得更多。”[60]

网络上的内容生产过程在很大程度上已经大众化了,但那些真正重视聚合的网站可以找到新的位置。“我想尝试在线社区,”马蒂诺在访谈中解释道,“但这次是以一种分布式的开放的方式。RSS和Atom博客辛迪加给我搭建了一个框架,让我得以建构一些东西,它不是一个有围墙的花园,试图吸引人们来里面贡献内容,而是强调遍布我们整个地区的不断增长的在线社区。”[61]马蒂诺意

识到,RSS 的出现可以让检视标题的烦琐过程在很大程度上实现自动化,那么直接在费城未来上发帖的需求就显得没那么必要了。马蒂诺和费城未来志愿者团队的其他成员可以将精力转向网络内容策展,并持续培养马蒂诺所说的费城社区的"公共对话":

> 我们不是试图让人们直接为费城未来写东西,而是要重点关注那些已经开设博客的写作者,鼓励更多人加入(开设他们自己的博客),并鼓励人们相互阅读。最初,我只有一个主页,只能罗列这些博客上的头条文章。但这是不够的。任何人都可以通过一个网络聚合器去搜集和阅读这些博客。于是我开始凸显一些与众不同的博主的地位,并指出一些他们发布的值得分享的内容……费城未来每周都会重点推出一个本地博主,给他们的头条文章提供一个空间,并希望你们一眼就能看到。[62]

简而言之,通过 RSS,费城未来就可以定期呈现它所刻写的本地社区网络了。

2004 年秋,费城 IMC 也开始努力应对参与性媒体创作的变化。不过,不同于费城未来,独立媒体要通过 RSS 聚合建构一个刻写的网络充满了争议。总的来说,自 2000 年的抗议活动以来,费城 IMC 就一直在努力应对不同程度的发展停滞问题。[63]"我们在发展早期做了一些很好的事情。"一位独立媒体发展早期的组织者说,但是其接下来又承认该组织在共和党全国大会之后是“感到空虚”的。[64] 2005 年年初，随着一批志愿者的加入，费城 IMC 看上去似乎已经做好准备要把握时机掌握它自己嵌入其中的新的在线媒体世界。这一转变过程记录在 2005 年夏、秋、冬举行的多次 IMC 会议文件中。比如，在 2005 年冬季一次名为“博客与费城 IMC”的会议上，会议笔记
128 显示，与会者被要求“看看费城未来”，以了解在线媒体图景正在发生怎样的变化。“是不是费城未来和一般的博客比独立媒体自己更好地践行了独立媒体提出的原则？”这样的会议记录反复表达类似的疑问。“博客难道不是比独立媒体更能实现独立媒体自己所设定的无政府愿景吗？博客是否在为独立媒体试图培育的‘成为媒体’的精神注入生命力？费城 IMC 和费城未来有什么相似之处，又有何不同？”[65]

关于如何重新设计新的费城 IMC 的讨论，必然会涉及该组织本身是什么，以及它事实上要为谁提供新闻的问题。是否以及如何把 RSS 种子集成到新费城 IMC 网站的问题，暴露了围绕费城 IMC 在新的网络生态系统中所处位置的深层紧张关系。一位志愿者回忆道，“独立媒体的挣扎在于，是它最先采用了开放发布形式，但忽然之间，开放发布已经变得无比寻常。博客现在被认为是一种合法的表达方式。但直到 2005 年，它还不像今天这样能被广泛接受……在 2000 年时，那样(的参与形态)还不存在，因此独立媒体在那时要比现在更显得独特。”[66] 一些志愿者还记得 2005 年关于将 RSS 种子集成到费城 IMC 网站上的讨论，这些讨论现在已经没什么人再提了。

但是关于这个话题的会议笔记，记录下了几个主要的讨论分歧点：

> 现在关于这个网站有两种观点，我们对这两方意见都进行了大量的讨论，并与双方沟通了观点背后的忧虑和理据。那些对新网站的结构感到不安的人认为，与 IMC 无关的博客和其他新闻来源的流动式互动太多了。如果我们就这么开始从其他地方获得新闻——那我们就仅仅成为一个新闻种子聚合网站了；我们不想变得和其他网站一样。（第二种观点，）我们和博客的关系是什么？必须保持开放的新闻电讯的开放性，并让它更为人所知——要让人们知道他们可以发布新闻，要让人人都能轻松地参与到开放新闻电讯发布活动中来。[67]

费城未来和费城 IMC 之间的差异很能说明问题。费城未来的自我设计是一个无党派网站，旨在鼓励社区间的对话，促进相互理解，因此它很容易就采用了有普遍包容性的 RSS 聚合机制。相比之下，费城 IMC 则一直是一个明确的政治组织。不过同时，它对报道和开放式新闻发布的承诺又部分掩盖了其激进主义政治主张。理论上，IMC 早期技术人员所秉持的开放式新闻发布观念，会平等地对待所有内容；采用普遍的开放式新闻发布系统会很自然地让 IMC 从各种费城本地网站上纳入一切 RSS 内容。但是正如大多数关于费城 IMC 的早期研究所记载的那样，开放新闻发布实际上从来不曾“意味着‘发布任何内容’；始终有一种标准在‘隐藏’（独立媒体上发布的）帖子……与隐藏文章的政策相反，IMC 隐藏回帖的理由在有些情况下是明确的，在其他情况下则不
129 然”[68]。这并不奇怪。很难想象任何一个像 IMC 这样有浓厚政治色彩的组织，会因为纯粹的开放式新闻发布模式而牺牲其政治性。但是，开放式新闻发布的概念的确提供了一个现成的隐喻，通过这个隐喻，费城 IMC 得以弥合其无所不包的开放性主张（如它的“成为媒体”的口号）和其作为一个激进政治平台的内在身份之间的矛盾。2000 年，这还是一个可调和的矛盾。但到了 2004 年，参与性媒体内容的爆炸式增长和本地媒体圈的分化，意味着费城 IMC 必须选边站了。这一需求明显地体现在它关于是不是要主动通过 RSS 链接到外部内容的争论中。

通过直面网络架构、是否要把 RSS 种子纳入网站重新设计等长期推延的问题，费城 IMC 终于开始努力应对其开放式新闻发布模式的内在张力。这一张力的来源，部分是因为费城 IMC 与费城未来不同，它是明确地作为一个新闻组织建立的。还有很大一部分原因是，正如费城 IMC 一位前志愿者告诉我的，“我们从不链接到商业化媒体，我们从不链接到右翼媒体。我们就是不会那样做。”[69]

在独立媒体召开的会议上，对上述问题的讨论最后可由一条伤感的记录作结：与会者问，谁才是费城 IMC 要服务的对象？“谁是我们的受众？”他们有点儿绝望地问道，“只是社会活动人士吗？邻里？社区？团体？还是

所有的费城人？在我们真正能够就各种问题做出决定之前，我们必须确定我们的目标受众。”[70] 或如早期费城 IMC 组织者所总结的，“独立媒体想要的是这种多样化的声音，这种多样性可以超越商业化媒体的单调声音……一旦这样的多元化声音已经存在，那 IMC 得有另外的存在理由。(它)要么转变，要么终止。”[71]

对于不同组织来说，链接行为——或者说在物质意义上“新闻的网络化”——的意义是不同的。一些非传统的新闻报道组织令人震惊地展现了对链接实践的敌意，另一些则拥抱这种实践。在 Philly.com，链接几乎是一个痛苦的过程。为什么呢？我们往回退一步，就可以看到经济、组织和文化层面的原因。

从经济方面讲，可以很清楚地看到，我研究的许多盈利性新闻机构不合作的原因是，他们害怕这会损害他们的底线。对他们来说，新闻部门要达到基本收入水平似乎取决于能否在本地信息生态系统中占据中心节点的位置。简单点说，如果在线流量下跌，在线广告费就会下降，而如果新闻生产流程和新闻内容要与太多人分享的话，那在线流量是会减少的。应该指出的是，网络化新闻生态系统的经济模式是否真的鼓励分享与合作，实际上存在很多争论。我们在这里讨论的，无关在线新闻生产的经济学研究到底证明了什么，而是新闻机构自己认为什么样的行为才符合它们的经济利益。

从组织层面看，四种内在的新闻生产过程的理性化 130
本质当中的交叉机制容易使新闻组织远离网络化协作。首先，我在费城观察的大多数大型新闻机构都是等级制的,而且以一种条块分割的方式制作新闻。正如赫伯特·甘斯(Herbert Gans)在约40年前所描绘的,新闻生产常规最接近于"扮演准军事角色的决策者们管理的产品装配线……就像一位执行制片人所说,'常规就像是把螺帽拧在螺栓上。'"[72]在这样的组织中,内部激励会给与能彰显本媒体品牌的常规新闻报道制作,而不是鼓励与他人的合作。其次,我们还可看到数字化新闻生产的经济逻辑鼓励媒体采用迪恩·斯塔克曼(Dean Starkman)所说的"仓鼠轮"①(hamster wheel)的方式来制作新闻,包括"不加思考地增加报道数量。这是一种新闻恐慌,缺乏纪律性,而且无法拒绝。为了满足武断的生产指标而大量复制新闻"[73]。这种"更多内容,更快、更快"的方式——当然,我在费城观察到了这种方式——很容易强化我前面所说的对内部新闻生产的痴迷。

第三,我观察到在新闻专业人士理性化的生产常规和新闻业余生产者们的生产常规(或者非常规)之间存在着错位。鉴于协作性新闻生产有赖于与专业领域之外的新闻工作者合作,而业余生产者无论是在消息来源、客观性还是最重要的常规化生产等方面都缺乏标准,这令业余生产很难被整合到专业的新闻室常规当中。换句话说,如果不能确定一个博主何时会发帖,不知道这篇博文能不能在截稿时间之前贴出来,也不知道博文的内容与今天的新闻报道有关没关,这就会让与他人合作变得不可思议。

---

① 指在外部激励下无休止重复某事。——译者注

第四,2005 到 2008 年间费城新闻组织中最有可能想建立协作性新闻网络的都是由新闻的业余爱好者们出于热爱的驱动力来运作的(如新闻策展博客网站费城未来)。这些拥抱合作的组织同时也是那些在形态上最不稳定的组织,因此很难用任何系统性的长期的方式来推行变革。

最后,除了组织因素之外,我认为新闻文化中的深层观念也阻碍了跨界合作。事实上,这可能是最重要的一个因素。很简单,费城的记者和主编们对潜在外部合作者的诚实、投入、可靠性,以及他们的“新闻素养”,表现出的是恐惧和充满不确定性的态度。如果一个组织被视为有太强的党派性,太草率或太刻薄,那它就会被专业新闻机构怀疑,也不会再被严肃地对待。与此相关的是,在大多数传统新闻编辑部里常可以看到这样一种态度是:“我们才是新闻工作者。”那些经过几十年耕耘在本地新闻生态系统中已拥有垄断地位的大型新闻机构,与之伴随的是那种在本地享有话语权和可以制定新闻标准所产生的骄傲感,这使得它们倾向于把自己看成获取拥有本地公共重要性的新闻的一站式商店。费城的传统记者很少能 131
看到超越他们自己组织界墙之外的那个有意义的、公开合法的交往世界。《费城问询者报》的旧办公楼有着典型的现代主义建筑风格,正对着著名的费城市政厅,就像在说:“我们是那些盯着你们的人。”什么样的设计,就表达了什么样的对世界的态度。在费城,这个态度是明确的:我们记者才是公共交往的中心节点。

结论

在我与传统和非传统记者们交谈的过程中,当问到他们为什么采取或不采取某个将新闻网络化的决策时,总会听到他们启用“报道”“公众”这样的概念来解释。那些把报道置于新闻工作流程中心的新闻组织似乎经常会对链接行动表示出不友善的态度。请记住我们在第四章中曾指出,在 Philly.com 上开设博客的记者们和那些更具有对话性和去机构化的博主们之间存在鲜明差异。除了少数例外,Philly.com 上的新博主们大多是以重塑博客这种形式来为他们的报道服务的;更传统的博主则视他们的工作是一种相互链接的社区对话。费城 IMC 也一直专注于新闻报道,尤其是抗议新闻,而不是促进谈话。由于这些制度性偏见,我们有可能提出这样的观点:将对话视为新闻工作的一种“合法”形式的观念持续遭遇贬斥,这同时导致了 Philly.com 和费城 IMC 都轻视交往性的链接。因为这两家媒体都看重传统的新闻和事实采集,而不是博客对话,因此它们都不倾向于与那些具有对话性的媒体链接。

因此,形成刻写式的新闻网络的一个障碍可能正是认为新闻就是“报道”这样一种主流观点。尽管费城 IMC 一直在多种自我定位间徘徊,并努力想找到属于它自己的定位——但它自身一直都是部分策略性宣传、部分“公民新闻业”的混合——有很多证据表明它始终认为自己应属于再现式的新闻角色。费城 IMC 网站上的内容提交框会询问使用者,愿意以"什么名字(署名)"呈现在所提交的内容上。"署名"(byline)是个有点术语意味的词,有意调用了传统新闻工作的实践和行话。相比之下,根据马蒂诺的观察,费城未来则从没把自己看作一个新闻项目:当它与公民新闻机构和组织链接时,它总是把自己看作社区对话的推动者。[74]因此,它似乎是毫无问题地拿出全部精力来做链接和聚合工作。

看似简单的链接行为对于这么多新闻机构来说如此困难,部分可能与新闻工作的本质有关。另一个原因则可能与我在第一章和第二章里提到的"公众的问题"有关。在那两章里,我提到费城 IMC、Philly.com 和费城未来都在网络社区的问题上苦苦求索——它们做这些项目到底是为了谁呢?此外,尽管它们的修辞和实践之间存 132
在矛盾,但我认为 Philly.com 和费城 IMC 都掩盖了线上的分化与它们所声称的全面性之间的紧张关系——独立媒体的姿态是要搞普遍的开放式发布,而 Philly.com 继承的则是工业时代的信念,信奉报纸有能力在网上赢得大规模受众。公众的问题和社区的问题是如何与链接行动关联起来的呢?当一个新闻机构对外链接时,它就承认其他机构的存在。承认其他媒体机构的存在——而且是在一个无限数字空间里的平等存在——就对传统新闻机构生成公众的宣称构成了挑战。缺乏刻写式的新闻网络的原因,不仅仅是单纯的经济恐惧和对众声喧哗的博主们的文化厌恶,拒绝网络化新闻的部分原因可能根植于新闻业的公众观念——许多新闻机构认为,公众可以继续被圈入它们所建立的特定的数字围墙之中。

2009 年冬天,在费城媒体控股公司破产之后,当地媒体情况有了变化。威廉·佩恩基金会已开始筹建一个网络化的新闻枢纽。公共电台 WHYY 推出了“新闻工作”(Newsworks)网站,该网站是“一个创新的门户网站,报道特拉华河谷周围的新闻……采用参与式的、富有洞察力的、以社区为基础、以解决问题为导向的独特方式”[75]。在这两个案例中,网络化合作都是被传统机构(一家是报社,一家是电台,一家是基金会)推动的。它们已做出决定,认为与外界合作是有价值的。[76]数字网络化新闻的未来可能就取决于,这些珍视合作的传统的新闻实体机构能否存活下来。

但矛盾的是,维系致力于新闻工作的传统机构已经成为 21 世纪的主要挑战之一,地方社区更是如此。不断变化的技术、报纸经济模式的崩溃以及新闻文化的改变,都对这一下滑过程负有责任。我将在第六章对此详加分析。一面是破产案和我称之为“资金不足的新闻企业的脆弱性”,另一面,网络化新闻的新机会也出现了。许多新生成的模式不再由记者、活动人士或新闻编辑们创建,而是由基金会、技术公司和在媒体工作的计算机程序员们所创造。第六章将转而概述 2009—2010 年,这一时段包含了许多至暗时刻,但也孕育了新起点的微芒。

第六章

黑暗时日与初绿萌芽(2009—2011)

21世纪的第一个十年行将结束之际,费城媒体生态系统似乎在重生与崩溃之间只有一线之隔。本书前面几个章节已经提到了影响记者和新闻组织之专业地位和职业稳定性的各种压力,本章则会展开来进一步讨论重塑新闻工作的外部因素:网络流量指标对于先前自主的新闻实践的侵蚀、新闻工作日益增强的不稳定性(因为数字内容制作者日益增加,而新闻机构从广告中获取收益的能力在下降),以及当代信息体制的脆弱性。但是,本章并不以绝望作结。本章后半部分记录了费城两家报纸破产之后的情况。从2009年到2011年,一群新出现的创新者以自己的方式努力使费城媒体生态网络化,重生的费城媒体网络试图在网络时代改造它的传统报纸。但即便是这些重建的实践和制度,也面临着本章所记录的新闻工作的压力:正如我关于Philly.com在破产后的压力及其不稳定状态的讨论所显示的,它们无法摆脱曾困扰费城新闻生态系统的那些机构的因素。虽然地方新闻业的未来还有待书写,但下文所讨论的结构性因素可能会继续影响塑造网络化新闻的努力,在费城如此,在其他地方亦然。

新闻工作的压力:受众、网络流量指标和新闻自主性的重塑

新闻权威部分基于新闻机构在决定什么是新闻上有专业自主性。[1]但这种专业自主性正面临着越来越大的压力,因为受众可以践行他们自己的数字自由,不仅要创
134 造自己的内容信息,还能自主获取大量非捆绑式的信息选择。受众影响力增强的一个方面表现为深层的技术性:新闻编辑部正在利用看似透明的网络流量指标,它们每天甚至每小时都在以受众的判断来挑战专业新闻从业者。[2]新闻机构正在重新思考受众是谁,以及在决定什么是新闻时受众应该扮演的角色。这些受众的行为被捕捉、量化,并被拿来形塑重大新闻的内涵。而对于那些我在研究期间观察到的记者来说——记者们过去通常是将自己的专业性建立在自主的、绝缘的新闻判断之上的——这是一个令人极其紧张的变化。

新闻态度最明显的变化,表现在新闻工作者和管理人员针对其在线受众的日常修辞中。我在 Philly.com 和两家费城报纸调研期间注意到,编辑部对新闻受众的自主性和创造性越来越重视。但我也观察到,在编辑、网站顾问和高管所刻画的受众形象(他们对受众的创造性、生产力和受众赋权都持非常积极的态度)与记者的态度之间存在着张力,后者对受众的态度则更为矛盾。例如,在

讨论重新设计 Philly.com 的问题上，睿域营销(Avenue A Razorfish)公司的顾问概括出新闻产业市场端流行的对网络消费者的新态度。一位顾问这样告诉我，“Philly.com 应该做只有通过互联网才能做到的事。全线品牌已经过时。你没办法再像以前那样站在山顶上从上到下地推动品牌……除非你让你的用户能与这个品牌建立某种亲密关系，甚至对品牌有某种控制权，否则你肯定会失败。他们得能和它一起玩。它必须是‘民有、民治、民享’的。”[3] 简而言之，网站受众被看成了生产的参与者。它是活跃的，有自己的需求和欲望。新闻记者不能再假定他们的受众是完全被动的。

一位新闻室管理者也努力向我强调，Philly.com 不仅要成为一个信息量大的网站，还得成为一个有用的网站。“我认为新闻人关心的是一大堆头条，但我认为我们网站现在努力要做的更像是‘什么能帮助人们计划他们在费城的生活？并让他们过上这样的生活？’所以，是的，你想知道费城市长做了什么，但你也想知道今晚费城有什么活动，本周末有什么活动，你可以为你自己的生活安排些什么。受众现在很活跃。他们自己创造东西……‘新闻’对于保持人们的兴趣是有益的，但对于实用性，在对人们有用这一点上，就不够了。你得把其他的东西弄进来。”[4] 我在费城调研期间一直不间断地听到这类关于受众赋能的观点：受众有权力，受众有创造力，要好好考虑受众到底喜欢什么，要认清在新闻生产和消费上受众是记者的“搭档”这一事实。

然而，新闻记者(与新闻主管和网站顾问相反)对赋

权受众的态度是混乱矛盾的。一位记者在看完一篇报道后面那一大串恶毒的评论后，大声说道："费城真是有一
135 大堆粗鲁的混蛋。"Philly.com 的实习生在一个很强的垃圾信息过滤系统（这个系统很强，比如它会审查那些讨论伊拉克"什叶派"的帖子）的帮助下，尽力保持报道下方的评论区是干净的。但是实习生们常常也无法在激情评论还是污言秽语之间进行明确的区分。有记者对他们的读者感到好奇。"我感兴趣的是，什么人留下了评论。"驻市政厅的记者克里斯·布伦南一天早上告诉我。[5]其他大多数记者则会忽略这些评论者，认为他们并不代表大多数读者。"你得明白：这是一些在上午 11 点没什么别的更重要的事好做，只好在网上冲浪的人，"一名记者像谈什么秘密一样对我耳语道，"他们就是一群卢瑟（losers）。"[6]还有许多别的记者（当中就包括一些试图无视读者反馈的记者）都曾为粗俗的回帖困扰，觉得读者的这些评论很难说是对所发的报道以及写报道的记者的反馈。换句话说，报道与读者反馈之间的界限对记者来说并不总是清晰的。在很多方面，他们似乎认为评论影响了他们所撰写报道的专业性和中立性，尽管对于一个外部观察者来说，读者评论和报道本身之间的差别是足够清楚的。

如果记者与他们新近赋能的受众的关系只集中于对活跃受众和观众反馈的看法上，那我们可能只需要简单地将之归结为新闻管理人员和"一线"记者的态度差异就好了。但是，通过评论和用户生产内容展现出来的质化的受众影响似乎并不是受众形塑新闻常规的首要方式。

相反，技术发展让受众数据的即时收集成为可能，而新闻室的管理策略则强调要广泛运用这些数据，这二者带来了记者—受众关系的根本转变。当谈到受众数据指标和流量数字的作用时，记者对受众的那些模棱两可的观点，大部分都消失了。他们和新闻编辑部的管理者一样，都沉迷在“流量”当中。

换句话说，尽管我与 Philly.com 记者关于使用者评论的讨论部分涉及评论的质量，但他们主要关注的还是评论的数量以及受众评论对网站整体流量的影响。一份发给所有员工的 PPT 文件显示要将所有文章下的评论功能设为“默认”，这相当典型地说明了这种影响。实际上，大部分关于受众评论的讨论都集中于评论带来网络点击量的能力上。

根据这份在 Philly.com 各类公开场合广泛展示的 PPT 文件，编辑和管理团队的结论是，评论是产生流量的有效方式。温迪·沃伦告诉我，在 Philly.com 工作的最有趣的事之一就是“你会不断得到关于你工作的反馈……我不是说电邮，我说的是持续地暴露在流量数据之下”[7]。在 Philly.com 以及它所属的费城报纸上，编辑 136
们都会使用一个叫做 Omniture 的系统来追踪访问数据，并常常参照网络流量数据来制定重要的报道决策。但是，有数据追踪技术并不意味着编辑和记者们就会用它。我的观察表明，策略性地运用网络流量数据是费城新闻室展开在线管理的一种有意为之的策略。

费城记者只要想知道就可以得到网站流量的详细数据。我在《费城问询者报》调研时，一位在线记者找到我，手里攥着 Omniture 网站数据。他递给我一张纸，上面写着“点击量”，并且按照文章作者的姓名进行了排序。“我们可能正在迈向一个记者要靠点击量获得酬劳的新模式，”这位记者幽幽地说道，带着半开玩笑的口气，“那些关心自己职业生涯的记者都知道这些，不过大多数人仍然不关心统计数据，但我很关注。”这位记者随后告诉我，《费城问询者报》有一篇关于当地军火企业的报道，写得很有力量，也做了广泛的调研，但“在网上就糊了，表现得很糟。你想让新闻专业人士心生畏惧吗？这就是方式”[8]。

Philly.com 的一位制作人也表达了类似的观点：

> 甚至我刚到这里的时候我们就有了一个比现在粗糙得多的系统了（用来监测流量），但我们有熟练的程序员……我们会在中午的时候收到邮件，告诉我们哪些报道做得棒。我们就会把这些报道带到（报纸的）编前会上去。我觉得他们在很多时候都有点震惊，因为即便我们早就知道，很多人会点八卦新闻看，而不是我们花了大量时间进行的调查报道——这些报道可能真不是人们关心的。报纸没有用同样的方式追随读者的兴趣。
>
> 但在过去，我们不是这样认为的，我们认为有一些事更重要。[9]

一位 Philly.com 的高管说，“底线就是，我们现在不再是老式新闻业了。”接着，他讲起了《费城问询者报》做的一篇关于可以让盲人复明的眼部病毒的报道，“那是一篇很棒的报道——哦，或者说，它是一组很棒的报道，但是它糊了。在网上没流量。就是因为这篇报道，我意识到我们已经身处一个新世界了。”[10] Philly.com 上截至五月底的爆款新闻报道被收集起来，并做成 Excel 表格分发给工作人员，这进一步表明，聚焦网站流量就是新闻编辑部有意采取的管理策略的一部分。

不管对应的文章内容怎么样，网站上的流量数据都经常被《费城问询者报》的人挂在嘴边，而在 Phiily.com，简直到了数字成瘾的程度。温迪·沃伦在把新闻网站介绍给新闻员工的展示会上说：“我们的点击量在 11 月是 3580 万，12 月是 3790 万，1 月份是 3880 万，4 月份是 4210 万，5 月份是 3910 万，6 月份是 3390 万。”[11] 但她接着说：“这可不是关于流量的好消息。我们正陷入夏季萧条——我们非常需要找到方法来终结这种下滑。我们要 137
确保页面流量增长！在座的各位都要想想，‘现在我能为 Philly.com 做点什么？’我说的是在内容上。还有，‘我能给报道加点什么，让它适于网络传播？’给 Philly.com 供稿的想法应该被当成紧急任务来看待。”在 Philly.com 的员工会议上，我也听到关于浏览量话题的相似论调。“我们今天流量走低，”一位编辑在 2008 年夏天一次常规编辑会议上说，“但独立访问量在增加……”随后，与会者开始讨论诸如为什么数字会下降的问题——一位生产者说，可能和暑假有关。“不管怎么样，都不能继续这样下去了。”另一位生产者总结道。[12]

即便在正式的编辑部会议之外,流量模式也在Philly.com的报道选择中起到了重要作用。“我刚刚把这篇报道从焦点位上拿了下来。它表现不行,只有137次浏览量。”在Philly.com编辑部里常可以听到人们叫喊着这样的话。“我通常会给一篇报道至少1个小时的时间,让它证明自己,”一位网站内容生产者告诉我,“浏览量达到500就相当好,能达到1000就太棒了。在早上比较报道流量要更容易,因为各种事情都在这时候冒出来。基本上你可以把各种不同的文章拿来相互比较。到了下午,事情变得更加不稳定,比较起来也更难了。”[13]

毫不夸张地说,网站流量似乎常常就是Philly.com新闻判断的“主要原料”。菲尔·麦格雷戈认为:“(虽然)数据直接影响了在受访者样本中实现‘新闻价值’的方式,但整体上,是社会和组织语境而非技术本身决定着这些在线专业人员对这种新工具的反应方式。”[14]但我的民族志研究表明,Philly.com缺乏强大的组织文化来缓和以点击量为主的网站管理策略。在我与Philly.com的网站制作人和报纸记者的交谈中,我用三种方式调查了这个问题。“在进行新闻选择时,有没有什么组织文化可以缓解这种唯点击量的情况?”一开始,我问得很直白。在后来的访谈中,我稍微修改了下措辞,提出一个假设情景:“假如有一名技术人员给Philly.com设计了一种自动运行的方式,能把点击量高的报道自动插入重磅话题和焦点位等重要的页面位置里。那还剩下啥留给网站制作人来处理呢?”最终,我只是简单地询问他们:“在Philly.com上,一个完美的新闻报道是什么样的?”有人告诉我,那就是一个“能获得大量点击并带来很多评论的”故事。[15]“Philly.com 有没有新闻文化呢?”Philly.com 网络编辑尤尼·格林鲍姆(Yoni Greenbaum)在回答我的这个问题时说:“让我们这么说吧,如果曾经有的话,那现在因为人员变动太大,我觉得可能也不剩下什么了。就说最近几个月吧,我们整个团队只有 4 个人不是新来的。连老板们都是新来的。”[16]“偶尔我们也会不采用唯点击量的方式——在突发新闻上,或者报纸上真的有好料时,我们可能会不那么在乎点击量,”一位网络内容生产者说,“但是,总体而言,摆脱点击驱动的思维,只是例外情况。”[17]

“我们正试图成为一家真正强大的本地新闻网站,对 138
受众有吸引力,有流量。”格林鲍姆在早些时候的采访中这样总结道:

> 你其实就是在某种程度上习惯性地知道什么类型的新闻会被点击。关于中西部的报道或者全国性报道——这可不行。我们要挑选出那些我们确信读者会感兴趣的很棒的地方新闻或本州新闻。我们是一个新闻网站,但是我们并不觉得自己要紧贴新闻的定义,比如突发新闻,比如我们的焦点栏目和重磅栏目上要放什么内容,这是靠直觉的。我们只会放那些我们认为可能会被点击的内容。你只能靠直觉。就像有一篇关于米歇尔·奥巴马的稿子:你的直觉告诉你,这文章没多少点击量,但如果它实际上被点击很多次,那我们就会把它提上来。[18]

总之,新闻流量指标的降临让记者和编辑对受众阅读什么和为何阅读更为敏感了。费城媒体的管理层刻意强调新闻流量数据被广为采纳,表露出对追流量的迫切需求,认为流量可能增加在线广告收入。这导致 Philly.com 的网络内容生产者们越来越多地把他们的新闻判断建立在原始量化数据的基础上。因为对流量指标的依赖,出现了言必称受众的情况。在此基础上,我想指出,积极受众的潜在修辞或许为这样一套新闻观念打下基础:专业记者在新闻决策上的自主性越来越低,而对受众指标作为新闻判断补充的依赖度则在日益增加。

新闻工作的压力:新闻业的动荡

技术对新闻编辑室判断的侵扰,不是造成费城媒体生态系统中成员工作压力的唯一外部因素。我观察到的许多报纸出现的工作情况,可能应被描述为一种动荡不安的情况,其主要特征包括:不可预测性,不安全感,情绪和心理层面的不确定性。[19]美国新闻业整体上出现的这种动荡状况,加上我们前面讨论过的对受众新闻判断和流量指标的依赖,正在剧烈重塑新闻记者对自身专业自主性的看法。

不确定性和不稳定状态,一直是与新闻业工作相伴随的结果。[20]这里的新问题是临时性工作、自由雇佣关系、技术变化和经济发展对新闻工作带来的影响。我通过田野工作对新闻工作的机制化和去机制化方面进行了更广泛的分析后，也指出了技术和经济变化带来的第二个后果：伴随着不稳定工作条件的新闻网络的脆弱性。本节，我展示了新闻工作日益岌岌可危的证据，并进一步分析讨论了“网络化脆弱性”的问题。 139

一位屡获殊荣的《费城每日新闻报》摄影记者把现在许多记者的切身感受总结得最好，他正努力把自己变成灵活的新媒体工作者和摄影师。这位摄影记者说：“我的老媒体奄奄一息，但我的新媒体不付一丁点报酬。”[21]在《费城每日新闻报》《费城问询者报》和 Philly.com 的整个调研期间，我不断地听到记者们讲这样的话，比如“所以，你是来观察一个垂死的行业咯”；“你是来这里记录最后的日子吧”；或者，“你对结束仪式感兴趣，对吧？”[22]的确，在北大街 400 号的费城报社，弥漫着一种压倒性的普遍的焦虑感，尽管我去那里的目的本是要讨论新闻权威要如何面对公民媒体和越来越多的非专业化驱动力的挑战，但大多数记者似乎对这些话题缺乏兴趣，或者只会短暂地、泛泛地聊一下。当我问他们：“从你开始新闻报道工作以来，新闻业发生了什么变化？”大多数情况下我得到的回答是：“和我一起工作的人变少了”或者“编辑部比 12 个月前空多了。”《费城每日新闻报》的一位资深记者告诉我：

> 地方新闻采访最大的变化是什么呢？就是新闻采编资源的不断消耗。网络正在重创报纸，有线电视则早已经影响过(电视)新闻网的新闻采集能力了……从 1984 年到 2002 年，我

> 做过三个不同新闻机构的驻市政厅记者……新闻办公室就在市长办公室对面。我刚在那儿工作时,满耳是打字机的“哒哒”声,办公室里香烟的烟雾弥漫。2005 年秋,《费城每日新闻报》裁撤了三分之一的全职采编人员,我们再也没有恢复元气。我们在市政厅曾有 4 名记者,后来变成了 1 人。现在我们又变成了 2 人,但再也不是从前了。[23]

当被问及“反向发布”(reverse publishing,指报纸照搬网站上的新闻,而不是网站照搬报纸上的新闻)是否对自己的工作造成了任何影响,一位负责设计的新闻从业者给出了一个非常实际的答案:“改变我工作的是,报纸变得越来越小了。”[24]

在我进行实地调研期间,直到 2010 年还拥有费城全部三大媒体资产的费城媒体控股公司有一次没能向债权人支付利息,引起业界对该公司财务状况的广泛猜测。[25]是年夏末,该公司决定合并《费城每日新闻报》和《费城问询者报》的图片部和编辑部,人们普遍担心这仅仅是两家报社要大规模合并的第一步。[26]7 月,《费城问询者报》撤销了两个版面。[27]2009 年 1 月,关于政府要“救助”费城报纸的谣言在流传。2008 年 8 月,《费城杂志》以惨淡的文字总结了费城报纸的状况:

> 140 随着费城媒体控股公司财务困境日益加深,《费城问询者报》和《费城每日新闻报》裁员

> 越来越多……费城媒体控股公司目前正在与债权人签署一份债务延期协议(forbearance agreement),延至9月10日,这也削弱了市场对该公司的信心……在新的转变中,据说这些报纸的裁员对象更多的是新闻编辑部的管理层而不是记者。(比尔·)罗斯(报业公会的行政官员)说:"我们的会员在过去几年里已经遭受了太多的打击,马克·弗里斯布(Mark Frisby)领导下的新管理层已经意识到,一层层的管理者还没有被动过。"[28]

当然,这些都是在费城媒体控股公司2009年2月申请破产保护之前写的。

《费城问询者报》在线新闻部门的记者山姆·伍德(Sam Wood)将情况总结为个人焦虑、不确定性、对经济现状的敏锐洞察以及对互联网既拥抱又恐惧的混合体,这种混杂情绪在更为传统的费城新闻编辑室里非常普遍。他说道,"这是很大的恐惧感,你会一遍遍地听到人们这么说,这种恐惧就是我们做的(指适应网络新闻周期)太晚了。我到在线新闻部门来学习(可向网络)转换的技能。我是一个中年人了,还有两个三岁的孩子……谁会来雇用我呢?"[29]

除了谈论他们基本的工作安全之外,记者们还通过许多别的方式来表达他们这种强烈的不安全感。当被问及员工使用便携式数字设备技术的后果时,驻市政厅记者克里斯·布伦南从资源剥夺的角度把这个问题重新表述了一遍。“这家报社的大多数记者连黑莓手机也没有，因为报社买不起，”他告诉我，“当我们开始跑市政厅这个新闻条口的时候，我们只好自掏腰包买黑莓手机，然后我们就不得不自己把手机和系统连接在一起。”布伦南也问过他的报社能否给他在市政厅报道处配一台笔记本电脑，这样他就可以实时发布博客了。但他被告知：“报社买不起。”[30]

即使是在财务相对良好的 Philly.com，那里的管理层早就将经济增长作为“第一要务”来对待[31]，资源也是紧张的。在一次新闻编辑部会议上，一位编辑发言称公司“程序员和设计员人手严重不足”。温迪·沃伦对此回应说，在近期增加了网络制作部门的几个岗位后，招聘工作已经停止了。即便有一天报纸财务状况转好，能够重启招聘工作，“但你招程序员得花比招制作人多得多的钱。”[32]网络产品经理与有工会保护的记者相比，人力成本没那么高。这种看法也加剧了费城新闻业劳动雇佣状况的不稳定性。Philly.com 的网站制作人一般都比印刷媒体的同行更年轻，而且更重要的是，这些网站制作人多年来一直都没有加入工会。事实上，人们普遍猜测 Philly.com 将办公室搬到市中心（导致所有后勤保障都跟不上）的部分原因就是为了让员工免受公司里工会活动
141 的影响[33]——尽管一位活跃的报业公会成员对我说：“无论如何他们都不大可能签名加入工会的。他们在《费城问询者报》的大楼里也待了一年，我们无法说服他们签名入会，因为他们太害怕失去工作了。”[34]

Philly.com 的一位视频制作人的职业生涯可以被看

作在历史悠久、工会强大的机构之墙内出现的一支年轻、灵活的劳动生力军的代表。这位记者不愿透露姓名——我就叫他加里·泽曼(Gary German)吧。2008 年我在费城调研期间,他担任 Philly.com 的摄影师和制作人。他硕士毕业于哥伦比亚大学新闻学院。不同于在问询者报社里人们常穿的衬衣领带或在每日新闻报社常见的 Polo 衫,Philly.com 里的很多视频制作人,包括泽曼在内,都戴着欧式风格的眼镜,穿着很潮的低腰牛仔裤。还有几个人留着莫西干发型,就是在头顶直直留一长条头发的那种。当我开展实地调研时,泽曼刚要辞了 Philly.com 的工作去另一家媒体。有一位记者不无讽刺地说他要去的新东家是"纽约的互联网新创企业,时髦的媒体公司。但是呢,报酬比我们多"[35]。另一位记者也评论说,Philly.com 的一大问题就是薪水太低,"所以人们很快就跳槽了。"[36]

Philly.com 雇用的一些网络内容生产者正是 2006 年秋被《费城问询者报》解雇的人,这一雇佣关系的转变打破了过去典型的成功新闻生涯的发展模式。[37]一位资深网站制作人这样描述自己的职业道路:最早在一份郊区周报工作,然后去了佛罗里达的一家日报,此后又进入《费城问询者报》新闻部门工作了四年。在过去的几十年里,能进入《费城问询者报》就意味着职业生涯的顶峰,也就等于拿到了一份终身工作了。但是,"我在 2006 年年底被解雇了,"他说,"2007 年 1 月,我受雇于 Philly.com,重新开始。"[38]另一位《费城问询者报》的记者也描述了她在费城媒体控股公司旗下媒体的类似的工作动荡经历。

因为她的职业经历是从《费城问询者报》到Philly.com(后来又回到《费城问询者报》),这正好体现了21世纪新闻工作的动荡本质(随之而来的不确定性、压力、牺牲和偶尔的兴奋),所以我在下面大段引用了她的话:

> 在2006年的那轮裁员中,我算是职位比较高的,最后一名被解雇的记者是1999年入职的,而我是2000年入职的……起初,我们听说要裁掉150人,这个数字真有点疯狂。为了挽救我的工作,我尝试了好几次,但最终还是被解雇了……他们解雇了新闻编辑部的约70位编辑和约30位记者。你知道,这个数字可能有变动,因为其中有一些人后来又被找回去了。我知道解雇名单上所有的文稿编辑,最后只要他们自己愿意,就又被雇回去了;他们意识到,这次裁员砍得太深了……
>
> 我是周五被解雇的,结果接下来的周一我就遇到了一位高层。他带着建议的意味说:"你为什么不去Philly.com工作呢?"我过去从没想
> 142 过要去在线领域工作。我不知道HTML或是其他任何这类网络知识,但是我当然知道这就是新闻业的未来。坦率地讲,我想留下来,为这家公司工作。我有几个被解雇了的记者同事,后来就去了Philly.com工作,它是一家独立的公司。
>
> 我的心思始终都在新闻报道和写作这一

> 端，所以当有机会能让我回到《费城问询者报》时，我又回去了……我考虑过就留在 Philly.com，但我必须这么做。因为只要报纸存在一天，我就要去追寻这个梦想。
>
> 当我回到《费城问询者报》，回到（报业）公会，我记得我和那里的一位编辑谈过，我问他："我还会被裁掉吗？"这位编辑对我说："你看，我们无法控制整个行业。"那时经济情况很糟；现在更糟，所以我认为没有人会觉得岁月静好。但是当他们说到媒体削减成本的做法时——"我们要砍掉那些版面……我们要合并新闻部门"——我认为人们已经知道这样的裁撤是不可避免的，只是也许没想到会像现在这么快。[39]

我的研究中一再出现的人们的共同观点是：费城报纸的记者太少，以至于都无法做到人们曾经期待他们做到的最低报道水准。例如，一天早上一辆宾夕法尼亚州东南部交通管理局(SEPTA)的小车和一辆校车相撞事故发生后，Philly.com 的编辑要求两家报纸的记者去报道这个事件。尽管《费城每日新闻报》城市版的编辑加尔·约瑟夫(Gar Joseph)认为对这样的选题，与其去写一个完整的报道，不如做成视觉形式的——一张撞车图片，再配个标题——但是没有摄影记者可用。听到约瑟夫的要求，一位正走过编辑部的城市部门摄影师扭头大吼："我没法去报道 SEPTA 的事，我手里已经有两个任务了。"说完她就跑出去了。"这里人手不够。"约瑟夫闷闷不乐地说。

再举一个例子，一位《费城每日新闻报》的编辑接听了一位女士的电话，她的儿子被警方逮捕了。编辑和这位女士在电话里进行了大量对话。“这是不应该的，”另一位城市版编辑感叹道，“本应该是由记者来进行这样的电话采访的，但是环顾四周，再没有一个有经验的人能接听这样的电话，员工太少了。”2008年夏季，这样的事频繁发生。在《费城每日新闻报》，办公室文员承担了部分网络职能；在Philly.com，市场营销人员大大超过内容生产者的人数，两者比率至少是三比一。[40]

员工短缺的问题还以更为常态化的方式表现出来。在7月中旬的某一天，我的田野笔记记录着：“这地方就像一个坟墓，除了这个在线新闻生产区，人们还在忙。实际上，除此之外，整个办公室就没其他人了。”[41]就在记这段笔记的几天前，我也记录下了著名的《费城问询者报》办公楼的情况：

> 到处乱糟糟。如果你走进去会发现很难找到任何东西，用于报纸的那些奇奇怪怪的东
> 143 西——印刷品、纸张用品什么的——现在它们好像被完全遗弃了。[42]

重要的是，当曾经宏伟的报业大厦被逐渐清空，越来越多的记者被要求以更少的薪酬做更多的工作。“就是在这个新的新媒体市场，你仍然只能得到每天7个半小时的时薪，”一位《费城每日新闻报》的专栏作家告诉我，他还解释了为什么自己拒绝开博客的原因，“除非楼上的

头头们决定他们希望我利用工作时间写博客，否则开博客就没多大意义。”[43]这位专栏作家补充道：“我说的不是花在写作上的额外时间，那其实是最不重要的。真正要花的时间是开设博客，然后你还得花时间来处理评论。”关于记者应该被“要求”花多少时间在博客上，报业公会和报纸管理层之间爆发了激烈的冲突，几乎在2006年导致一场罢工。[44]因为写博客根本就是无偿劳动，一位记者兼博客主告诉我，它必须是自愿的——这意味着报业公会的成员不能被“强迫”接受，同时他们也无法得到额外的补偿。[45]《费城问询者报》的编辑海·杜(Hai Do)在费城地区新媒体联盟的一次会议上说，他“花了大量时间试图抓住读者，触动他们，让他们理解……我们必须改变”。他说他是在培训摄影师担任摄像师的时候第一次找到了一群愿意为他们的简历添加视频的人。后来这像病毒一样“扩散”开来。他认为，他的员工“迅速意识到，自己如果想在组织内取得成功，就必须在自己的原有技能之外再学习摄像技术。不管他们是‘被迫’的，还是自愿的”。他马上总结道：“人人都想学视频技术。”[46]

尽管或许可以说，管理层只是在利用劳动者的不安全感来提高个体新闻工作者的产出，但更多的工作不一定是合理的工作。在围绕创建Philly.com新音乐页面Phrequency(www.phrequency.com)问题上出现的争论，也许最能清楚地体现这种在免费劳动和组织控制之间的紧张关系。这个音乐版块背后的想法是，它应该是在Philly.com上提供关于本地“独立摇滚”音乐的报道，来吸引主要是22—26岁的年轻人。同时，这个版块的运作成本还必须足够低。在一次策划会上,一位高管对将负责为版块“填充”内容的记者兼博主们提出了一系列非常具体的要求。他们被要求每周参加一定数量的音乐活动,每周发表一定数量的博文。如果做到了,他们就可以在基本工资之外拿到奖金。在被问到由谁来进行实际报道时,首选答案很明确:实习生或自由撰稿人。“坦率地讲,我们不需要在音乐选题上再拉一整套人马。”这位 Philly.com 的高管在第二次会议上说。[47]这个优选解决方案的目的很明显就是为了尽可能地降低成本,但有可能牺牲
144 内容生产的规律性和可预测性。根据一位也参加了围绕 Phrequency 讨论的律师所说,就业法规定管理层不能设定自由职业者的工作(比如,要求自由撰稿人每天提供一定数量的博客文章)。但是,如果把这些记者兼博客主变成报社实习生,那么这一工作的目的就必须具备“真正的教育性”特质。在这个例子中,Philly.com 梦想着要组建一支低成本劳动队伍来运行它的音乐网站,但是这又与它合理地建构内容生产结构的诉求产生了矛盾。

新闻工作的压力:脆弱的新闻机构与破产

无力给记者支付薪酬,还不是破坏新闻网络稳定运行的唯一过程。从费城志愿性新闻组织的脆弱性到一些最古老的看上去也最稳定的新闻机构的破产,2009—2010 年这一段时间因为出现了许多正式和非正式新闻组织崩溃而被铭记。在更广泛地讨论《费城问询者报》《费城每日新闻报》和 Philly.com 的破产问题之前,我首先会

讨论将旧博客和公民媒体机构撕裂的结构因素。

影响早期大体上由志愿者驱动的新闻组织浪潮的最主要的因素是，维持一个正常运转的志愿组织所需要的免费劳动时间和获取个人所需资源(如收入、食物和住所)之间的矛盾。这个问题正如尤查·本克勒(Yochai Benkler)所说，是“让灵魂与肉体统一”的问题。费城IMC一位最早加入的志愿者告诉我，能让她最初花大量时间参与该项目的背后原因是，她在2000年春被工作单位某杂志社解雇了，这让她获得了遣散费、失业救济金和空闲时间。“2000年4月到8月之间，我能够近乎全职地在费城IMC进行志愿工作。”她说。[48]另一位费城IMC的志愿者——后来进入新闻学院并在传统媒体找了个职位——则简要地说：“我需要健康保险。我还能说什么呢?”她提到了参与志愿媒体项目需要付出的大量精力和解决“日常生活”需要之间的矛盾：

> (人们)得过日子。你知道在2000年共和党全国大会那一周之后发生了什么吗?像马克这样的人(马克是一位独立媒体的志愿者，同时也在报纸工作)事实上不得不回去工作，给《费城问询者报》写一些报道。可能他之后还参加了几次IMC的会议，但你懂的，他也得过他的日子。你知道，别的人也是一样，他们只是暂时来到这里，之后就会离开。就像我又不是真的喜欢写新闻，我更多的是一位创意写作者。我为什么要参加这些会议呢?我是说，我记得有

> 些人这么说过,“我为什么要坐在这里,参加这些可怕的会议,并和人争论。我不想做这个,而且我还没有任何报酬……所以,那天晚上它就已经分崩离析了。”[49]

145 本书讨论的更加个人化和社区导向的博客项目也显得相当脆弱。它们需要时间、个人承诺、固定的时间表(“如果你让人们没什么新东西看了,他们会注意到的,然后他们就会离开了。”一位博主这样对我说),以及定期更新。从关于“博客之死”这个问题的有限的研究来看,大多数博客(60%—80%)都在它们创建后的一个月内被抛弃了。[50]而且比这个数字更令人震惊的是,即便是那些最成功的博客也仍然面临着溃败的高风险。简而言之,除了博主的时间和激情之外,很少有什么能让博客继续前进的力量。正如社区网站青年费城政治的创始人所说:

> 是什么让(青年费城政治网的)人们聚在一起?我不知道。实际上,我觉得它一直都有点脆弱,说真的……如果我们不写了,我们的读者群马上就流失。人们登录博客不是为了写——他们登录是为了读。这不是因为他们很无聊,但这并不像是……我不知道有多少人是必须投身其中的,就像他们是股份持有者或员工那样。我的意思是,有相当数量的普通作者和普通读者,他们中的许多人甚至没写过任何东西,可能是他们中的一些人相信我们所做的事,一些人对

> 此只是感兴趣而已，还有一些人讨厌我们……所以我不知道。我想，如果我们关了，我想最终会有什么东西来取代我们，但是(停顿)你知道，你在所有这些小博客身上都看到了，也许它们比我们还小，这些博客不会一下子关掉……(语速放慢)他们只会慢慢停摆。[51]

在新媒体世界，成功似乎并不能保障稳定。尽管机构建立的确会在线上发生，但这些媒体机构似乎有了一种与它们的线下前辈完全不同的特质。在没有正规工资或没有传统的科层制组织所要求的理性化的组织管理的保障时，[52]许多媒体管理者都很想知道，他们的组织要怎么样才能继续发展。卡尔·马蒂诺讲述的维持费城未来发展的重重困难，就很好地说明了这一点。“大约几年前，(我的社区博客)那时亟须注入新的观念、能量和资源，这样才能帮助它成为这个地区的更重要的信息来源，”他说，“但是我那时候有了孩子，我妈妈得了肺癌，后来去世了，我工作上的责任也增加了，我的背部疼痛的情况还恶化了——所以我只能是兼着做这件事，这对博客造成了损害，它的志愿者队伍规模也缩小了，我也没有做出足够的努力去推动它……现在它保留的只能说是原先想法和理念的半成品。”[53]

本书所描绘的新闻生产条件的变化强化了新闻网络的脆弱性。新闻工作过去是一种工厂工作，一位《费城问询者报》的记者半是怀旧半是释然地这样告诉我：“一位记者出去跑新闻，把它在打字机上打出来，然后就坐下来

看着它在一个越来越专业化的劳动生产链上移动,从编辑到排版、照片调色、拼版直到工业生产阶梯的顶端,最
146 终它会出现在第二天的报纸上。[54]新闻机构试图用多种方式让它们的工作常规合乎理性,但有时候,这些常规会冒犯隐含的新闻编辑室的价值,或者因为表述太直言不讳,而引发专业记者的愤怒。

以下对工作流程管理和报道额度的描述凸显了我在费城采访过的许多媒体管理者的重要理念,即新闻工作过程必须理性,方能正常运转:

> 2007年,我写了337篇报道。有些日子,如果我是重新改写新闻稿而不是做原创工作,我可能一天最多能写4篇报道。有些日子,如果我是在做周日的大报道的话,我可能一天只能写一篇或者一篇也没有。但相比之下,当我2005年跑警局口新闻时,我一年写了655篇报道。(有的稿子真的是很短。)可如果你是一名调查记者的话,你可能只能写很少几篇报道……当我在纽黑文(康涅狄格州)《选民报》的米尔福德记者站工作的时候,我的报道工作量是一天两篇。有些时候我不得不一天写三篇还……外加一篇周日报道。这个工作量真的不是开玩笑。当我来到这里的城市新闻部工作后,我的工作量是每天一篇,然后还要为周末版做点什么。[55]

这是一段对高度有序的生产流程的描述。[56]即使管理人员不去追查记者们发了多少篇署名报道或组织规定的报道量有没有完成，从历史上看，记者也不会坐等灵感（或者新闻）袭来。报纸（或是30分钟的电视新闻，抑或3分钟的广播新闻时段）必须被填满，此外还需要有特定篇幅的专栏文章。因此，新闻生产需要定期供应数量恒定的内容。

互联网非但没有减少对新闻内容的这种永不满足的需求，而是要得更多——迪恩·斯塔克曼（Dean Starkman）称之为数字新闻生产的“仓鼠轮”。[57] Philly.com的网络生产者在不间断的新闻周期的重压下呻吟着，其中，“表现不佳”的报道在半小时后就会被降级。“为了有传播量，我真的每八个小时就需要80个新内容，”尤尼·格林鲍姆对我说，“但我们距那个数字还差得远。”[58]《费城问询者报》和《费城每日新闻报》的记者则对这种新要求怒不可遏。“为什么他们要搞这种没什么意义的‘即时更新新闻’的疯狂的事，”一位《费城每日新闻报》的记者说，“他们把好东西都扔一边去，因为他们现在要这么快地炮制新闻。”[59]但Philly.com员工不同意这种观点。“（《费城每日新闻报》和《费城问询者报》的）问题是，他们仍然不具备网络思维，”一位Philly.com的制作人对我说，“他们考虑的还是64个版的报纸，意味着一旦报纸被填满了，工作就结束了。但是，现在报纸再也不是被‘填满’的了。”[60]每次在新闻编辑部会议上，只要有《费城每日新闻报》《费城问询者报》和Philly.com的雇员同时在场，最后总是难免绕回到数字新闻周期贪得无厌的需求上。正如第三章所显示的,互联网的一个主要影响就是改变了新闻时间的观念。

我们现在已经在直面网络新闻工作的一个巨大悖论了:互联网需要以越来越快的速度产生越来越多的内容去填它的无底洞,这与媒体组织越来越无力以传统方式——也就是说,通过支付记者工资的方式——去合理
147
组织新闻生产形成了冲突。我们已经进入了这样一个新闻时刻,新闻组织需要的内容越来越多,但要获得这些内容,新闻组织发现它们更依赖于与非理性化的、常常是无偿的新闻提供者的合作。新闻网络——不管它们是社区博客,激进新闻网站,还是更传统的媒体组织——的稳定性和持久性都有赖于新闻生产者,是否能够重新发明一种为新闻工作提供正式货币补偿的手段;通过另类的无偿方式合理化新闻生产过程;又或者在文化产品的生产中绕过官僚和市场理性。前两种可能性都需要进行组织调整;第三种则标志着信息产品生产条件的重大转变。虽然法律和社会理论家们在过去十来年里一直指出特定的技术和经济趋势让信息经济中的这些转型变得可能,[61]但我对费城新闻实践情况的分析已经详尽地证明,这样的变化是缓慢或停滞的,而且常常受到组织和社会因素的阻碍。其中最大一个因素就是费城报纸在2009年年初发生的戏剧性破产事件。

破产

在第一章中,我通过以时间顺序记录本地报纸产业

的合并、吉恩·罗伯茨(Gene Roberts)"阿尔法计划"的发展情况,以及20世纪80年代和90年代发生的报业利润大战来介绍费城新闻生态系统。然而,这些资源争夺战主要是在一个现金充沛的时代进行的。有人开玩笑说,拥有一家地方报纸就像拥有一台可以印钱的印刷机。[62]2005年到2009年期间,费城四次关键的商业发展迅速叠加到了一起,形塑着我在2008年春季到2011年冬季期间所观察到的媒体机构。所有这一切,都导致了组织规模的缩水。在经过多年缓慢痛苦但规模相对较小的裁员之后,奈特-里德集团在2005年秋季对《费城问询者报》和《费城每日新闻报》展开大规模裁员,前者裁掉了75个工作岗位(占新闻采编人员的15%),后者则结合买断和首次采用的解雇方式,裁掉25个职位(近20%)。这一大裁员,也是新闻业有史以来情况最严重的裁员之一,被本地和全国媒体广泛报道,并在《费城问询者报》,特别是在《费城每日新闻报》上留下了持久的印记。[63]2006年5月,奈特-里德集团解体,旗下两份报纸被出售给本地所有者(详见第二章和第五章讨论)。[64]这一重大变化与前一场裁员一起,强化了对20世纪80和90年代以来的报业趋势的全面逆转。《费城问询者报》和《费城每日新闻报》发现,自己被本地所有、私人持有之后,并没有出现可被公开交易的公司股权、增加员工和编辑部士气大涨的喜人景象,反倒是员工人 148
数继续缩水,编辑部士气低落。本地商人布莱恩·蒂尔尼(Brian Tierney)所有的费城媒体控股公司在得到了这两份报纸七个月后,也就是在新的工会合同最终确立的几周之后,第二轮裁员又落在了《费城问询者报》的头上(尽管还不包括《费城每日新闻报》)。奇怪的是,这次17%的裁员(编辑部人数因此降到325人了)引起的焦虑恐慌远不如在奈特-里德集团统治衰落时期的那次裁员明显。回顾媒体报道和人们的公开评论,可以看到他们在裁员问题上有某种怪异的平静。"同时,费城地区报业公会的头头们正在敦促那些虽然不在裁员名单上,但是有离职意愿的员工自愿离开。这样可以减少强迫性裁员的数字。"一篇报道这样说。[65]也可能是,在经过了15个月的裁员打击之后,人们最终麻木了。[66]

不过麻木持续不了多久。2009年2月22日,在我完成第一轮民族志研究之后不到一个月,费城媒体控股公司申请破产保护。费城媒体控股公司援引的破产法第11条旨在财务重组而不是清算报纸,主要是因为《费城问询者报》《费城每日新闻报》和Philly.com的新所有者在从McClatchy公司买下这些资产时所负有的巨额债务。[67]从2009年冬持续到2010年春的破产过程本身就是一个悖论。由于蒂尔尼和当地所有人团体努力要保住对财产的控制权,破产执行的法律过程充满了戏剧、公关表态、诉讼和反诉讼。[68]但相反的是,报社的日常状态在很大程度上还是和过去几年一样。因为报纸面临的是重组而不是被清算,在各编辑部门和Philly.com的走道里,人们几乎觉察不到这一系列的变化。一方面,《费城每日新闻报》的两位记者在报纸破产期间还得了梦寐以求的普利策奖。[69]另一方面,《费城问询者报》在网络新闻部门工作的一位员工称破产期间是完全停滞的,“那个时候,除了设备不同,报纸似乎已经退回到了 20 世纪 80 年代。”[70]在宣告破产和提出解决方案之间的这段漫长日子里,在线新闻时代那些最好的方面和最坏的方面构成了鲜明的对比:一面是在稳定的新闻机构内工作的、训练有素的专业记者们开展常规调查报道展现出持久的活力和重要性,另一面则是无力找到金钱或动力来展开数字创新,也就无力保存让《费城每日新闻报》斩获普利策奖的报道职能。

2010 年 4 月,为期一天的破产拍卖会后,报纸的债权人取得了对报纸的控制权,他们出价 1.35 亿美元买下了这些报纸,这个价钱还不到 2006 年售价的四分之一。[71]“这很难被看作一次普通的公司破产出售。”《交易报》的克里斯·诺特(Chris Nolter)报道说,拍卖这些报纸“充满戏剧性、争议性和个人色彩,给人留下的印象远远超过交易本身相对较小的标的和严格限制在本地的特性。”[72]到 2010 年年底,费城最大的新闻产业就正式归银行和对冲基金财团所有了,和全国越来越多的城市日报和网站一样。[73]本书所记录的在本地所有权控制下的短暂的报纸实验,迎来了难堪的结局。 149

在许多方面,将公民新闻组织在面对现实生活相互冲突的需求下无力生存的境况和大型新闻机构在债务重组的重压下的一夜崩溃相比较,这似乎是在比较苹果和橘子。但是,网络的脆弱性等问题植根于比机构规模或组织重要性更深的层面。本书第二章描绘了费城媒体生态系统的出现,讲述了一个欣欣向荣和拥有无限可能的故事。看起来,数字领域为普通公民提供了“成为媒体”的机会,同时也为报纸提供了在网络上重塑自我的可能。但本章带来了一个令人清醒的结论:在一个涌现很容易的世界里,消失也是转瞬之间的事。在互联网掀起的数字海啸的重压之下,工业时代那些坚实的机构似乎烟消云散了。无论我们是通过个人博客还是100人的新闻编辑部来记录这段网络时代的新闻风云,1997年到2011年期间展现的都是一个激进而动荡的故事。今天你访问过的网站可能——而且常常就是——会在明天就消失。当我们检视现在已经堪称漫长的网络新闻史时,感到最明显的可能就是那种令人眼花缭乱的新事物涌集又星散的动荡。到目前为止,我们仍然不清楚,这种创造与崩坏的循环要怎样——或者是否会——结束。

重建新闻,再一次

2010年10月14日,十几名记者,基金会负责人,研究人员,非营利组织出资人和学者聚集在威廉·佩恩基金会,讨论如何资助新闻业的未来。不同于约5年前召开的诺格斯非正式会议,这次基金会会议想要做的不仅仅是举办一个如何修复新闻业的对话。该基金会承诺要向费城10家本地新闻组织提供5000美元,帮助它们与其他团体合作开展协作式报道项目。最终,这个被称作“费城创业报道基金”的小奖项资助了14个团体而不是最初计划的10个。宣布入选奖励名单的新闻稿这样说:

> 费城创业报道奖由威廉·佩恩基金会出资，旨在帮助发展和扩大费城地区公共事务新闻报道的影响力。本奖项的目标是帮助报道项目的实行，并探索本地区不同新闻提供者之间的合作可能。从 27 名申请者中遴选出的获胜者将在未来 6 个月内推出他们的报道项目。[74]

2010 年到 2011 年间，新闻生产领域新出现了三类 150
本书尚未讨论过的主要行动者。它们是：第一，地方性和全国性的基金会；第二，非营利性新闻组织；第三，一批不太正式但非常重要的拥有技术头脑的新闻工作者，包括黑客记者、黑客以及程序员记者等。[75]虽然我只能在这里简单勾勒这些新发展的重要性，但我认为，影响未来新闻工作的主要驱动力就在于这些新出现的行动者和技术、脆弱性和不稳定性等更大的结构性因素之间的交汇处。实际上，这里出现的每一个行动者都可视为对先前讨论过的造成新闻业衰弱问题的部分回应。如程序员记者带来了对数字技术的审美和欣赏，超越了传统记者们常常表达的那种“被新闻流量指标震慑”的态度。而非盈利性新闻组织至少可以部分地免于广告收入下降、高额花费以及深深困扰着本地报纸的沉重债务负担的影响。最后，基金会在信息生态系统中占据了一个战略性的位置，这使得它们能够促成创造性的协作，建立新闻和信息生产者的网络，让他们以新的方式展开合作。[76]本章后面的部分将对这三种新出现的机制做出分析,并对改革后盈利性费城报纸的变化进行简短讨论。

随着传统新闻机构资金投入的逐渐减少,人们对基金会资助和非营利性新闻媒体的兴趣在不断增加。如果说广告商、报纸和消费者之间的关系曾经可以保障有足够的收入来支持大规模的新闻采集产业,[77]那么这种动态关系现在似乎已经无可挽回地被打破了。正如获奖的非营利媒体《得克萨斯论坛报》(*Texas Tribune*)主席约翰·桑顿(John Thornton)在2010年所写的:

> 严肃新闻的生意不在百强企业之列,可能从来就没有出现在前100位,当然以后就更不可能了。商业努力还会继续存在的,没什么理由。但是期待投资人能继续资助盈利性、大写的新闻业①只是因为:这样听起来不是太像做慈善了吗?……公共媒体,私人性赞助,可能会在十年内在媒体版图上占据比今天更大的比重。这将要求幻想世界的居民们②能大幅度提升普通公众的意识以获得会员支持,并在基金会和主要捐款人当中开辟一条建立可持续性商业模式的通道。[78]

---

① 指Capital J journalism,直译为"首字母大写的新闻业",指的是以报道为核心的、旨在启迪公众的新闻。——译者注

② 指新闻行业的从业者。——译者注

将新闻业的未来系于“公共媒体,私人资助”——既不是过去传统的公共媒体,也不是纯粹商业化的媒体企业,而是由会员或基金会赞助的公共性的媒体——这种观点富有争议。[79]但是,我对基金会和非营利新闻的讨论主要不是为了分析这种资助是否真能在财务层面“发挥作用”,而是想探索基金会重新架构有关新闻业未来的争论的多种可能方式。正如赛斯·刘易斯(Seth Lewis)所说:“通过重新审视新闻管辖权的修辞和实际边界,(奈特基金会)为专业创新开辟了空间——主要是把参与性作为一种伦理标准引入进来,借此,新闻行业可以更有效地适应一个网络化的媒体环境。”[80]我认为我的研究可以把刘易斯的观点在地化和概括化:通过在新闻领域进行有针对性的干预,费城的基金会正在重新划定关于新闻业未来讨论的边界。 151

当然,这不是说做出这样的干预性决定没有问题或没有争议。实际上,皮尤慈善信托基金和威廉·佩恩基金在2006—2011年参与新闻的方式,都在许多方面更为普遍地映射出费城公共机构表现的不确定和停滞不前。成立于1948年的皮尤慈善信托基金拥有超过50亿美元的资产,是一家非营利性的非政府组织(NGO),总部设在费城,但是一个全国性的机构。2011年,除了卓越新闻项目和面向公民和新闻界的皮尤研究中心之外,皮尤近年来在新闻领域有过的最大动作是建立皮尤公民新闻中心。这个中心成立于1994年,并于2003年关闭,曾致力于资助“公民”或“公共”新闻业。[81]威廉·佩恩基金会成立于1945年,拥有20亿美元资产,它的宗旨更为地方化，是要“通过培养丰富的文化表现力，助力儿童未来发展，深化与自然和社区的联系，以改善大费城地区的生活质量”。威廉·佩恩基金会以一种迂回的方式产生了对新闻业的兴趣；它对新闻媒体对自己的项目所涉领域的报道感到失望，于是资助了几个新闻试验性项目，包括前面讨论过的“下任市长”项目。最后是WHYY电台，它是费城的全国公共广播电台（NPR）；它制作的像《新鲜空气》（*Fresh Air*）这样的节目全国知名，但是偶尔也会因为对本地新闻报道投入不足而被批评。[82]

2006年，与激发召开诺格斯非正式会议同样的力量的汇聚——最明显的是对奈特-里德集团即将出售《费城问询者报》《费城每日新闻报》和Philly.com的担忧——导致了皮尤慈善信托基金要探索创立它自己的类似“诺格斯”的实体，这个被非正式地称为“Phly”的项目将主要依靠用户生产内容和公民新闻。[83]但是当费城的报纸被卖给本地所有者之后，担忧消失了，这个计划也就被搁置了。到2008年，皮尤新闻倡议的概念再度出现，这一次项目的非正式外号叫Y-Factor。这个倡议将是一个大规模的新闻项目：有近60位记者组成的团队，有编辑部，有6—7个垂直领域（作为网站的“体育”“时尚”或“汽车”版块），秉持“公民新闻”理念，并计划有400万到500万的初始资金。因为“下任市长”项目的成功和所激起的热议，WHYY理所当然地被视为皮尤的合作伙伴。[84]但是，皮尤的计划再一次落空了。2008年出现了全球经济危机，各地新闻编辑部都濒临崩溃，而全美基金会的投资项目也陷入困境。资源萎缩，实际运营一家新闻编辑部所需成本带来的价格令人震撼，再加上失去了皮尤高管的支持，这一切都使计划再次束之高阁。

2010 年到 2011 年间，费城出现过两个主要的网络化新闻项目——WHYY 的“新闻工作”(Newsworks)和威廉·佩恩基金会旗下的网络化合作新闻项目(Networked Collaborative Journalism Project)——这两个项目可以说是中止的 Y-Factor 项目的更小型、更聚焦也更可持续的翻版。不过它们都利用了威廉·佩恩和 WHYY 独有的组织资源。(见图 6.1)

2010 年 11 月 15 日，WHYY 关闭了现有的新闻网站，推出了“新闻工作”，这是一个仅限网络使用的新闻页面，根据其口号，它的宗旨是“为你，伴你，由你”。正如该电台新闻执行总监克里斯·萨图洛(Chris Satullo)所说，在更大规模的 Y-Factor 计划失败以后，“新闻工作”试图部分地“收复失地”。不过，“新闻工作”并非仅 153
仅是一个后备选项：从围绕流产的 Y-Factors 项目的讨论到 2010 年秋季关于在线新闻的传统智慧也在不断发展。可能是出于对萨图洛公民新闻背景的认可，“新闻工作”项目特别关注全面的、令人尊重的社区对话，并且采用最新的网络审核技术。萨图洛也努力强调，这个网站既是一个新闻网络，也是一个刊登原创新闻的地方。网站列出超过 15 个社区新闻合作伙伴，包括费城公立学校记事、Philaplace.org、PlanPhilly.com 以及天普大学多媒体城市报道实验室等。对该网站的定期分析也表

152

图 6.1　2010 年时 WHYY 的“新闻工作”项目网站。（来源：http://www.newsworks.org）

明，网站首页上至少有好几个报道都是直接链接到其他新闻网站的。[85]

在组织方面，“新闻工作”项目提出了两个主要目标。第一个是在 WHYY 电台的夜间特拉华新闻广播项目中止后，把广播和电视记者重新培训成多平台数字记者。第二个目标是通过聚焦深度的社区驱动的费城西北部的报道，来提升 WHYY 的超本地新闻水准。但萨图洛也提到：“最初的设想是关于超本地新闻和社区对话的，但是很快我们就发现，仍然需要在规模缩减的情况下完成(原创的、更具野心的 Y-Factors 项目)。仅仅做超本地新闻是不行的，因为这样就没有足够的用户群来维持我们的有效运转。所以我们需要报道整个城市，但我们要以一种人们能参与其中的方式来做，要把我们已经有的资源相互关联起来。”[86]

威廉·佩恩基金会还在 2010 年秋采取措施建立和资助了另一家非营利新闻机构。和“新闻工作”项目一样，威廉·佩恩基金会试图利用其现有的合作伙伴来建立一个新闻网络而不是白手起家地独自创建一个孤立的新闻组织。也许是考虑到野心太大的 Y-Factor 所遇到的问题，基金会在此后几年内推出项目时是缓慢而慎重的。

网络化新闻计划的一个核心是对费城媒体生态系统的调查，这个调查工作由 2002 年马里兰大学新闻学院成立的互动新闻研究所(J-Lab)来执行。这个研究所是一个智库，负责人是扬·沙弗(Jan Schaffer)，她是前《费城问询者报》编辑，普利策奖获得者。调查报告得出的结论是，费城新闻业的未来在于网络化合作，并且认为 2006—2009 年的费城公共事务报道已经受到了损害——这一论点一定会让沙弗在《费城每日新闻报》和《费城问询者报》的前同事们失望。[87]同样存在争议的是沙弗在报告中纳入某些组织，但将其他一些组织排除在本地新闻生态系统之外的做法。虽然报告调查了“《费城问询者报》《费城每日新闻报》和……费城 260 家博客、超本地或利基网站，”但另一些对费城新闻业有过

长期观察的人士,如华盛顿特区新美基金会智库的约书
154 亚·布莱特巴特(Joshua Breitbart)就认为报告排除了其他一些媒体组织,这“意味着媒体生态系统里的用户比城市实际人口要更年轻,更偏重白人,也更富有”[88]。特别值得注意的是,报告还将“媒体动员项目”(Media Mobilizing Project)排除在外,这其实是费城 IMC 的后继者。一方面,我们可以看到 2011 年的 J-Lab 报告在决定谁能被称为“记者”方面仍有保守主义的局限,但也要指出的是,威廉·佩恩基金会和 J-Lab 最终认可了曾经富有争议的假定,即在公共性层面有意义的新闻工作实际上发生于地方报纸的高墙之外。关于 J-Lab 报告的争议凸显了在不断变化的数字时代勾勒本地新闻生态系统的困难,但是它也显示了自 20 世纪 90 年代后期开始的关于新闻业的对话,已经走了有多远。

J-Lab 报告发布后,威廉·佩恩基金会在 2010 年 10 月向当地新闻机构颁布了 14 个小额奖项。一方面允许这些机构试验有限的协作性新闻项目,另一方面,基金会也开始在当年冬天为更大的、更长久的网络化新闻合作奠定基础。设立于天普大学的网络化新闻计划构想了一个更庞大的协作生态系统,以期弥补因费城报纸的衰落而日益恶化的本地报道漏洞。然而,直到 2012 年这个项目仍处在酝酿启动阶段,到当年 2 月才聘请了一位执行管理人员。

WHYY 和威廉·佩恩基金会的领导者们很快就发现他们在各自的新闻倡议项目上的不同。事实上,WHYY 和费城协作新闻网络项目之间确实存在重大差

异。但是在过去14年的费城新闻史上,重要的是强调这两个新闻组织不仅有差异,还有相似之处。公民参与新闻制作过程——过去被认为只是新闻业的一个很小的部分,而不被认为是职业化的新闻采集工作的替代——现在已经变得高度常规化,以至于可能会叫20世纪90年代后期的博主和独立媒体志愿者们惊讶不已。不论是"新闻工作"项目还是协作性新闻项目,都强调新闻工作网络化的重要性,通过接纳其他组织的投稿或者链接到其他组织,来补充处在核心的有针对性的原创报道。更重要的是,网络化合作的主要驱动力不是来自本地报纸或网站,而是来自基金会和非营利组织。

现在我要将注意力转到对新闻变革最终驱动力的简要分析上:所谓的黑客记者组成了新一代技术导向的编辑部创业者。2010年4月30日,110多人参加了为期一天的BarCamp① 新闻创新费城会议,会议演讲的内容从"洞察力图表:新闻工作者的CRM(消费者关系管理)"到对费城以外的新新闻组织商业模式的讨论,包括夏威夷民生新闻等新闻初创机构。可能最令人激动的 155
一场分论坛是由自认为黑客记者的格雷格·林奇(Greg Linch)主持的,他让记者们从黑客和程序员们提供的洞见出发,"重新想一想新闻编辑部的传统思维,""目前我们用于新闻业的思考方式有什么不同的类型吗?"在他内容广泛且富有启发的演讲中,林奇向BarCamp的与会者们如此发问:"我们应该怎样思考问题,才能让我们的

① BarCamp是一种开放、强调参与者分享的国际化的研讨会。——译者注

新闻业更好?”[89]此外,新闻思维和其他思维方式——特别是计算机科学家的思考——之间的关系是什么?类似这种问题和分组讨论——既务实又深刻——构成了 BarCamp 论坛的主要内容。

尽管有基金会的官员出席会议,但费城 BarCamp 会议并不是基金会主导的,它也不是报纸、博客甚至推特主召开的会议。在会上,我们也看不到破产审判法官的身影。网络理论家杰克·莱尔(Jack Lail)把与会者称为“雏鸟”,这个标签最早出自新闻业未来的权威人士斯托·博伊德(Stowe Boyd)所建的网站①:

> (BarCamp)跟美国新闻编辑协会、美国报业联合会以及全国广播协会在酒店召开的会议相去甚远……(与会者)不拘一格:有年轻的新闻和技术极客,有想要重塑职业生涯的经验丰富的传统记者,有面向未来的软件开发人员,有向界外张望的主流记者,有充满希望和野心的热情的新闻专业学生以及渴望在媒介领域占据一席之地的各色人等。[90]

在费城媒体控股公司破产的阴影下,BarCamp 费城会议提醒人们,新闻业的真正未来可能会在新闻生态系统的边缘地带进行自我重塑。在把新闻工作往新方向推动的团体中,起主要作用的是技术导向的新闻创业者

① 斯托·博伊德运营的网站即以“edglings”(雏鸟)命名,参见 https://edglings.com。——译者注

们。这些创业者包括本地新闻和咨询公司 Technically Philly 的年轻创始人以及 2010 年费城 BarCamp 的组织者们。Technically Philly 是 2009 年 2 月创立的，和费城报纸申请破产保护几乎同时。三位创始人是天普大学新闻专业的毕业生：肖恩·布兰达(Sean Blanda)，克里斯·温克(Chris Wink)和布莱恩·詹姆斯·柯克(Brian James Kirk)。“我们从大学毕业，本来都有机会加入人们所谓的‘传统新闻管道’，然后按部就班地往上爬，”温克告诉我，“但是报纸正在崩溃，我们三个都在想：‘我们真的想去报纸吗？’”温克回忆起他看到“费城那些了不起的新闻记者——他们曾获得普利策奖，而我甚至都不配给他们拿笔记本”——到头来不得不与买断或裁员作斗争。他观察到那些自己决定进入新闻业的记者，因为缺乏新闻商业方面的知识而苦苦挣扎。“我意识到，若论做报道，我懂得的并不如那些要离开《费城问询者报》试图独立开辟新路的人们多，”他说，“但是我确信我对这个行业商业部分的理解比他们要好多了。”[91]

布兰达、柯克和温克把 Technically Philly 和它的母公司 Technically Media 称为餐饮业的新闻版。Technically Philly 是一个利基网站，提供关于费城技术产业的报道。“那就是我们的零售业务。但接下来，你就会看到我们的餐饮业务，也就是我们会给像全国宪法中心这样的客户提供如何建立自己的受众这样的咨询服务。”温克说。[92] 布兰达、柯克和温克都承认，他们公司的主要收入来自咨询部门，不过他们认为新闻从来就不是赚钱的产品——销售另一种产品(在历史上是广 *156*

告),在他们这里是技术和商业的知识付费,这些始终是补贴新闻制作成本的关键。凭借他们的技术知识、创业者精神以及在一个小社群里进行垂直新闻报道所带来的幸福感,Technically Philly 体现的这些方面代表了本章讨论过的多种趋势的融合。

当这些新的新闻创新者们在本地媒体生态系统的边缘地带开疆拓土之际,费城的两家主要日报也终于摆脱了破产。在分析这两家报纸之后的发展情况时,我们可以看到费城主要新闻机构外部的快速变化与内部的缓慢步伐形成了鲜明对比。

结论:Philly.com 走出破产

破产后费城媒体控股公司的本地持股人中出现了一股批评声浪,他们认为费城本地报纸很快就会被一群银行家和对新闻一无所知的对冲基金经理们接管。可能是为了应对这种批评,费城报纸的新主人很快就任命了一批知名记者担任《费城问询者报》《费城每日新闻报》和 Philly.com 的管理人员。《新闻周刊》的前总裁格雷格·奥斯伯格(Greg Osberg)被任命为重组后费城报业的发行人和首席执行官。和他同时被任命的是鲍勃·霍尔(Bob Hall),《费城问询者报》和《费城每日新闻报》的前发行人,他现在就任首席运营官。奥斯伯格很快将《费城问询者报》令人尊敬的主编比尔·马里莫(Bill Marimow)换成资深记者斯坦·维斯诺夫斯基(Stan Wischnowski);将《费城每日新闻报》的主编迈克尔·戴斯(Michael Days)调到了《费城问询者报》;声名赫赫的原《华盛顿邮报》数字部门和 TBD.com 的负责人吉姆·布雷迪(Jim Brady)被委任为 Philly.com 的顾问。这些人事变动似乎为报纸带来了新开端和新气象,也带来了一系列后勤方面的改变。Philly.com 放弃了它在市中心的独立办公室,在 2010 年搬回了位于北大街 400 号的《费城问询者报》大楼办公。奥斯伯格向读者承诺,要着力发展移动端新闻服务,并暗示在网络上能完全免费看报纸内容的日子行将结束。[93]2010 年 11 月底在天普大学的一次演讲中,奥斯伯格透露,公司计划在"《费城问询者报》大楼内打造一个媒体孵化器,小型媒体公司可以在那里免费办公,还可以和大学以及利基网站建立内容合作关系"。但奥斯伯格也表示:"这将是一次艰难的转型……在过去的五年里,费城这两份报纸失去了四分之一的读者和二分之一的广告收入。"鉴于这些财务困难,"可能会(在 2011 年)建立一个在线内容付费墙。"[94] 157

从类似这样的演讲判断,费城这两家报纸已经摆脱了破产阴影,似乎正在发生翻天覆地的变化。但我在 2011 年冬季进行的一次简要的调研发现,在这些表象之下,费城主要的新闻记者们仍然在继续努力克服传统结构和财政不足等问题。虽然 Philly.com 的高管们一直在讲要拓展外部合作关系(事实上他们也的确和另类周刊《费城城市报》建立了内容分享关系),但大多数所谓的合作关系仍然处在计划阶段,或者完全止步不前。Philly.com 的网络内容生产团队仍然备受资源匮乏以及难以与组织中其他部门进行整合的困扰。虽然 Philly.com 的制作人已经掌握了如何把《费城问询者报》和《费城每日新闻报》上的内容整合到网上去的技艺，但是很少有数字内容团队的成员能对报纸编辑部的报道决策提出什么意见。破产之后的 Philly.com 最主要的成就就是建立了突发新闻报道碰头会机制，整合了来自 Philly.com 和两家报纸的员工——老实说，这的确是一个值得注意的改变，但是在克服第五章所讨论过的融合困境上，这一变化只能说是朝着提升融合水平迈出了一小步。各种“数字优先”战略的缺位，也继续困扰着该组织；2011 年 1 月，我在 Philly.com 开的一次简短会议上看到，一些网站制作人试图找到把报纸上由多篇报道构成的特稿专题迁移到网上去的好方法。但是挡在他们面前的，都是看上去很平凡的拦路虎。首先，很难找到好的特稿作品；其次，一旦从特稿专题中单独拿出来，就很难给单篇特稿报道找到一个合适的描述其内容的标题。简而言之，在报纸上很有效的特稿专题报道的形式，一旦转移到网络上去就很不适合传播了。[95] 令人沮丧的是，这样的对话直到 2011 年冬季仍然在主导着 Philly.com 的新闻工作。与我交谈过的许多编辑和顾问都绝望地说过这些后勤上的混乱和缺乏财政资源的情况。这些问题使他们无法做到他们认为应该做到的事，也就是他们认为要和 Patch.com 以及改版后的 Journal Register 公司这些新兴本地竞争者交手就必须进行的那些重大改革。

财务压力促使 Philly.com、《费城问询者报》和《费城每日新闻报》发生了最激进的变化:它们的内容将被转移到一个准支付墙之后——这并不是一个真正的支付墙。在新闻界内部,Philly.com 并不是第一个决定要对内容收费的机构。将某些内容从网络上撤下来并向读者收费——新闻分析者肯·道格特(Ken Doctor)将之描述为"重做"经济学——在 2010 和 2011 年成为新闻机构中的普遍趋势。[96]《华尔街日报》多年来都在实行网络付费访问,而都市报(由《达拉斯晨报》主导)和全国性 158
报纸(由伦敦的《泰晤士报》和《纽约时报》主导)也越来越多地采用混合付费的各种营收形式。

当地网站 Phawker 这样总结破产后 Philly.com 的付费墙策略:"《费城问询者报》和《费城每日新闻报》的虚拟版本——即问询者电子报和即将公布的每日新闻电子报——很快就将采用订阅制,但 Philly.com 不会。"[97]换句话说,想要原汁原味地阅读这两份报纸内容的在线读者,需要在一个界面友好的在线阅读器上付费,而其他网民仍然可以在 Philly.com 上获得免费信息。当然,这一策略让后续协调《费城每日新闻报》《费城问询者报》和本书详尽讨论的网络之间的内容流动变得更困难了。什么时候报道应该放在电子阅读软件里收费?什么情况下报道又应该放在网站上让人免费阅读?也许更深刻的问题是:费城真有人会为了看新闻而付费吗?新闻组织对 Philly.com 的投入会不会进一步减少?费城的传统报纸会不会在本地信息生态系统中丧失中心地位?部分付费的内容会对费城记者的职业自我认同产生什么影响?

在我撰写本书时,这些问题以及许多其他问题仍然没有得到解答。这些问题将成为费城新闻机构在进入21世纪第二个十年时所面临的众多挑战。随着2012年报纸被出售,加上对政治干涉的指控,以及人们对新的本地所有者会从根本上改变报纸原来的客观性文化的担忧,新的问题又大量出现,而这些也都只能在时间的推移中得到解答。

结论

2011年11月30日深夜，占领费城运动的抗议者被逐出了Dilworth广场。这些人可能是2000年举着抗议横幅和数码相机冲进共和党全国代表大会的反全球化人士在意识形态上的徒子徒孙。《费城每日新闻报》和《费城问询者报》的记者当时都在现场，他们通过推特直播平台Cover it Live报道事态发展。同时，沉寂良久的费城IMC也再度苏醒，提供了对抗议活动的大量参与式报道。博主和推主迅速介入行动，其中一些记录了午夜清场情况，另一些则进行了尖锐的事后分析。整个城市，网络化新闻生态系统充满生机，事件转化成数字流，在网络上流动。(见图C.1)

从这十年的视角来看，作为本书开始和结束的两个新闻时刻——第一次出现公民媒体报道共和党全国性代表大会的抗议活动以及驱逐占领费城示威者——似乎有很大的不同。这十年来，新闻报道在如何触及始终处于连接状态的公众方面发生了很剧烈的转变，这种变化似乎都因为太明显以至于无须再说了，只要环顾下四周。我们似乎生活在一个与2000年截然

160

图 C.1　Philly.com 上对从 2012 年冬开始的占领费城运动的报道。(来源:http://www.philly.com)

不同的信息世界里。随着媒体信源爆炸和更快速的现场实时报道,我们看到了曾经强大的新闻机构或在溃败,或在转型,或者两者兼而有之。一切看上去都不同了。但是,本书所讲的故事——如果说存在一个故事的话——却是停滞的。或者更准确地说,这是一个外部令人眼花缭绕但同时在内部又毫无变化的故事。最后,可能是时候该向我的读者们道歉了:在这些书页中找不到什么戏剧化的革命时刻。但或许这个故事更接近真相:新闻演进是长期的、缓慢的、艰苦的跋涉过程。

我们怎样才能调和这两个看似不相容的观点呢?一切都看起来不同了,但一切又都保持不变。我认为,部分解释体现在好似红线一般贯穿本书的某些主题：新闻报道的意义、低成本网络化时代机构的复杂本质，以及记者在数字化条件下对“他们的”公众的看法。

报道

曾在南加州大学安纳伯格传播与新闻学院驻访的资深媒体人梅兰妮·希尔（Melanie Sill）撰写了一份令人印象深刻的工作报告《现在来创造一个开放新闻业项目》①。在报告中，她列举了一系列开放的、网络化新闻试验项目的名单，从文摘杂志集团采用的“数字优先”策略到英国《卫报》推动的“新闻共享”计划。[1]这个令人印象深刻的项目清单还可以加上一些更新的项目，比如纽约大学和《卫报》合作的由新闻学教授杰伊·罗森（Jay Rosen）主持的“公民议程”（Citizen Agenda），还有《匹兹堡邮报—公报》发起的关于氢裂化的项目“管道”（Pipeline）。这个名单可以这样一直延展下去。事实上，阅读希尔的报告，就能感受到一种新闻世界的气息，感受到重大变化正在酝酿之中。

每当我来费城调研，我都期待着能看到希尔报告里所描绘的那种勇敢求新的新闻世界。但是每一次，我都
带着失望离开。当然，也可能我所选的费城这个点就是 *161*
一个例外，不管我在费城做的研究有多么全面。但是，我

① 梅兰妮·希尔的工作论文原文叫 The Case for Open Journalism Now: A New Framework for Informing Communities，在书中被作者引为“Making a Case for Open Journalism Now”。——译者注

并不这么认为。费城的新闻生态系统其实和绝大多数正在出现的数字信息网络相比,相似大于相异。实际上,我甚至可以说,如果一个人可以看到更大的组织范围的内部,看到许多新的新闻试验项目在其中展开的情况,那么他也很可能发现类似的情况:没有革命性变化。为什么?以及,这重要吗?

在费城新闻业的各种碎片化情形当中,仍然存在一个独特的重心,这个中心就是位于北大街400号的《费城问询者报》大楼。实际上,我这个生态系统导向的研究中发现的最有趣的一个结果就是,它常常最后又把我导回我本来已经抛诸身后的传统媒体组织那里。《费城问询者报》《费城每日新闻报》和Philly.com所出产的新闻量和费城任何其他新闻组织都不在一个数量级上,很难对它们进行比较。实际上,这就是对新闻机构的定义:一种由工作流程模式、组织化的科层结构和技术构成的相对稳定的模式,可以定期大量地生产一种被称为"新闻"的产品。

换句话说,费城新闻生态系统有一个中心;这个中心仍然是传统媒体组织,历史上它们生产的就是我们称为"报纸"的新闻物品,而这些主流机构关心的是如何以特定的传统主义的方式报道新闻。正是在这里,我们才能看到记者对作为他们核心工作的"报道"的理解和许多媒体组织的缓慢变化之间的关系。只要新闻生态系统里的组织仍旧把报道作为它们的主要任务——保守的定义是,常规化地从传统官僚体制的信源那里获取信息,并按照时间有规律地组合信息——那么,绝大多数媒体,在绝大多数时间里所做的绝大多数新闻工作都是很难开放和网络化的。

是否有什么可以做的，而且也是应该做的行动来改变这一状况呢？有两种可能的选择。第一种是记者调整他们原先对什么是报道工作及其重要性的根深蒂固的观念。我所研究的传统费城媒体机构之外的那些组织，甚至就在这些组织内部，都存在着以碎片化的方式对各种有关何为报道的不同定义与理解。聚合、分散式报道、计算新闻——所有这些都是外部组织在数字时代寻找的重新定义报道意义的名称。等到记者开始将这些新概念内化，新闻机构的中心任务就不可避免地改变了。

不过，这种职业中的文化演变不仅仅是通过工作报告、研讨会和演讲来实现的。实际上，另一个有趣的研究发现——只有长期的民族志研究才能提供这种洞察——是费城的新闻高管、记者、编辑在下班后，在博文中，以及在他们坐下来就“新闻业的未来”开研讨会的时候，他们 162
能够多么热烈地谈论新闻业的转型和重建。但是，当研讨会结束后，当帷幕落下，这些记者、编辑和管理人员又会回到他们的新闻编辑部，做的事和在开研讨会之前的工作一模一样。这并不是说我的调研对象不坦诚。而仅仅是因为，对于新闻业应该如何重塑自己的抽象理解和新闻编辑部必须完成的日常工作之间，有巨大的差距。简单地说，与许多数字媒体理论家们可能认为的不同，传统新闻机构仍然在一个运行良好的新闻生态系统中处于核心位置。但是，它们在面对根本变革时的态度仍然远不如许多乐观的行业分析家所希望的那样开放。鉴于美国新闻业内部所遭受的危机,这样的结论并不能令人安心。

这些东西真的重要吗?变化难道不是不可避免的吗?如果这一轮新闻演变处于断断续续的状况,如果许多激动人心的新闻试验已在进行当中,那么,新闻组织的转型难道不会不可阻挡地产生被广泛视为21世纪新闻业本质的网络化的、开放的、合作式新闻环境吗?或许会。但是还有另一种可能性,那就是新闻业将继续它目前的分裂,其中充满变化、临时性和广为人知的新媒体试验将引起专注新闻业未来的权威媒体评论家们的极大关注,但与此同时,新闻生产机器的主体将会无休止地滑向湮灭。结果是好是坏,还是两者皆非,这在很大程度上取决于本书详细讨论的另外两个问题:新闻机构的性质与目的,以及新闻记者对公众的看法。

机构

数字时代新闻工作的一个显著特征是日益增长的不稳定性。正如本书第六章中引用过的一位前《费城每日新闻报》摄影记者的说法:“我的老媒体奄奄一息,我的新媒体却无力付薪。”这种不稳定性在组织层面就等同于机构的脆弱性,这可归因于传统新闻机构运转条件的失灵;许多新兴媒体组织临时的、去机构化的特性,以及理性管理或支付薪水的新闻工作者数量日渐减少,但组织对他们的内容需求日益增长。第六章的结论部分讨论了新闻机构试图通过运用网络流量指标和其他管理策略使新闻生产合理化的方式。传统新闻机构看上去不合理的做法，加上日益脆弱的经济状况，让许多理论家转而提倡超越传统机构形态的第三种新闻组织形式。大部分此类工作从法律专家尤查·本克勒(Yochai Benkler)的研究出发，将网络化的伙伴关系视为未来新闻业的关键因素。[2] 但矛盾的是，我的研究显示，成功的网络化新闻生态系统往往有赖于强大的机构致力于建设网络。更重要的是， 163
尽管讨论新闻机构的主流观点强调，降低信息成本有助于网络化新闻项目的成功，但新兴网络化新闻环境带来的现实问题远远超过以上法律—经济的视角。

我在第五章中提出，2005—2010 年费城没能出现新闻网络的原因是，当地生态系统中缺乏让网络成为可能的机构。相反，新闻机构仍旧致力于将特定的传统主义的报道形式置于一切之上。看看费城创业报道基金项目，这一结论就更为清晰。最终，是一些传统机构，例如本地基金会纷纷加入进来使网络化协作成为现实。这里也存在一丝悖论。为使网络化新闻成为可能，就必须有致力于协作式生产的传统机构。新闻网络不是凭空产生的，也不是从可能包含新闻生态系统的数字沼泽中浮现的。需要有致力于此的机构来帮助网络的建设。费城没有这样的机构——至少在我研究的初始阶段没有出现这样的机构。改变开始于 2010 年创业报道奖项的颁发。2010 年之前，WHYY 和费城媒体控股公司旗下的新闻机构仍然致力于以传统方式报道新闻。本地基金会也还没有投入新闻生产领域。那些对协作式新闻生产最感兴趣的组织(如费城 IMC 和费城未来)则是弱势的外来者，缺乏带来变革的长期稳定性和文化影响力。

此外,机构所做的,并不仅仅是管理资源,并规范那些桀骜不驯的成员的行为。它们的成功或失败不仅仅是一个“信息成本”降低(或升高)的问题。在对霍华德·迪恩(Howard Dean)和奥巴马的总统选举的研究中,丹尼尔·克里斯(Daniel Kreiss)指出:“大部分关于(网络化政治)信息成本的文献都搞错了分析对象。单一地关注数字技术的信息可供性,会让学者在网络化政治研究中提出一系列非常狭隘的问题。”[3] 对于网络化新闻,我们也可提出相同的观点,本书研究的那些困扰新闻组织的问题,包括但不局限于信息交换成本的问题。关注信息成本问题的学者给我们提供了数字时代的组织、网络和机构角色发生变化的宝贵见解,但是他们研究的问题并不是唯一的问题,而他们的回答也无法穷尽我们所期待获得的各种可能的洞见。

本书认为,对信息交易成本的理性化测评可能会让组织的领导者采用一种更加网络化的方式来进行新闻工作。当你可以方便地和本地自由撰稿的记者或其他媒体组织建立伙伴关系时,为什么还要费劲自己去报道市政厅的每一个政治活动呢?当你可以轻松地和本地体育博客链接的时候,为什么还要自己去报道费城体育活动呢?
164 一方面,机构结构的保守性容易让组织忽视可能的合理选择,但是费城媒体机构扮演的角色不只是阻止这些“合理”变革的发生。机构可能为其成员提供这种工作导向理性的替代形式,也就是目标导向的行动形式,后者是不能轻易对应到信息交换成本的概念上的。正如第三章和

第四章所显示的，我在费城的研究对象都强调了通过对基于场所的行动者的排列来管理新闻空间和新闻时间的能力。就像我们在第六章所看到的，新闻机构带领他们的成员朝着以价值为中心的理性方向前进，对“目的性”和“归属感”的感受有助于缓解纯粹以市场为导向的态度对新闻工作的影响。[4]新闻机构帮助其成员发现他们工作的意义和目的所在。实际上，到 2008 年，不安全感和机构的脆弱感，以及日渐高涨的对新闻工作采取的市场导向态度，使费城出现了一批深感幻灭的记者。

简而言之，机构并不是简单地阻止创新变革——尽管这肯定是它们的作为之一。但矛盾的是，它们也通过对固定的组织资源进行创新性战略配置来实现变革。而且，单纯从“目的—手段”的理性角度来考虑机构也是错误的。[5]这样做会将组织简化成单薄的简笔画，从而将新闻业“缺乏变革”仅仅归咎于被误读的传统主义者。

公众

最后，我们要问，公众又如何？这个至关重要的观念在 21 世纪的新闻业变动的想象中发生了什么样的变化？在本书中我展示了记者关于公众的观念如何影响他们对于新闻工作、新闻职业以及他们与民主的关系之理解。本书第一部分讨论了传统的新闻记者努力在数字化转型过程中调整他们对公众的理解。在绝大多数情况下，他们想象中的新闻公众是可以轻而易举地转场到网络上的。相比之下，另类媒体生产者对在线公众的理解却很不一样。本书第二部分,我们开始看到传统记者对同质性公众的理解中出现了紧张关系。最后,在第三部分,记者开始与“实际的”公众面对面,他们以网络流量指标为中介,并且越来越多地把公众看成碎片化的受众。在每一种情况下,记者对“公众”涵义的模糊不清,阻碍了他们在数字时代清晰地思考现有组织安排有没有可行的替代性方案。

当然,学者对新闻与公众之间的关系一直都很有兴趣。特别是在公共新闻运动中,理论家最感兴趣的主要话题就是对公众的关注。[6]对于这些学者来说,一个关键
165 的规范层面的困境在于,新闻业“抛弃”了公众,并将注意力集中在精英和政界人士身上。本书的论点略有不同。我在研究中交谈过的那些记者,并没有忘记公众,而是对此作出了深刻的承诺;这种承诺被视为永恒不变的,但实际上它是临时性的,是一种历史的偶然。换句话说,我的观点是经验性的而不是规范性的。因为互联网的出现,记者认为公众是一个整合统一实体的特定观念被问题化了。因为费城新闻业并没有想象出另一个当地公众应该是什么样的替代性概念,它仍然处于被锁定的状态,而且也无法改变。正如詹姆斯·凯瑞(James Carey)在1997年总结的:

> 要说新闻业有基础,那个基础就是公众。要说新闻业有客户,那这个客户就是公众。新闻业以公众为名,使自身获得合法性;它的存在价值就是要告知公众,要作为公众的耳目,保护

> 公众的知情权,服务于公共利益。新闻业的经典传统缘起于并追随着新闻界与公众的关系。公众是新闻界的图腾与护身符,是新闻界仪式礼敬的对象。[7]

这种对公众的援引是一个堡垒,持各种意识形态和在各种组织条件下的各色记者据此提出他们的权威性主张。我曾记录下费城 IMC 声称要通过公开发布和普遍接入的方式代表公众;Philly.com 的观点是,它可以代表“费城的一切”,尽管面对着矛盾的人口统计的数据,它还是一再表达要成为费城新闻网络“中心”的欲望,要成为一个“当他们想要了解费城时必须访问的网站”;费城未来则希望通过它的网站实现费城的公众对话等。通过报道展现费城的主张就是费城这些媒体生产者的“图腾与护身符,是新闻界仪式礼敬的对象”。

从前面所说应能清楚地看到,互联网使本地新闻业对其公众的看法产生了深刻的疑问。尽管公共领域的哲学地位长期受到知识分子和社会学家的攻击[长期以来一直有争议,认为并不存在公共领域,只有“公共圈”(public sphericules)、“底层的反公众”(sub-altern counter publics)、“议题公众”等],[8]但直到最近才有新闻工作者和新闻机构开始面对公众难以捕捉的物质性。一旦以在线的方式存在,所有的公众都显得碎片化。总有一种公共元素是无法被网络化的,难以被捕捉的公众总是只有一小部分可以通过点击鼠标联结在一起。这不仅仅是又一个关于在线极化和碎片化的观点;这甚至也不是说基于网络的大规模聚合是不可能的,这不是一个技术决定论的论点。它也没有声称公众实际上的本质是什么以及技术给公众带来了什么实质影响。它只是提出了一个不同观点,即只要新闻权威还建立在它声称能给
166 公众提供新信息的基础上,那么这种声称现在是站不住脚的——如果它曾经有效的话。只要地方新闻业对公众的想象还建立在把公众视为统一的、结构性的甚至紧密的实体这样的愿景中,记者可以自信地对公众说话或者号召他们,那么新闻业的权威性就已经成了一个很大的问题了。

对于对网络化新闻业怀有最多希望的那些倡导者来说,新闻业的未来——作为一种可行的经济企业和拥有文化权威的职业——在于去机构化、分散化、多孔隙、对外链接和合作。如果各种媒体从业者和新闻组织能够积极合作,那么从理论上讲,过去曾由新闻机构履行的功能是可以对外分散的。但本书展示了这些合作式解决方案中非常现实的内在的困难。具有讽刺意味的是:正如本书的众多例子所显示的那样,新闻工作者和新闻机构比以往任何时候都更多地缠结在地方媒体生态系统当中,但是这种缠结性并不是任何主动的合作策略的结果。事实上,各种类型的新闻工作者和媒体组织的混合似乎导致了故意的认知错置策略,并在修辞层面建立更高职业门槛。

受制于媒介和时间,本研究最终只是新闻史上一个特别动荡的时刻的快照。在写作过程中,我清楚地意识到,这本书既是有关 21 世纪早期在线新闻业的故事,也

是一部历史。可能这是所有希望撰写数字文化的作者的宿命。这种文化的发展速度能把民族志研究转变成历史。

然而，不去管数字新闻业在表面上发生的所有变化，我希望在数字新闻业急急地冲向未来的时候，我已经揭示出它所面临的一些深层结构问题。当新闻产业和新闻行业开始适应互联网时代的新商业和新采编模式时，它们不该忘记数字新闻发展早期反映的深层困境。什么样的工作才称得上具有合法性的新闻业？新闻业要面向怎样的公众并给他们提供关于当下世界的知识性论断？稳定的、传统的机构在新的数字生态系统中应该起什么样的作用？这就是我试图在书里回答的问题。过去十五年中所有的伤痛——失业、确定性的丧失、没有被报道的地方新闻——让都市新闻业有机会重新审视它们的旧日做法和信念。说到底，学者和专家不会决定数字新闻的进程。但本地记者、编辑、基金会负责人、黑客、监管者和媒体活动家们会。鉴于新闻业在过去十五年里历经的所有痛苦，浪费这一刻将是一种耻辱。

附　录

方　法

在我看来，我们现在处在新闻民族志研究的第二个黄金时代的起点。[1]近来出版的研究成果以及对不同新闻生产阶段的研究提供了一个令人高兴的证明，即在过去的十五年里，学者们正在积极应对新闻场域的实际变化所带来的挑战。[2]要理解因数字技术的出现和内容生产经济模式的改变而促成的新闻业转型有许多方法——内容分析，大规模数据采集和定量分析，问卷调查，社会网络分析和批判理论。民族志研究正在重新赢得在这个方法清单上的足以自豪的位置。

然而，具有讽刺意味的是，正当民族志研究重新成为研究新闻编辑室的一种首选方法时，这些新闻编辑室的墙壁——无论是实体意义上的还是文字意义上的——都在急剧变化。让新闻编辑室成为田野工作场所的同样的发展——跨界设施和信息流发挥的关键作用，业余博主和新兴新闻创业公司对传统记者带来的专业挑战，新闻经济模式的危机使得越来越多的新闻工作发生在正式组织之外——也让新闻编辑室成为充满问题的田野工作的场所。简单说,赫伯特·甘斯、盖伊·塔克曼等人笔下的经典"新闻编辑室"无法作为我们考察新闻田野的唯一模式,因为在这个新闻世界里,我们的调研对象们每天都在为新闻到底是什么而争论不休。[3]

我在这篇附录里建议采用的研究模型不仅可以把握大多数新闻编辑室田野工作观察到的有价值的东西,还可以打开新闻编辑室和我们的想象力,面对在新闻编辑室之外聚拢起来的更大的新闻"生态系统"。需要指出的是,我并不想暗示新闻编辑室在当代新闻生产中无所作为了。事实上,本书提供的是与之相反的结论:新闻编辑室的角色仍然是核心。但是,我们不能再把它的首要位置视为理所当然。传统的、机构化的新闻编辑部的地位必须不断地被问题化。下面,我从两重意义上尝试提出"网络"方法论,以便将传统新闻室问题化。首先,我要讨论我是如何在新闻领域使用菲利普·N·霍华德(Philip N. Howard)的"网络民族志"(network ethnography)概念,并用它来绘制新闻生态系统的。[4]其次,我讨论了行 168
动者网络理论如何在多个方面帮助我们在这个突然开阔了的传播空间里追踪新闻领域的"行动元"(actants)——报道,事实,链接,员工,技术,工作常规。最后,我将对本书的研究发现进行具体总结。

炸掉新闻编辑室:从新闻部门到新闻生态系统

尽管关于新闻编辑室内部新闻行为的微观研究是在

20世纪70年代末和80年代初发表的，但对新闻编辑部“社会控制”的研究早在20世纪50年代中期就开始了，这是从受所谓芝加哥学派影响的小规模的、在特定地点展开的主体互动的传播研究中发展而来的。[5]不同于大卫·曼宁·怀特(David Manning White)从心理学角度做的新闻把关研究，沃伦·布里德(Warren Breed)基于他对新闻编辑部的参与式观察，分析了新闻行为，并以社会学关于组织和职业的研究作为自己的理论前提。[6]怀特的分析最终是高度个人化的，甚至可能是非常个别的，但布里德在分析新闻编辑室时，把新闻和更大的政治和意识形态的力量联系起来。对布里德来说，决定新闻生产的力量来自新闻编辑室内部，更重要的是，在编辑部内部，各种决定新闻生产的力量自主涌现出来并发挥影响。芭比·泽利泽(Barbie Zelizer)指出："虽然(布里德的分析)发现新闻记者的奖惩和动机是指向他们的同事而不是读者，但它也指出记者只依据规范性行为行事，并且只存在于完全由新闻工作者所栖居的世界当中。"[7]布里德的理论焦点、原创性贡献和他的盲区，在20世纪70年代出版的大多数民族志研究中被多次重复。

今天，“民族志”一词常被用作各种定性方法的通用标签。但民族志最初指的是一种特定的参与式观察的具体实践，这是由人类学田野工作者们开创的，而且通常是在非西方地区进行的一段深度文化沉浸式观察。[8]“民族志学者会详细研究社会情景下发生的事情，”关于该方法的一个有用的在线指南如此说明，“民族志研究的一个核心方面是它对参与者的视角感兴趣。”[9]

泽利泽使用“新闻编辑室民族志”这一术语，与“定性田野工作”和“参与式观察”相对应，来描述由甘斯，塔克曼和马克·费什曼(Mark Fishman)在20世纪70年代后期开展的常人方法学研究。在将新闻研究的文献区分成社会学、历史、语言学、政治学和文化研究等分支之后，又将新闻的社会学研究细分为三个时期，第二个时期即以民族志研究为主，前一个时期是“作为社会学主体的新闻记者”，后一个时期是对新闻业的制度和意识形态分析。泽利泽指出，这些民族志学者对大都市的新闻编辑部进行了参与式观察，利用组织来检视那些决定新闻实践的关系，并都用“一个分析焦点——通常是新闻编辑室——为了鲜活地分析新闻编辑部中的实践而将其冻结固定下来。”[10]20世纪70年代后期的研究工作表明新闻常规在 169
决定新闻行为、消息来源与新闻记者的联系、意识形态的相关度以及新闻组织与政府部门各自的官僚制结构之间的紧密关系等方面的重要性。这些民族志研究给那些通常不涉及新闻生产实际流程的媒介理论提供了一个详致的、实证性的纠正。此外，通过将研究工作聚焦于新闻生产，民族志学者为在20世纪80年代和90年代盛行的媒介消费理论提供了一个替代性的早期理论基础。

西蒙·科特(Simon Cottle)也对新闻学研究中的“民族志时期”进行了一番概述，并指出了它的优势和不足。[11]他认为，民族志研究让原先不可见的可见，让那些非研究人员得以看到通常是隐蔽的、有专业壁垒的新闻生产世界。它“驳斥了外来干涉的问题”，纠正了对个人新闻生产背后动机的推测性的概括(通常几乎完全基于内容分析)。只要有可能,它就坚持要对经验数据进行交叉验证,这也让它有能力做出更大的理论声称。[12]"通过这种人类学方法……已得到关于新闻、新闻的信息实践和新闻文化本质的洞见,"科特写道,"参与者的观察,或许比大多数其他方法更注重反思性,对田野经验的偶然性持开放态度,因而在执行该方法和预测研究结果时不是严格线性的。"[13]

然而,随着我们扩大分析视角,在新闻生产研究中使用传统民族志方法的问题也越来越明显。1989年,迈克尔·夏德森(Michael Schudson)第一次用类型化的方式将对新闻行为的微观研究整合到新闻生产社会学的标准路径时出现了一个特殊的困难。夏德森认为,有四种不同的方法可以解释新闻是如何生产的:政治的、经济的、社会—组织的和文化的。新闻编辑室民族志似乎应归属于社会—组织的研究路径——尽管有趣的是这一表述从来没有出现在夏德森这篇重要文章的任何一个版本中。事实上,夏德森认为,学者们最关心的是信源和记者的关系。换句话说,他们关注的是如何采集新闻而不是编辑和记者的关系。[14]如何用新闻编辑室民族志方法分析"信源"(指外部的,显然是非记者的行动者,他们主要通过记者采访笔记这一象征性脐带与"新闻编辑室"连接在一起),这一问题已经引起了人们对更深层次问题的关注。既然新闻是一种"被制造出来的物品",那么人们就可以在这一制造过程中分析非组织内因素的位置。信源是否就相当于炼钢厂的铁矿?记者—信源的关系如何被嵌入实体的新闻编辑室?具有讽刺意味的是,大多数早期媒体社会学家因为强调新闻的这种“被制作”的本性，往往会减少对制作过程中所涉及的原材料的关注，而把注意力放在制作过程本身。[15]

也许更重要的是，科特已经注意到，新闻内容的数字化和“穿透性传播环境”的快速创建意味着新闻生产不再发生在单个的中心节点上。相反，它“已经越来越分散到多个节点和不同的平台上，而且处于全世界不同地区的记者都可以对新闻生产有所贡献。这显然给今天的民族志研究者带来了挑战”。但是在回应上述观点时，科特认为新闻生产一直是一个网络化的活动，“这意味着有信息来源要加入进来，与竞争的同行们有互利关系，而且如果新闻来自不同新闻媒体的话，还需要监看更广泛的信息流。”[16]科特认为，要解决数字化所带来的问题，一个很显然的方案就是采用多点民族志（multisite ethnography）。接下来，我将回到这种多点民族志的概念，并讨论这种方法所带来的后勤方面的困难。

泽利泽总结了关于新闻生产研究中的民族志取向的学术共识：

> 这些民族志研究让特定的——现在看来——过度使用的关乎新闻实践的思考框架就位。也许没有什么地方能比“新闻编辑室”这一新闻实践隐喻持续的重要性更能说明问题的了。它之所以被广泛采用，主要是因为研究者都把新闻编辑室作为更大的新闻图景的替代品。虽然强调新闻编辑室作为一个研究场景，

> 对民族志研究者来说是有意义的,但它已经就此被泛化,远远超过它与新闻制作的相关性。很少有新闻组织(如果还有的话)会同样依赖早前几十年那种“典型的”新闻编辑室来运作,而且新闻决策是在更加多样化的场景下做出的——实地、网络或电话交流、社交活动、发布会——都不应该被排除在外。然而,赋予特定场景以超越其他场景的优势地位,则会窄化经验证据的范畴。[17]

换句话说,随着新闻制作的去中心化,探索“工作中”记者行为的传统方法越来越成问题。这不是说关注记者如何工作在方法论上没有意义,而是说,新闻工作发生在哪里,这本身就成了一个困难的问题。如果新闻工作过去就是这样,那么现在因为互联网和各种数字技术,使得(后)现代工作空间加倍扁平化和分散化了。为了克服这些困难,霍华德认为传统的民族志研究和社会网络分析可以结合起来,用一种网络民族志的方法来分析在线的“实践社群”[18]。霍华德做的是关于电子政治社区的研究,但是可以采纳他的方法来研究新闻生产的新形态。

民族志分析长久以来一直是传播研究方法的一部分,社会—网络分析则不然。社会—网络分析“是定位和测量人、团体、组织、动物、计算机或其他信息/知识处理实体之关系及流动的研究方法。网络中的节点是人和团体,而连接则指节点之间的关系或流动。(社会—网络分析)提供对人际关系的视觉分析和数学分析”[19]。社会—

网络分析不关心传统社会学关注的那些自我定义的、紧密结合的群体，而是聚焦于连接——节点的“中心性”、网络的外围、“桥接”“簇”和“连接者”等。经常可以看到，不同的网络节点之间的最强的关系会跨越明显不同的群体之间的边界，例如，霍华德关于电子政治社区的研究显示，在政治顾问和开源技术活动家之间就出现了一种强 171
联系，如果只关注这一个群体或那一个群体的话，那这种连接关系就很有可能被忽视。

不过霍华德也同时批评了社会-网络研究的“无根”特性。几乎没有研究者会把社会—网络分析作为他采用的唯一方法论工具，这种方法相当不系统的后续访谈或问卷调查，不像民族志研究那样可以提供描述关键节点的那种深入丰富的经验性细节。出于这个原因，霍华德主张采用“网络民族志”来分析新的超媒体组织。网络民族志采用民族志的田野工作方法分析通过社会—网络分析法选择的田野现场。霍华德写道：“通过社会—网络分析进行比较之后，对有意选取的多个点和感兴趣的次级群组样本进行扩展的沉浸式观察或深度访谈。”[20]

霍华德总结道，在进行网络民族志研究时，“田野地点”的意义得到了拓展；研究者获得了处理样本偏差的新工具；原本的民族志工作可以增强社会—网络分析的建构能力，然后“循环往复”指导下一步的民族志研究。虽然霍华德的方法可能需要进行一些调整，才能更好地应用于 21 世纪的网络化新闻编辑室——因为它们仍旧在地理空间里汇聚而许多别的超媒体组织不是这样——但他的研究对研究地方新闻社区的新闻工作提供了一系列初步但有益的指导。

可视化新兴的新闻生态系统

在《重建新闻》中,我的目标是弄明白新闻生产常规、新闻组织的结构和新闻权威在经济危机和数字化新闻采集技术的影响下发生了什么样的变化。这三个相当不同的研究兴趣结合在对新闻工作的现状和对确认新闻身份的日常新闻实践的考察中。为了调查这些问题,我最主要的研究方法是民族志。本书总结的研究成果基于我在费城的长期参与式观察。我在费城做了三年定性的新闻研究,并在 2008 年 3—8 月进行了广泛的民族志沉浸式观察。在那段时间里,我对记者、编辑、活动人士、博主和媒体高管等进行了 60 多次半结构式访谈,还进行了超过 300 小时的参与式观察。在这段沉浸式研究之后,我还从 2008 年秋到 2010 年进行了后续研究和二次现场回访。然后依照“扎根理论”的一般模式对访谈和民族志笔记进行了人工编码。先根据早期观察的情况决定初始范畴,接着在几轮补充的田野工作和编码之后又进行了修正。

《重建新闻》与更早的新闻社会学研究的一个主要不同是,《重建新闻》是第一次对整个地方新闻生态系统进行的深入的民族志研究,而不是研究一些关键性的通常也是传统的大规模新闻机构。对新闻业的文化、经济和技术挑战既是外部的,也是机构内部的,我很早就明白我不能仅仅研究《费城问询者报》或 Philly.com。我想研究
172 的是整个新闻系统——刚开始研究时,我称之为费城博

客圈，现在我用“费城新闻生态系统”这个说法。在研究费城新闻生态系统（而不是研究其中的新闻机构）的过程中，一个重要的方面是我在方法上采用了网络民族志。换句话说，我用定量的社会—网络的定位来帮助我在一开始弄清楚我的研究边界——不过这些边界也具有足够的可渗透性，这一点可以通过采用更传统的民族志分析方式加以补充。

我在制定对费城新闻业的网络民族志分析方案时采用的一个关键步骤就是建立了费城在线媒体圈的社会网络地图，这些地图利用了 IssueCrawler 和 Morningside Analytics 编制的数据。Morningside Analytics 的方法是“利用社会网络分析……发现关注集群——指或大或小的社区，它们分享知识并将注意力集中在特定的信息和意见来源上”[21]。IssueCrawler 则是总部在阿姆斯特丹的基金会 Govcom 旗下的一个项目，该基金会“致力于……绘制网络上的议题网络”。IssueCrawler 是一个网络位置应用软件，它由一个爬虫程序、一个共同链接分析引擎和三个可视化模块组成。[22]它是一个服务器端的软件，可以抓取指定站点，捕捉指定站点的外链，对外链进行共链分析，返回密集的相互关联的网络，并用圆形、集群和地图把它们可视化地呈现出来。[23]这两个渠道提供的费城博客圈地图给了我线索，让我得以确认地方新闻网络的“中心节点”“外围”“桥”“簇”和“连接者”，这是我用的霍华德使用的概念。[24]这些地图让我对应该研究哪些编辑室、应该去访谈哪些博客主等问题，有了非常初步的第一印象。

要注意的是,这些网络地图仅仅是我研究的起点,并只起到笼统的指导作用。为了避免因过度依赖社会—网络分析而导致研究出现图示化和结构化的问题,我希望自己不仅要关注费城媒体生态系统中的行动者和机构,也要关注这些行动者是如何相互连接并在这个生态系统中构成一个相互关联的网络的。在这方面,我转向了第二个“网络理论”——一个更加侧重于行动和集群而不是结构性定位的理论。

作为集群的新闻业,或重建新闻的意义

本书的方法论框架也和一个基本的理论观点相交:在组织、制度和规范层面的新闻工作通常可以被认为是“集群工作”[25]。换句话说,新闻业可以被设想和描绘为持续的网络化新闻的过程。把新闻作为集群的观念对我的研究方法有指导意义,我用这个观念来组织叙事和全书的宏观架构。它还从概念上把本书与其他研究新闻的路径区分开来,包括组织路径和场域路径,这两者都是研究新闻生产的主流框架之一。最终,在本文所采用的这个框架下,不论是好是坏,新闻都被看成网络化的,其中就隐含着对于新闻业应该对民主发挥什么作用的规范性判断。在新闻研究中,集群的视角才刚刚开始在实际应
173 用的理论框架中占据一席之地——这部分程度上是因为过去 20 年里在科学和技术研究中的非凡成就。在科学和技术研究中,我在这里所采用的集群理论也被称作“行动者网络理论”。

行动者网络理论可以说是20世纪80年代兴起的科学社会学领域内的一场颠覆运动。布鲁诺·拉图尔(Bruno Latour)、迈克尔·卡伦(Michael Callon)和约翰·劳(John Law)提出了一些值得关注的观点。第一,行动者网络理论认为社会范畴(科学、新闻或其他)不应被看作顽固不变的宏观社会结构,相反,它们应被视为各种网络临时性的装配。在这一理论视角下,新闻业与其被看作一个既成品,不如将其看成一个持续的装配过程。第二,行动者网络理论激进地强调人类和非人类在形成这些社会集群的过程中的异质性,行动者网络理论最著名的特点可能就是它所提出的"物有能动性"(objects have agency)的论断。借鉴这一观点,本书将所有的社会和技术的物件都视为潜在的新闻物件。最后,行动者网络理论认为,"社会稳定性"的达成必须被视为一个"黑箱化"的过程,是"将人类的和非人类的行动者编织成相对稳定的网络节点",或者说'黑箱'"[26]。正如劳对科学的观点:

> "(科学)知识"体现在各种物质形式中。但是它来自哪里?行动者网络理论的回答是,它是许多艰苦工作的最终产物,许多本想各自脱逃的异构的零碎物件——如试管、试剂、生物有机体、熟练的手、扫描电子显微镜、辐射监测器、其他科学家、论文、计算机终端以及其他所有东西——被并置在一起,形成一个模式化的网络,克服这些东西的抵制。简单说,它关乎物,但也

关乎如何组织和有序化这些物。

把劳关于科学的结论修改一下，我们就可以看到本书是如何将集群理论应用于新闻的：

> 因此，这是对新闻的行动者—网络诊断：它是一个“异构工程学”的过程，其中来自社会、技术、观念和文本的点点滴滴都被组装到一起，并如此转换（或“翻译”）成一套同样异质的新闻产品。[27]

集群和行动者网络理论在非科学领域的应用越来越多地体现在政治传播和媒介社会学。在两个很有创造力的研究成果中，丹尼尔·克里斯（Daniel Kreiss）和拉斯姆斯·克莱尔·尼尔森（Rasmus Kleis Nielsen）分析了当代政治运动的机制，他们将其视为一种在“网络化社会关系”和“庸常工具”的作用下的社会—技术装置。[28]安德鲁·查德威克（Andrew Chadwick）则将这些观点拓展到他对政治信息系统的分析中。[29]新闻研究者也开始使用行动者网络方法来分析记者和新闻技术在日常工作常规中构建新闻事实和新闻行动者的方式。艾玛·海明威（Emma Hemmingway）具有开创性的民族志研究分析了在 BBC 的一个地方新闻编辑部里的视频新闻生产过程，这项研究不仅把行动者网络视作理论资源，而且将其作
174
为方法论上的指导。[30]大卫·多明戈（David Domingo）、艾米·施密兹·韦斯（Amy Schmitz Weiss）、巴勃罗·博

茨科夫斯基(Pablo Boczkowski)和弗雷德·特纳(Fred Turner)同样在对新闻生产的分析中采用了集群导向的理论路径,尽管他们的方法和侧重点都有所不同。[31]我的研究建立在这些早期学术成果的基础上,同时进一步强化了新闻学在方法论、组织层面和规范层面上对集群理论的应用。

新闻作为集群的观念指导了本书的方法论,因为它鼓励对费城的新闻业进行生态系统层面的分析。换句话说,因为《重建新闻》很看重跨机构的新闻组装过程,也因为这本书的写作过程正好是新闻领域的实际结构变得非常不确定的一个阶段,本书的分析视角超越了像《费城问询者报》和《费城每日新闻报》这样长期存在的稳定新闻机构的工作实践和新闻生产。本书还详细介绍了在都市新闻网络中处于邻近位置的博客、激进"公民媒体"组织、本地基金会和其他参与者的机构历史和工作实践。本书分析了这些异质的组织是如何在一起工作的(或者在这一点上是如何失败的),是如何扩散不同的创新模式,以及如何在费城"把新闻网络化"的。生态系统分析研究的是不同的人和群体是如何跨越更大的地方新闻网络的边界进行互动的。把新闻业理解成集群,还让我们能深入理解本书触及的一些主要概念——新闻物件、新闻网络和新闻工作。劳把所有社会生产(包括新闻业)都看成一个异质但又模式化的由物件组成的网络。这一点在格雷厄姆·哈曼(Graham Harman)对于行动者网络理论扁平化本体论的描述中可以得到印证:

> 世界是由行动者或行动元(我也将之称为“物件”)组成的。原子和分子是行动元,孩子、雨滴、子弹头列车、政客和罗马数字,亦如是。所有的实体都处在完全相同的本体基础之上。一个原子并不会比德意志银行或1976年冬季奥运会更真实,即便前者很有可能比后者存续的时间更长。[32]

本书所说的新闻物件,指的是物质性的东西——文件,链接,网站,博客,采访,读者指标报告,报道,推文,脸书页面和新闻组织——这些都可能被整合到更大的集群当中。新闻工作指的就是这种组装(或者无法组装)特定新闻物件的过程。当然,新闻物件、新闻工作和新闻网络这些概念都不是新的。数十年来,新闻民族志学者们一直在讨论新闻工作的艰难,尽管他们没有使用“行动元”和“集群”这两个词,但是场域理论者和新闻制度主义者们对不同新闻组织之间的关系和结构提出了值得关注的见解。因此,我在本书中并不是要发展一种全新的理论,用以提出针对新闻过程的闻所未闻的观点,我对集群概念的运用显示了在一定程度上对经验的强调,以及对与政治传播、科学和技术研究、组织理论等其他理论中类似重点的强调。

行动者网络理论与组织理论——关于机构如何发展、成功和失败——之间的联系,是我在本书中对集群理论的第三种用法。通过借鉴保罗·迪马乔(Paul DiMaggio)和沃尔特·鲍威尔(Walter Powell)的新制度主义,

以及拉图尔、卡伦和劳等人用的概念，[33]本书着眼于行动 175
者如何组装每日新闻，以及他们如何组建新闻机构。这便是本书对新闻工作的讨论（在第二部分）和对新闻机构建立的工作的讨论（第三部分）之间的关联。我的一个论点是，组装新闻和组建能生产新闻的新闻组织这两者之间没有区别——至少最初是如此。当然，实际上还是存在实质性差异的，但这些差异不应该被视作分析的起点，因为无论是组装新闻还是组建新闻机构，这两个过程的基本驱动力都是将各式各样的、通常也是顽固的人类和非人类的物质编织在一起的力量。而且这两个过程也都高度依赖于行动者网络理论家们所说的定点化（punctualization）或黑箱化（black boxing）。这些定点化——“网络包，常规，这些在异质性网络的建构过程中，或多或少是被视为理所当然的”[34]——也适用于新闻常规，以及在不同地方新闻机构之间的明确的管理协议。

最后，在这个更大的“网络化新闻”的框架内，新闻可能会网络化得很好，也可能会连接得很糟，这样的判断隐含着新闻应该在民主的公共生活中发挥什么作用的规范性论断。这里关键的一点在于：本书提供的经验证据表明，在记者的想象中，他们不仅通过特定的方式组装新闻，而且通过对新闻的组装，他们也在组装公众。这一新闻业的文化想象，换句话说，在很大程度上依赖于报道行为本身构建和展现的特定公众愿景。简而言之，新闻业将事物公之于众，并可以用一种内部的职业话语讲述其何以如此。但在过去的十五年里，这种职业的自我概念被打破了。作为一个致力于服务公众的职业，新闻业如何处理这种破坏,则是本书的主要叙述线之一。

关于本研究

作为总结,我将更详细地阐述一下上述理论和方法在实际研究中是如何被应用的。本项目在一开始就提出的三个问题是:

——新闻工作是如何变化的?

——新闻合作是如何变化的?

——新闻权威是如何被重新想象的?

这些问题始终引导着这里采用的研究方法。

从 2000 到 2010 年,我采用参与式观察和全面参与的混合方式在全国各种独立媒体进行调研,特别是纽约的独立媒体。我在 2001 年至 2008 年间与纽约城市独立媒体中心建立了密切的关系,这让我对媒体生态系统如何变化,公民如何能够(或者不能)参与到新闻流程中来,以及在思考 21 世纪的新闻时,认真考虑大量的机构行动者这一点有多么重要等问题产生了一种非常初步的感
176 受。但与此同时,因为我想研究地方性的都市新闻,而在我看来纽约市是进行此类研究的一个特别糟糕的地方。当然,纽约有一些世界上最好的报纸,但是地方性和全球性新闻的界限在这个世界媒体之都很难划清。我发现费城却是一个令人惊叹的关于 21 世纪初新闻实践如何变化的更具代表性的例子,而且因为我在纽约独立媒体中心的复杂身份,也给我对它的学术研究带来了一些问题。

于是到了 2005 年我就开始接触费城的独立媒体制

作人和记者，特别是那些与 IMC 有关的人。我与独立媒体中心的关系让我联系到一些前独立媒体中心的志愿者，他们已经开始其他类型的新闻工作了，我还联系到了不同的城市博主。在研究早期，可能我最重要的联系人就是费城未来的卡尔·马蒂诺和 WHYY 的苏珊·菲利普斯（Susan Philips），后者原先是 IMC 的志愿者。2006 年春天，我的研究工作出现了重大突破，当时我被邀请去参加本书第五章讨论过的诺格斯会议。在那里我得以联系上几乎所有的关键人物，而且见到了许多费城最重要的新闻行动者。也是在 2006 年 3 月，我获得了温迪·沃伦和《费城每日新闻报》的初步许可，得以观察《费城每日新闻报》的编辑室。

大约在这个时候，我开始在民族志分析中带入生态系统取向，并与 Morningside Analytics 的约翰·凯利（John Kelly）合作，构建费城媒体生态系统网络图。绘制这张图时，我有意采用兼收并包的方式追踪整个媒体系统的新闻行动者。当我后来终于在 2008 年春季和夏季来到费城新闻编辑部时，这张图起了莫大的作用。这张费城新闻业的量化图有助于我建构在传统新闻编辑室之外的研究框架，但是如果没有更加定性的滚雪球抽样方法，那也将毫无价值。此外，在 2006 年到 2008 年间，温迪·沃伦从《费城每日新闻报》调到了 Philly.com 工作，这也给了我一个额外的民族志入场机会。

如上所述，我在费城编辑部内外花的研究时间产生了超过 300 小时的参与式观察和 60 多次访谈。从 2008 年秋到 2011 年冬，我进行了一些后续访问，回到我曾经的田野工作场所去观察一些重要实践,同时也对那里发生(或没有发生)的变化保持密切关注。再后来,我已能够在各种公共和私人场合向我的信息提供者们阐述我的研究发现了,这种交叉验证(或三角校验)使我对费城的新闻业变化和停滞状况产生了更精微的理解。最后,我大量使用了互联网档案(Internet Archive,www.archive.org)上的"回溯机器"(wayback machine)来获取我所研究的各种数字组织的历史信息。在所有的案例中,有关历史部分的研究我都通过与创办人和关键参与者的访谈来加以补充。

虽然本研究无法推论所有情况(可推论性并不是民族志研究的终极目标),但我希望本书独特的方法论和对生态系统的聚焦已经发现了足够有趣的材料,并提出了足够有趣的问题,期待本书的研究结果可以对其他做类似研究的采用定量和定性方法的研究者们有所激发。很显然,数字新闻业的转型才刚刚开始,只有进一步的研究才能帮助我们窥察到新新闻生态系统的轮廓。

注　释

导论

[1]Dennis Roddy, "Police, Protesters Battle in the Streets," *Pittsburgh Post-Gazette*, August 2, 2000.

[2]Norgs Working Group, "The Norgs Unconference Statement of Principles,"*Norgs— the New News Organization Wiki*, May 9, 2007, available at http://norgs.pbwiki.com/The +Norgs+Unconference+Statement+Of+Principles.

[3]William Densmore, Media Giraffe Teleconference, University of Massachusetts, Amherst, 2006, available at www.mediagiraffe.org/wiki/index.php/Mgp2006-video (accessed January 11, 2010).

[4]Joey Sweeney, "Breaking: Worst Monday Ever at Broad and Whatever as Philly Newspapers File Chapter 11," Philebrity, February 22, 2009, available at http://www .philebrity.com/2009/02/22/breaking-worst-monday-ever-at-broad-whatever (accessed February 10, 2009).

[5]Christopher Wink, "BarCamp NewsInnovation 2.0: My Take Aways and Experience," May 5, 2010, available at http://christopherwink. com/2010/05/05/barcamp-news innovation-2-0-

my-take-aways-and-experience (accessed May 5, 2010).

[6]Jan Schaffer, "Exploring a Networked Journalism Collaborative in Philadelphia," JLab.org, April 2010, available at http://www.j-lab.org/publications/philadelphia_media _project (accessed April 11, 2010).

[7]Philip N. Howard, "Network Ethnography and the Hypermedia Organization: New Media, New Organizations, New Methods,"*New Media and Society* 4, no. 4 (2002): 550.

[8]Graham Harman, "The Importance of Bruno Latour for Philosophy,"*Cultural Studies Review* 13, no. 1 (2007): 33. In linking the notion of assemblage with actor- network theory, I primarily refer to the idea that both social and natural objects are onto- logically flat compounds that cannot be reduced to either their "larger" or causal compo- nents. As Harman makes clear, in most others respects the assemblage theory of DeLanda and the actor-network theory of Brumo Latour, Michel Callon, and John Law are actually quite different.

[9]对于"集群"一词在社会科学研究中的新近运用,参见 Rasmus Kleis Nielsen, *Ground Wars: Personalized Communication in Political Campaigns* (Princeton, NJ: Princeton University Press, 2012); Daniel Kreiss, *Taking Our Country Back: The Crafting of Networked Politics from Howard Dean to Barack Obama* (New York: Oxford University Press, 2012).

[10]Herbert J. Gans,*Deciding What's News: A Study of CBS Evening News, NBC Nightly News, Newsweek and Time* (Chicago: Northwestern University Press, 2004), 84.

[11]Joseph Turow, "Audience Construction and Culture Production: Marketing Sur- veillance in the Digital Age,"*Annals of the American Academy of Political and Social Sci- ence*597, no.

1 (2005): 103-121.

第一章

[1]Mark Bowden, "Sources Say: Journalism's Future Is in Global Dialogue,"Pop Matters website, June 19, 2007, available at http://www. popmatters. com/pm/post/journalisms-future-is-in-global-dialogue.

[2]Phyllis Kaniss, *Making Local News* (Chicago: University of Chicago Press, 1991), 13.

[3]关于互联网的早期历史及其与网络社会崛起的关联,参见 For a history of the early Internet and its relationship to the rise of the "network society," see Manuel Castells, *The Rise of the Network Society* (New York: Black- well, 2000).

[4]Benjamin Hill, "Software (,) Politics and Indymedia," March 11, 2003, available at http://mako.cc/writing/mute-indymedia_software.html.

[5]Joey Sweeney, "Philly Internet History Week," Philebrity, September 1, 2008, available at http://www.philebrity.com/category/philly-internet-history-week.

[6]卓越新闻项目,见"The State of the News Media 2008", Journalism.org, 2008, available at http://www.stateofthenewsmedia.org/2008.

[7]Janice Castro, "Last Rites for a Proud Paper,"*Time*, February 8, 1982, available at http://www.time.com/time/magazine/article/0,9171,953344-2,00.html.

[8]John Morton, "Forty Years of Death in the Afternoon," *American Journalism Review*, November 1991, available at http://www.ajr.org/article.asp? id=73.

[9] Michael Shapiro, "Looking for Light,"*Columbia Journal-*

ism Review Online, April 2006, available at http://cjrarchives.org/issues/2006/2/shapiro.asp.

[10]作者对《费城问询者报》全国版编辑的访谈,2008 年 7 月 17 日。

[11]Felicity Barringer, "Philadelphia Inquirer Editor Is Forced Out," *New York Times*, November 7, 2001, sec.C.

[12]William Glaberson, "Another City Faces Cuts at Its Papers," *New York Times*, November 6, 2008, available at http://query.nytimes.com/gst/fullpage.html? res=9B06E4D81739F935A35752C1A963958260.

[13]Jennifer Musser-Metz, "Case Study: Design Evolution," paper presented at the International Digital Media Arts Conference, Philadelphia, November 7, 2007.

[14]作者对詹妮弗·穆瑟·梅茨的访谈,2008 年 6 月 15 日。

[15]同上。

[16]同上。

[17]Steve Outing, "Philadelphia Online Goes on a Home Page Diet," *Editor and Publisher*, June 26, 1998, available at http://www. allbusiness. com/services/business-services-miscellaneous-business/4670478-1.html.

[18]同上。

[19] Steve Outing, "Philadelphia Online Goes on a Home Page Diet.

[20] Bowden, "Sources Say."

[21]同上。

[22]作者对 Philly.com 工作人员的访谈,2008 年 6 月 15 日。

[23]"KR Launches Philly. com Site," *News and Tech.com*, May 1999, available at http:// www. newsandtech. com/issues/1999/05-99/ot/05-99_phillycom.htm.

[24]Mel Taylor, "Personal History: I Used to Love Her (the Radio, That Is), But I Had to Kill Her (with the Internet)," Philebrity, August 26, 2008, available at http://www .philebrity.com/2008/08/26/personal-history-i-used-to-love-her-the-radio-that-is-but -i-had-to-kill-her-with-the-internet.

[25]Janelle Brown, "Local Explosion," *Salon*, October 25, 1999, available at http:// www.salon.com/tech/view/1999/10/25/dan_finnigan.

[26]"Knight Ridder Site Gains Another News Provider," *Editor and Publisher*, September 1, 2000, available at http://www.allbusiness.com/services/business-services -miscellaneous-business/4677474-1.html.

[27]Rajiv Pant, "About PhillyFinder," available at http://www.rajiv.com/work/com/ phillyfinder/toc.htm.

[28]作者对 Philly.com 程序员的访谈,2008 年 6 月 15 日。

[29]作者对穆瑟・梅茨的访谈。

[30]同上。

[31]田野笔记。2008 年 6 月。

[32]作者对穆瑟・梅茨的访谈。

[33]同上。

[34]作者对 Philly.com 设计者的访谈,2008 年 6 月 15 日。

[35]Derek, "Un-Real Cities," This Is Blandiose.org, April 12, 2002, available at http://www.blandiose.org/2002/04/12/un-real-cities.

[36]Steve Outing, "Knight Ridder Digital Cedes Some Control," *Editor and Publisher*, July 17, 2002, available at http://www.allbusiness.com/services/business-services-miscellaneous-business/4693261-1.html.

[37]作者对詹妮弗・穆瑟・梅茨的访谈,2008 年 6 月 15 日。

[38]作者对 Philly.com 工作人员的访谈,2008 年 6 月 15 日。

[39]作者对睿域营销公司负责人的访谈,2008 年 5 月 30 日。

[40]同上。

[41]同上。

[42]"The New Philly.com," May 11, 2008, available at http://www.philly.com/philly/hp/news_update/The_New_Philly-com.html.

[43]作者对主持网站重新设计工作的 Philly.com 前执行官的访谈,2008 年 6 月 4 日。

[44]作者对 Philly.com 工作人员的访谈,2008 年 6 月 15 日。

[45] Kevin G. Barnhurst and John Nerone, *The Form of News: A History* (New York: Guilford, 2001).

第二章

[1] Axel Bruns, "Gatewatching, Gatecrashing: Futures for Tactical News Media," in*Gatewatching: Collaborative Online News Production*, Digital Formations (New York: Peter Lang, 2005).

[2]Gal Beckerman, "Inside the Indymedia Collective, Passion versus Pragmatism," *Columbia Journalism Review* 5 (2003), available at http://www.cjr.org/issues/2003/5/ anarchy-beckerman.asp; Dorothy Kidd, "The Independent Media Center: A New Model," *Media Development* 50, no. 4 (2003): 7-10; Victor W. Pickard, "United Yet Autonomous: Indymedia and the Struggle to Sustain a Radical Democratic Network," *Media, Culture, and Society* 28, no. 3 (2006): 315; Sara Platon and Mark Deuze, "Indymedia Journalism: A Radical Way of Making, Selecting and Sharing News?" *Journalism* 4, no. 3 (2003): 336.

[3] Indybay, "Indymedia and Indybay History," May 11,

2005, available at http://www .indybay.org/newsitems/2005/03/11/17262451.php; emphasis added.

[4]Tom Regan, "News You Can Use from the Little Guys," *Christian Science Monitor*, December 9, 1999, available at http://docs.indymedia.org/view/Global/CsmArticle.

[5]Lynn Owens and L. Kendall Palmer, "Making the News: Anarchist Counter-Public Relations on the World Wide Web," *Critical Studies in Media Communication* 20, no. 4 (2003): 335-361.

[6]Grassroots Media Network, "Homeless People's Network: GMC Organizers Up- date: Progress in Austin," letter, October 20, 1999, available at http://hpn.asu.edu/archives/ Oct99/0185.html (emphasis added).

[7]Gene Hyde, "Independent Media Centers: Cyber-Subversion and the Alternative Press," First Monday website, March 25, 2002, available at http://firstmonday.org/issues/ issue7_4/hyde/index.html.

[8]Matthew Arnison, "A Guide to the Active Software," Active: Stuff for Social Change website, July 2000, available at http://web. archive. org/web/20000816125945/http:// active. org. au/doc.

[9] Gabriella Coleman, "Indymedia's Independence: From Activist Media to Free Software" (English version of "Los Temps d'Indymedia"), *Multitudes* 21 (May 2005): 41-48.

[10]Naomi Klein, *Fences and Windows: Dispatches from the Front Lines of the Globalization Debate* (New York: Picador, 2002).

[11]Miguel Bocanegra, "Indymedia: Precursors and Birth," in *We Are Everywhere: The Irresistible Rise of Global Anticapitalism*, ed. Notes from Nowhere (London: Verso 2003).

[12] Aaron Couch, "PhillyIMCHistory," Indymedia Documentation Project, January 14, 2005, available at http://docs.indymedia.org/view/Main/PhillyIMCHistory.

[13]Bruns, "Gatewatching, Gatecrashing."

[14]作者对西雅图组织者的访谈,2008 年 12 月 4 日。

[15]Couch, "PhillyIMCHistory."

[16]作者对 Philly.com 创办人卡尔·马蒂诺的访谈,2008 年 3 月 27 日。

[17] Karl Martino,"Site News,"*Philly Future—the Philadelphia Region Weblog* ,June11, 2000, available at http://web.archive. org/web/20001212202200/phillyfuture. editthispage. com/newsItems/viewDepartment $ Site+News.

[18] Ed Cone, "Karl Martino/Philly Future," Edcone. com, December 30, 2004, available at http://radio. weblogs. com/0107946/stories/2004/12/30/karlMartinophillyFuture.html.

[19] Martino, "Site News"; emphasis added.

[20] 对马蒂诺的访谈。

[21]Alexis Layton, Justin Scott, and Mariusz Zydyk, "What Is a Bulletin Board System?" in Whatis. com, 2005, available at http://searchcio-midmarket.techtarget.com/sDefi nition/0,,sid183_gci213807,00.html.

[22]Jen Oliver, "Fear, Loathing and Anal Sex ... on a Dial-Up: The Other Side of CPCN's First Philly Internet Community," *Philebrity*, August 29, 2008, available at http:// www.philebrity. com/2008/08/29/fear-loathing-and-anal-sex-on-a-dial-up-the-other-side -of-cpcns-first-philly-internet-community.

[23]Trishy Gdowik, "GrooveLingo: Philly's Premiere Local Music Proto-Blog,"*Philebrity*, August 27, 2008, available at http://www. philebrity. com/2008/08/27/groovelingo-phillys-pre-

miere-local-music-proto-blog.

[24]W.Caleb McDaniel,"Common-Place:Blogging in the Early Republic,"*Common-Place* 5, no. 4 (July 2005), available at http://www.historycooperative.org/journals/cp/vol-05/no-04/mcdaniel/index.shtml.

[25]Rebecca Blood, "Weblogs: A History and Perspective," *Rebecca's Pocket*, September 7, 2000, available at http://www.rebeccablood.net/essays/weblog_history.html; Jesse James Garrett, "The Page of Only Weblogs," jjg.net, April 10, 2002, available at http:// www.jjg.net/retired/portal/tpoowl.html.

[26]Susan C. Herring, Inna Kouper, John C. Paolillo, Lois Ann Scheidt, Michael Tyworth, Peter Welsch, Elijah Wright, and Ning Yu, "Conversations in the Blogosphere: An Analysis 'From the Bottom Up,'" in*Proceedings of the 38th Hawaii International Conference on System Sciences* (*HICSS*-38), ed. Hawaii International Conference on System Sciences (Los Alamitos, CA: IEEE Press, 2005).

[27]Blood, "Weblogs."

[28]Scott Rosenberg, *Say Everything: How Blogging Began, What It's Becoming, and Why It Matters* (New York: Crown, 2009).

[29] Scott Rosenberg, "Question about the History of Blogging" (via Wordyard contact form), letter, December 8, 2008.

[30] David Sifry, "State of the Blogosphere, April 2006, Part 1: On Blogosphere Growth," Sifry's Alerts website, April 17, 2006, available at http://www.sifry.com/alerts/archives/ 000432.html.

[31]作者对艾米·奎恩的访谈,2008 年 6 月 9 日。

[32]Joey Sweeney, "About Us,"*Philebrity*, December 4,

2004, available at http://web .archive.org/web/20041204072729/www.philebrity.com/about.html.

[33]田野笔记,2008 年 4 月。

[34]作者对博客 Beerleaguer 创办人的访谈,2008 年 6 月 23 日。

[35]作者对托尼·格林的访谈,2008 年 12 月 28 日。

[36]有证据表明,绝大多数博客都是个人性的,而不是政治性的。见 Amanda Lenhart and Susannah Fox, "Bloggers: A Portrait of the Internet's New Storytellers," Pew Internet and American Life Project, July 19, 2006, available at http://www.pewinternet.org/PPF/r/186/report_display.asp.

[37]对格林的访谈.

[38]Joseph Turow and LokmanTsui, *The Hyperlinked Society: Questioning Connections in the Digital Age* (Ann Arbor: University of Michigan Press, 2008).

[39]作者对万斯·莱姆库尔的访谈,2008 年 6 月 15 日。

[40]作者对《费城问询者报》技术生活部门负责人的访谈,2008 年 6 月 15 日。

[41]作者对丹·吉默的访谈。2008 年 6 月 2 日。

[42]Matthew Gold, "An Interview with Will Bunch of Attytood," Tattered Coat website, May 28, 2005, available at http://web.archive.org/web/20050314084956/http://tatteredcoat.com/.

[43]作者对 Philly.com 高级编辑的访谈,2008 年 6 月 15 日。

[44]独立媒体文档项目,见"Philly IMC Strategizing Session," *Indymedia Documentation Project*, available at https://docs.indymedia.org/Local/PhillyIMCmeeting Strat1.

[45]Stephen Lacy, Daniel Riffe, Esther Thorson, and Margaret Duffy, "PEJ Report on Citizen Journalism Sites," *PEJ State of the News Media Report*, 2008, available at http:// www.

stateofthemedia.org/files/2008/01/citizenmediafinal.pdf.

第三章

[1]与山姆·伍德的电子邮件通信,2008 年 6 月 16 日。

[2]田野笔记,2008 年 7 月 14 日。

[3]作者对朱莉·巴斯比的访谈,2008 年 6 月 26 日。

[4]作者对《费城每日新闻报》记者的访谈,2008 年 6 月 5 日。

[5]田野笔记,2008 年 7 月 17 日。

[6]Tom Fitzgerald, "Rendell Named Head of National Governors Association," Philly.com, July 14, 2008, available at http://www.philly.com/philly/news/breaking/ 25336124.html.

[7] Angela Couloumbis, "Director of Pa. Gaming Board Resigns,"Philly.com, May 29, 2008, available at http://www.philly.com/philly/news/breaking/19357249. html; Angela Couloumbis, interview by the author, July 15, 2008.

[8]田野笔记, 2008 年 7 月 15 日。

[9] 作者对《费城问询者报》记者的访谈,2008 年 7 月 14 日。

[10]田野笔记,2001 年 10 月—2008 年 8 月。

[11]同上。2008 年 7 月 16 日。

[12]同上。2008 年 7 月 16 日。.

[13]作者对鲍勃·莫兰的访谈,2008 年 7 月 16 日。

[14]同上。2008 年 7 月 16 日。

[15]同上。

[16]同上。2008 年 7 月 14 日。

[17]同上。2008 年 4 月 1 日—8 月 1 日。

[18]费城媒体股份公司破产后,Philly.com 在 2010 年又搬回了《费城问询者报》大楼。作者在本书第六章讨论了这一搬回行为的意味。见田野笔记,2008 年 6 月 23 日。

[19]田野笔记,2008 年 6 月 23 日。

[20]对莫兰的访谈。

[21]作者对《费城每日新闻报》记者的访谈。2008 年 7 月 17 日。

[22]Dee Dee Halleck, *The IMC: A New Model* (Walcot-upon-Avon: Hedonist Press, 2004), available at http://www.hedonistpress.com/indymedia/IMC.txt.

[23]与卡尔·马蒂诺的电邮通信,2008 年 3 月 27 日。

[24]作者对青年费城政治网站管理者的访谈,2008 年 7 月 9 日。

[25]田野笔记,2008 年 6 月 2 日。

[26]作者对艾米·奎恩的访谈,2008 年 7 月 9 日。

[27]作者对《费城每日新闻报》体育博主的访谈,2008 年 6 月 12 日。

[28]"Blog," *Wikipedia—the Free Encyclopedia*, available at http://en.wikipedia.org/wiki/Weblog.

[29] 田野笔记, 2008 年 6 月—7 月。

[30] 作者对丹·格罗斯的访谈,2008 年 6 月 3 日。

[31]同上。

[32]作者对《费城每日新闻报》编辑的访谈,2008 年 6 月 12 日。

[33]田野笔记,2008 年 6 月 19 日。

[34]同上。

[35]作者对记者的访谈。2008 年 6 月 11 日。

[36]作者对大卫·奥莱利的访谈,2008 年 6 月 11 日。

[37]作者对杰森·韦策尔的访谈,2008 年 7 月 24 日。

[38]作者对艾米·奎恩的访谈,2008 年 7 月 24 日。

[39]作者对威尔·邦奇的访谈,2008 年 6 月 30 日。

[40] 作者对杰森·韦策尔的访谈,2008 年 7 月 23 日。

[41]作者对艾德·巴克维茨的访谈,2008 年 6 月 14 日。

[42]Ed Barkowitz, "Rams Update," Bark's Bytes, November 30, 2002, available at http://web. archive. org/web/20021204205 005/http://www.pnionline.com/dnblog/eagles.

[43]同上。

[44]对巴克维茨的访谈。

[45]田野笔记,2008 年 4 月。

[46]对邦奇的访谈。

[47]对韦策尔的访谈(2008 年 7 月 23 日)。

第四章

[1]Pete Tridish, "Police Critics Arrested, Home Seized in Police Raid!" Independent Media Center of Philadelphia, June 13, 2008, available at http://www.phillyimc.org/en/ node/68912.

[2]Christina Dunbar-Hester, "Propagating Technology, Propagating Community? Low Power Radio Activism and Technological Negotiation in the U.S., 1996-2006" (Ph.D. diss., 2008).

[3]Hans Bennett, "PROPOSED FEATURE: Police Critics Arrested, Home Seized in Police Raid," message posted on Philadelphia Independent Media Center listserv, June 13, 2008.

[4]Tridish, "Police Critics Arrested."

[5]journalists4mumia, "Police Critics Arrested, Home Seized in Police Raid," Young Philly Politics, June 13, 2008, available at http://youngphillypolitics. com/police _ critics _ arrested _ home _ seized_police_raid.

[6]MrLuigi, "Can You Back Up the 'Community Meetings' a Little?" Young Philly Politics, June 13, 2008, available at http://youngphillypolitics.com/police_critics_arrested _home_seized_police_raid#comment-25948.

[7]journalists4mumia, "Good Point on Ramsey, but They

Can Still Be Better," Young Philly Politics, June 13, 2008, available at http://youngphillypolitics.com/police_critics_arrested_home_seized_police_raid#comment-25949;强调符号为作者所加。

[8]Dan U-A, "YPP Standards," Young Philly Politics, June 14, 2008, available at http://youngphillypolitics.com/police_critics_arrested_home_seized_police_raid #comment-25952.

[9] journalists4mumia,"There Is a Clear Source,"Young Philly Politics, June14,2008, available at http://youngphillypolitics.com/police_critics_arrested_home_seized_police_raid# comment-25957.

[10]Dan U-A, "Sure, You Can Stand Behind," Young Philly Politics website, June 14, 2008, available at http://youngphillypolitics.com/police_critics_arrested_home_seized _police_raid# comment-25958.

[11] jennifer, "So Wait," posted on journalists4mumia's blog, Young Philly Politics, June 14, 2008, available at http://youngphillypolitics.com/police_critics_arrested_home _seized_police_raid#comment-25961;强调符号为作者所加。

[12]Dan U-A, "Sure, You Can Stand Behind."

[13]作者对 YPP 负责人丹·乌瑞克·阿克尔斯伯的访谈,2008 年 7 月 9 日。

[14]作者对以赛亚·汤普森的访谈,2008 年 6 月 17 日。

[15]同上。

[16]Available at http://www.citypaper.net/blogs/clog.

[17]给"调查"一词加引号,来自博客 TheClog 的在线图片说明。

[18]Isaiah Thompson, "There's Something Fishy in Francisville," The Clog, June 14, 2008, available at http://www.citypaper.net/blogs/clog/2008/06/14/theres-something-fishy -in-francis-

ville.

[19]同上。

[20] 对汤普森的访谈。

[21]田野笔记,2008 年 6 月 18 日。

[22]同上,2008 年 6 月 17 日。

[23]Hannahjs, "Release: Homeowners Fighting Police Brutality Illegally Arrested, Never Charged," *Young Philly Politics*, June 16, 2008, available at http://youngphilly politics.com/release_homeowners_fighting_police_brutality_illegally_arrested_never_charged.

[24]作者对《费城每日新闻报》城市编辑的访谈,2008 年 6 月 17 日。

[25]同上。

[26]作者对加尔·约瑟夫的访谈,2008 年 6 月 19 日。

[27]同上。

[28]作者对大卫·戴维斯的访谈,2008 年 6 月 17 日。

[29]同上。

[30] 丹·鲁宾,"瑞吉大街 17 号的故事",见发给作者的邮件。2008 年 6 月 17 日。

[31]田野笔记,2008 年 6 月 24 日。

[32]同上。

[33]田野笔记,2008 年 6 月 17 日。

[34]Dave Davies, "The Cops Came, Searched and Left a Mess for Puzzled Homeowner," *Philadelphia Daily News*, June 17, 2008, available at http://www.philly.com/philly/ hp/news_update/20006679.html.

[35]Daniel Rubin, "Who Wrote 'Kill the Pigs' at 17th and Ridge?" Blinq, June 17, 2008, available at http://www.philly.com/philly/blogs/inq-blinq/20009829.html.

[36]Davies, “The Cops Came”; Rubin, “Who Wrote ‘Kill the Pigs’?”

[37]Rubin, “Who Wrote ‘Kill the Pigs’?”

[38]田野笔记,2008 年 5—8 月。

[39]作者对《费城每日新闻报》编辑的访谈,2008 年 6 月 17 日。

[40] Kia Gregory, “At City Hall Rally, Police Raid Is Questioned,” *Philadelphia Inquirer*, June 18, 2008, available at http://www.philly.com/philly/news/local/20250159.html.

[41]作者对基娅·格雷戈里的访谈,2008 年 7 月 14 日。

[42]“It Would Be Hilarious if It Weren't True: Philly Cops Mistake Hipsters for M. O. V. E.-esque Hate Group,” Philebrity.com, June 17, 2008, available at http://www .philebrity. com/2008/06/17/it-would-be-hilarious-if-it-werent-true-philly-cops-mistake -hipsters-for-move-esque-hate-group.

[43] D-Mac, “Cops Raid Dreamboat Terrorist's House,” Philadelphia Will Do, June 17, 2008, available at http://willdo.philadelphiaweekly.com/archives/2008/06/cops_raid_dream.html.

[44]Jeff Deeney, “Fear and Loathing in Francisville,” Phawker, June 17, 2008, available at http://www.phawker.com/2008/06/17/valley-of-shadow-fear-loathing-francisville.

[45]D-Mac, “Cops Raid Dreamboat Terrorist's House.”

[46]“It Would Be Hilarious if It Weren't True.”

[47]Will Bunch, “Moscow on the Schuylkill: Philly Cops Bust Activists . . . for What?”Attytood, June 17, 2008, available at http://www. philly. com/philly/blogs/attytood/Moscow _ on _ the _ Schuylkill_Cops_bust_anti-camera_activists.html.

[48]威尔·邦奇,回复邮件“瑞吉大道 17 号的故事”,给作者的电子邮件,2008 年 6 月 17 日。

[49] Deeney, "Fear and Loathing in Francisville."

[50]同上。

[51]同上。

[52]邦奇,回复邮件"瑞吉大道 17 号的故事"。

[53]Corey Doctorow, "Philly Cops Raids [*sic*] Activists Who Circulated Anti-CCTV Petition," Boing Boing, June 17, 2008, available at http://www.boingboing.net/2008/06/17/ philly-cops-raids-ac.html.

[54]邦奇, 回复邮件"瑞吉大道 17 号的故事"。

[55]帖子全文如下,"我不认为这个短语意味着第九区巡官丹尼斯·威尔逊所说的那个意思",Atrios(邓肯·布莱克),参见:Eschaton, June 17,2008, http://www.eschatonblog.com/2008_06_15_archive .html#4206074044172460609. Tom Marcinko, "Question Surveillance, Go to Jail," Futurismic, June 17, 2008, available at http://futurismic.com/2008/06/17/it-cant-happen-here-in -philadelphia-on-the-other-hand.

[56]Doctorow, "Philly Cops Raids Activists."

[57]"Boing Boing on Technorati," Technorati, 2007, available at http://technorati.com/ blogs/www.boingboing.net.

[58]作者对戴维斯的访谈,2008 年 6 月 17 日。

[59]同上。

[60]作者对《费城每日新闻报》编辑的访谈,2008 年 6 月 17 日。

[61]作者对吉尔·波特(笔名)的访谈,2008 年 6 月 20 日。

[62]田野笔记,2008 年 6 月 19 日。

[63]同上。

[64]同上。

[65]"Report: Top PC Articles_may29#94BC3," Philly.com, June 29, 2008.

[66]Will Bunch, "Alycia Tells Her Side—in Suit," *Philadelphia Daily News*, June 20, 2008, available at http://www.philly.com/philly/hp/news_update/20593889.html.

[67]对波特的访谈。

[68]Jeff Rousset and Jen Rock,"Philadelphia Activists Still Homeless after Arrests and Seizure of Home," Philadelphia IMC, June 22, 2008, available at http://www.phillyimc .org/en/node/69583.

[69]Philly Clout,"Clout:This Is How City Hall Treats Citizens with No Record,"June 27, 2007, available at http://www.philly.com/philly/hp/news_update/21930154.html.

[70]对格雷戈里的访谈。

第五章

[1]田野笔记,2008 年 6 月 2 日。

[2] Pablo J. Boczkowski, "When More Media Equals Less News: Patterns of Content Homogenization in Argentina's Leading Print and Online Newspapers,"*Political Com- munication*24, no. 2 (2007); Pablo J. Boczkowski, *News at Work: Imitation in an Age of Information Abundance* (Chicago: University of Chicago Press, 2011).

[3]作者对温迪·沃伦的访谈,2008 年 6 月 4 日。

[4]田野笔记,2008 年 6 月 3 日。

[5]Josh Braun, "Electronic Components and Human Interventions: Distributing Television News Online" (Ph.D. diss., Cornell University, Ithaca, NY, 2011).

[6]Jeff Jarvis, "Networked Journalism," BuzzMachine website, July 5, 2006, available at http://www. buzzmachine. com/2006/07/05/networked-journalism.

[7]Charlie Beckett, *Supermedia: Saving Journalism So It Can Save the World* (Hoboken, NJ: Wiley-Blackwell, 2008).

[8]Josh Stearns, "A Growing Inventory of Journalism Collaborations," Groundswell, April 22, 2010, available at http://stearns. wordpress. com/2010/04/22/indexing-journalism-collaboration.

[9]同上。

[10]同上。

[11]Braun, "Electronic Components and Human Interventions."

[12]同上。

[13]Fred Turner, "Actor-Networking the News," *Social Epistemology* 19, no. 4 (2005): 321-324; Fred Turner, *From Counterculture to Cyberculture: Stewart Brand, the Whole Earth Network, and the Rise of Digital Utopianism* (Chicago: University of Chicago Press, 2006), 12.

[14]作者对《费城每日新闻报》编辑的访谈,2008 年 6 月 10 日。

[15]Will Bunch, "The Philadelphia Experiment," Attytood, October 25, 2005, available at http://www. pnionline. com/dnblog/attytood/archives/002437.html.

[16]同上。

[17]同上。

[18]Jeff Jarvis, "Saving Journalism Isn't about Saving Jobs," BuzzMachine website, November 3, 2005, available at http://www.buzzmachine.com/2005/11/03/saving-journalism -isnt-about-saving-jobs.

[19]作者对卡尔·马蒂诺的访谈,2008 年 5 月 27 日。

[20] Susan Leigh Star and James R. Griesemer, "Institutional

Ecology, 'Translations' and Boundary Objects: Amateurs and Professionals in Berkeley's Museum of Vertebrate Zoology," 1907-39,"*Social Studies of Science* 19, no. 3 (1989): 393.

[21]Bruno Latour, "On Recalling ANT," in *Actor Network Theory and After*, ed. John Law and John Hassard (Malden, MA: Blackwell, 1999), 16.

[22] Karl Martino, "Saving Journalism Isn't about Saving Jobs," Philly Future, November 4, 2005, available at http://phillyfuture.org/node/1998.

[23]田野笔记,2006 年 3 月 26 日。

[24]William Densmore, "Media Giraffe Teleconference," University of Massachusetts, Amherst, 2006, available at http://www.mediagiraffe.org/wiki/index.php/Mgp2006 -video.

[25]作者对艾米·道尔顿的访谈,2008 年 3 月 9 日。

[26]Howard Hall, "After the Unconference," Smedley Log, March 25, 2006, available at http://www.thesmedleylog.com/archives/632.

[27]田野笔记,2006 年 3 月 26 日。

[28] Wendy Warren, "Norgs: What We Did Saturday," *Norgs: News Organizations and the Future—an Ongoing Conversation*, March 25, 2006, available at http://blogs.phillynews.com/dailynews/norg/archives/002988.html.

[29] Wendy Warren, "Norgs: Norgs Whiteboards,"*Norgs: News Organizations and the Future—an Ongoing Conversation*, March 25, 2006, available at http://blogs.phillynews.com/dailynews/norg/archives/002984.html.

[30]同上。

[31]Norgs Working Group, "The Norgs Unconference Statement of Principles,"*Norgs—the New News Organization Wiki*,

May 9, 2007, available at http://norgs.pbwiki.com/The+Norgs+Unconference+Statement+Of+Principles.

[32]Warren, "Norgs: What We Did Saturday."

[33]Densmore, "Media Giraffe Teleconference."

[34]Ibid.

[35]其他博客关于诺格斯非正式会议的帖文,参见 http://www .paradox1x.org, http://philadelphia.metblogs.com, http://www.attytood.com, http://my digimedia.com, http://blogs.philly.com/blinq, http://www.thesmedleylog.com, http:// dragonballyee.blogs.com, and http://indypendent.typepad.com.

[36]Will Bunch, "Re: A Thanksgiving Wish," November 11, 2008, available at http:// groups.yahoo.com/group/Norgs/message/1468.

[37]Wendy Warren, "Re: A Thanksgiving Wish," letter, November 28, 2008, available at http://groups.yahoo.com/group/Norgs/message/1469.

[38]Bruno Latour, *The Pasteurization of France* (Cambridge, MA: Harvard University Press, 1988); Turner, *From Counterculture to Cyberculture*.

[39]Daniel Mazone, Wendy Warren, and Fatima Nelson, "WHYY, the *Philadelphia Daily News*, and the Committee of Seventy Launch 'The Next Mayor Project,'" press release, December 5, 2005, in my possession.

[40]Art Howe, "He Didn't Have To," *Philadelphia City Paper*, December 9, 1999, available at http://www.citypaper.net/articles/120999/feat.slant.shtml.

[41]Mazone et al., "WHYY."

[42]Tanni Haas, "From 'Public Journalism' to the 'Public's Journalism'? Rhetoric and Reality in the Discourse on Weblogs,"

Journalism Studies 6, no. 3 (2005): 387-396; Jay Rosen, *What Are Journalists For?* (New Haven, CT: Yale University Press, 2001); Theodore L. Glasser, *The Idea of Public Journalism* (New York: Guilford, 1999).

[43]Alicia C. Shepard,"Yo! Read This!"*American Journalism Review* (November 2000), available at http://www.ajr.org/Article.asp? id=538.

[44]作者对温迪·沃伦的访谈,2009年1月14日。

[45]同上。

[46]同上。

[47]Wendy Warren, "If You Don't Vote, You've Lost Already," TheNextMayor.com, March 28, 2007, available at http://blogs.phillynews.com/dailynews/nextmayor/2007/03/if_you_dont_vote_youve_lost_al.html.

[48]Jeff Bundy, "The Next Mayor Project Announces Community Network," press release, 2007, available at www.whyy.org/about/pressroom/nm_network_release_000.doc.

[49]作者对温迪·沃伦的访谈,2009年1月18日。

[50]作者与费城IMC参加者的电邮通信,2005年5月1日。

[51]作者对沃伦的访谈,2009年1月18日。

[52]Jeff Bundy, "The Next Mayor Project and WHYY to Provide Unmatched Coverage of the Philadelphia Mayoral Primary," press release, 2007, available at http://www.whyy.org/about/pressroom/primaryelection.doc.

[53]作者对温迪·沃伦的访谈,2009年1月18日。

[54]Dave, "What Makes a Weblog a Weblog?" Weblogs at Harvard Law website, May 23, 2003, available at http://blogs.law.harvard.edu/whatmakesaweblogaweblog.html; Jay Rosen, "Jay Rosen of NYU on the Ethic of the Link," YouTube, April 8,

2008, available at http://www. youtube. com/watch? v = RIMB9Kx18hw; Jeff Jarvis, "The Ethic of the Link Layer on News," BuzzMachine website, June 2, 2008, available at http://www. buzz machine. com/2008/06/02/the-ethic-of-the-link-layer-on-news.

[55]Joseph Turow and Lokman Tsui, *The Hyperlinked Society: Questioning Connections in the Digital Age* (Ann Arbor: University of Michigan Press, 2008).

[56]Madeleine Akrich, "The De-scription of Technical Objects," in *Shaping Technology/Building Society: Studies in Sociotechnical Change*, ed. Wiebe E. Bijker and John Law (Boston: MIT Press, 1992), 205-224.

[57]作者对温迪·沃伦的访谈,2008 年 6 月 4 日。

[58]Ed Cone, "Karl Martino/Philly Future." Edcone. com, December 30, 2004, available at http://radio. weblogs. com/0107946/stories/2004/12/30/karlMartinophillyFuture .html.

[59] "Introduction to RSS," WebReference.com, 2005, available at http://www.web reference.com/authoring/languages/xml/rss/intro.

[60] Karl Martino, "Philly Future: It's Alive!" February 1, 2004, available at http://paradox1x. org/2004/02/philly-future-i; emphasis added.

[61]作者对卡尔·马蒂诺的访谈,2008 年 8 月 3 日。

[62]Cone, "Karl Martino/Philly Future."

[63]Aaron Couch, interview by the author, May 8, 2008; Amy L. Dalton, interview, May 30, 2008.

[64]作者对费城 IMC 组织者的访谈,2008 年 5 月 30 日。

[65]"Philly IMC Strategizing Session," Indymedia Documentation Project, available at https://docs. indymedia. org/Local/

PhillyIMCmeetingStrat1.

[66]作者对费城 IMC 志愿者的访谈,2008 年 6 月 5 日。

[67]"Philly IMC Strategizing Session."

[68]Bob Hanke, "For a Political Economy of Indymedia Practice," *Canadian Journal of Communication* 30, no. 1 (2005), available at http://www.cjc-online.ca/index.php/journal/article/view/1479/1595.

[69]作者对费城 IMC 前志愿者的访谈,2008 年 5 月 8 日。

[70] "Philly IMC Strategizing Session."

[71]作者对费城 IMC 组织者的访谈,2008 年 6 月 5 日。

[72]Herbert J. Gans, *Deciding What's News: A Study of CBS Evening News, NBC Nightly News, Newsweek and Time* (Chicago: Northwestern University Press, 1979).

[73]Dean Starkman, "The Hamster Wheel," *Columbia Journalism Review* 49, no. 3 (September-October 2010), available at http://www.cjr.org/cover_story/the_hamster_wheel.php?page=all.

[74]作者对卡尔·马蒂诺的访谈,2008 年 10 月 12 日。

[75]Available at http://newsworks.org.

[76] Megan Garber, "Journal Register Company Joins with Outside.in for a Hyperlocal News/Ad Portal in Philadelphia," Nieman Journalism Lab, Harvard University, available at http://www.niemanlab.org/2010/09/journal-register-company-joins-with-outside-in-for-a-hyperlocal-newsad-portal-in-philadelphia.

第六章

[1]Andrew Abbott, *The System of Professions: An Essay on the Division of Expert Labor* (Chicago: University of Chicago Press, 1989).

[2]D. Lucas Graves, "The Affordances of Blogging: A Case Study in Culture and Technological Effects," *Journal of Communication Inquiry* 31, no. 4 (2007): 331.

[3]作者对睿域营销(Avenue A Razorfish)公司顾问的访谈,2008 年 5 月 30 日。

[4]作者对 Philly.com 新闻编辑部管理者的访谈,2008 年 6 月 23 日。

[5]作者对克里斯·布伦南的访谈,2009 年 6 月 19 日。

[6]田野笔记,2008 年 6 月 26 日。

[7]作者对温迪·沃伦的访谈,2008 年 6 月 25 日。

[8]作者对《费城问询者报》记者的访谈,2008 年 6 月 11 日。

[9]作者对 Philly.com 制作人的访谈,2008 年 7 月 23 日。

[10]作者对 Philly.com 高管的访谈,2008 年 6 月 26 日。

[11]田野笔记,2008 年 6 月 25 日。

[12]同上,2008 年 6 月 23 日。

[13]作者对 Philly.com 网站制作人的访谈,2008 年 6 月 30 日。

[14]Phil MacGregor, "Tracking the Online Audience," *Journalism Studies* 8, no. 2 (2007): 287.

[15]田野笔记,2008 年 7 月 2 日。

[16]同上,2009 年 7 月 9 日。

[17]同上,2009 年 7 月 22 日。

[18]作者对尤尼·格林鲍姆的访谈,2008 年 7 月 12 日。

[19] Brett Neilson and Ned Rossiter, "From Precarity to Precariousness and Back Again: Labour, Life and Unstable Networks," *Fibreculture Journal*, no. 5 (September 2005), available at http://journal.fibreculture.org/issue5/neilson_rossiter.htm.

[20] David Hesmondhalgh and Sarah Baker, "Creative Work and Emotional Labour in the Television Industry," *Theory, Cul-*

ture, *and Society* 25, nos. 7-8 (December 2008): 97-118.

[21]田野笔记,2008 年 4 月。

[22]田野笔记,2008 年 5 月—8 月。

[23]作者对《费城每日新闻报》记者的访谈,2008 年 6 月 3 日。

[24]田野笔记,2008 年 6 月 10 日。

[25]Mark Potts, "Bubble, Bubble, Toil and Trouble," Recovering Journalist website, June 17, 2008, available at http://recoveringjournalist.typepad.com/recovering_journalist/ 2008/06/bubble-bubble-toil-and-trouble.html; "Philly the First to Fall?" Newspaper Biz website, June 6, 2008, available at http://www.newspaperbiz.com/2008/06/philly-first-to -fall.html.

[26]"Papers Name a Manager to Look into Consolidation," *Philadelphia Inquirer*, July 9, 2008, available at http://www.philly.com/philly/business/20080709_Papers_name _a_manager_to_look_into_consolidation.html.

[27]Daniel McQuade, "Inquirer Wackiness Continues," Philadelphia Will Do (blog), July 2, 2008, available at http://willdo.philadelphiaweekly.com/archives/2008/07/inquirer _wackin.html.

[28] Steve Volk, "*Inquirer*, *Daily News* to Shed More Staff," *Philly Mag*, August 25, 2008, available at http://www.phillymag. com/news/2008/08/25/inquirer-daily-news-to-shed -more-staff.

[29]作者对山姆·伍德的访谈,2008 年 7 月 14 日。

[30]作者对克里斯·布伦南的访谈,2008 年 6 月 19 日。

[31]Marcelo Duran, "Philly.com Gears Up for Local Content Dominance," *International Journal of Newspaper Technology*7 (2008), available at http://www.newsandtech .com/issues/2008/July/ot/07-08_websiteprofile-philly.htm.

[32]田野笔记,2008 年 7 月 10 日。

[33]同上，2008 年 5 月—8 月。

[34]作者对报业工会成员的访谈，2008 年 6 月 5 日。我要指出，Philly.com 的员工在 2010 年秋天，也就是 Philly.com 搬回《费城问询者报》办公楼时组织起来了。

[35]田野笔记，2008 年 6 月 4 日。

[36]同上。

[37]Will Bunch, "Disconnected," *American Journalism Review*, September 2008, available at http://www.ajr.org/Article.asp? id=4584.

[38]作者对 Philly.com 资深网站制作人的访谈，2008 年 6 月 25 日。

[39]作者对《费城问询者报》记者的访谈，2008 年 7 月 17 日。

[40]田野笔记，2008 年 5 月—8 月。

[41]同上，2008 年 7 月 18 日。

[42]同上，2008 年 7 月 15 日。

[43]作者对《费城每日新闻报》专栏作家的访谈，2008 年 6 月 4 日。

[44]田野笔记，2008 年 5 月—8 月。

[45]作者对《费城每日新闻报》记者兼博主的访谈，2008 年 6 月 19 日。

[46]田野笔记，2008 年 4 月 23 日。

[47]同上，2008 年 7 月 10 日。

[48]作者对费城 IMC 志愿者的访谈，2008 年 5 月 9 日。

[49]同上，2008 年 5 月 15 日。

[50] Bruce Arnold, "Blogging: Statistics and Demographics," Carlson Analytics website, 2007, available at http://www.caslon.com.au/weblogprofile1.htm.

[51]作者对丹·乌瑞克·阿克尔斯伯格的访谈，2008 年 7 月 9 日。

[52]Yochai Benkler, "Coase's Penguin, or, Linux and the Nature of the Firm,"*Yale Law Journal* 112 (2002): 369.

[53]作者对卡尔・马蒂诺的电邮访谈,2008 年 8 月 5 日。

[54]田野笔记,2008 年 7 月 17 日。

[55]作者对《费城每日新闻报》记者的电邮访谈,2008 年 8 月 15 日。

[56]Herbert J. Gans, *Deciding What's News: A Study of CBS Evening News, NBC Nightly News, Newsweek and Time* (Chicago: Northwestern University Press, 1979); Robert Darnton, "Writing News and Telling Stories," *Daedalus* 104, no. 2 (1975): 175-194.

[57]Dean Starkman, "The Hamster Wheel,"*Columbia Journalism Review* 49, no. 3 (September-October 2010), available at http://www.cjr.org/cover_story/the_hamster_wheel .php? page=all.

[58]作者对尤尼・格林鲍姆的访谈,2008 年 6 月 23 日。

[59]作者对《费城每日新闻报》记者的访谈,2008 年 7 月 14 日。

[60]田野笔记,2008 年 6 月 23 日。

[61]Benkler, "Coase's Penguin"; Clay Shirky, *Here Comes Everybody: The Power of Organizing without Organizations* (New York: Penguin, 2008).

[62]"Not that long ago, owning a metropolitan newspaper guaranteed a seat at the civic table, immediate respectability and, given that many papers were almost monopolies, a press practically capable of printing money":*New York Times*, June 15, 2009.

[63]David Folkenflik, "Major U. S. Newspapers Announce Staff Cuts,"*All Things Considered*, National Public Radio, September 21, 2005, available at http://www.npr.org/ templates/story/story.php? storyId=4857927; Jay Rosen, "A Prayer for the

Philly Papers," PressThink website, June 2, 2006, available at http://journalism. nyu. edu/pubzone/weblogs/pressthink/2006/06/02/pray_phl.html; Michael Shapiro, "Looking for Light," *Columbia Journalism Review Online*, April 2006, available at http://cjrarchives.org/issues/2006/2/shapiro.asp; field notes, May 2008-August 2008.

[64]Rosen, "A Prayer for the Philly Papers."

[65]Joe Strupp, "Guild Asks for Volunteers to Ease Sting of Philly Layoffs,"*Editor and Publisher*, January 3, 2007, available at http://www. editorandpublisher. com/eandp/article _ brief/eandp/1/1003527084.

[66]Will Bunch, "No Blood in Ants," Attytood, August 19, 2008, available at http:// www.philly.com/philly/blogs/attytood/No_blood_in_ants4.html? text=lg&month= &main =&year= &cat= &page=9&c=y.

[67]2006 年这些报纸的售出价格是 5.62 亿美元;4.12 亿是债务,到申请破产法第 11 条保护时,报纸债务仍有 3.9 亿美元。

[68]Chris Nolter, "Philly's Full Court Press," 2010, available at http://www. thedeal . com/magazine/ID/034427/features/philly-full-court-press.php.

[69]Susie Madrak, "*Philadelphia Daily News* Wins Pulitzer—and the Paper Gets Auctioned Off April 27," Crooks and Liars (blog), April 14, 2010, available at http://crooks andliars.com/susie-madrak/philadelphia-daily-news-wins-pulitzer.

[70]田野笔记,2011 年 1 月 21 日。

[71]Ken Doctor, "Smelling New Value in Old Philly Newspapers," Ken Doctor's Instablog, April 28, 2010, available at http://newsonomics.com/smelling-new-value-in-old -philly.

[72]Nolter, "Philly's Full Court Press."

[73]Martin Langeveld, "Who Owns Newspaper Companies? The Banks, Funds, and Investors and Their (Big) Slices of the Industry," Nieman Journalism Lab website, March 7, 2011, available http://www. niemanlab. org/2011/03/who-owns-newspaper-companies-the-banks-funds-and-investors-and-their-big-slices-of-the-industry.

[74]J-Lab, "2010 Enterprise Reporting Awards," available at http://www.j-lab. org/ about/press-releases/2010_enterprise_reporting_awards.

[75]C. W. Anderson. "A Critical Approach to Computational Journalism," *New Media and Society*, forthcoming.

[76] Seth Lewis, "From Journalism to Information: The Transformation of the Knight Foundation and News Innovation," *Mass Communication and Society* 15 (2012): 309-334.

[77]Clay Shirky, "News Papers and Thinking the Unthinkable," 2009, available at http://www. shirky. com/weblog/2009/03/newspapers-and-thinking-the-unthinkable.

[78].John Thornton, "Nonprofit News Outlets Will Be a Bigger Part of Our Future than Alan Mutter Thinks," 2010, available at http://www. niemanlab. org/2010/03/john-thornton-nonprofit-news-outlets-will-be-a-bigger-part-of-our-future-than-alan-mutter-thinks.

[79] 实际上,桑顿的这句话出自对此前新闻分析家艾伦·穆特一篇文章的回应。参见 Alan Mutter, "Non-Profits Can't Possibly Save the News," 2010, available at http://newsosaur. blogspot.com/2010/03/non-profits-cant-possibly-save-news.html.

[80] Lewis, "From Journalism to Information."

[81]尽管公共新闻运动的历史以及它与当下媒体改革努力的关系并不在本书涉及的范围,但采用制度分析框架比较"市民"和

“公民”新闻改革一定是很有意思的。

[82]Steve Volk, “Dead Air,”*Philadelphia Magazine*, October 2007, available at http:// www.phillymag.com/articles/dead_air.

[83]田野笔记,2011 年 1 月 18 日。

[84]同上。亦参见 Christopher Wink, “Newsworks: WHYY Online News Brand Launching Means a Lot to These Legacies,” ChristopherWink.com, November 11, 2010, available at http://christopherwink. com/2010/11/22/newsworks-whyy-online-news-brand-launching-means-a-lot-to-these-legacies; Bruce Schimmel, “Journalists Wanted,” *City Paper*, January 1, 2009, available at http://citypaper.net/articles/2009/01/01/journalists-needed.

[85]“新闻工作”网站实际上采用了一个系统,在这个系统里,一个内部链接马上会被再定位到外部合作者的网站上。用萨图洛的话说就是,这允许网站在与外部合作者共享流量的同时截取页面视图。

[86]作者对克里斯·萨图洛的访谈,2011 年 1 月 18 日。

[87]Available at http://www.j-lab.org/publications/philadelphia_media_project.

[88]Joshua Breitbart, “Toward a Healthy Media Ecosystem For Philadelphia.” New America Foundation blog, 2010, available online at http://mediapolicy. newamerica. net/ blogposts/2010/towards_a_healthy_media_ecosystem_for_philadelphia-32202.

[89] Greg Linch, quoted in Lauren Rabaino, “Notes from BCNI: Greg Linch on ‘Rethinking our Thinking,’” 2010, available online at http://laurenmichell.com.

[90] Jack Lail, “Where Journalism Gets Reinvented,” Jacklail.com, 2010, available at http://www.jacklail.com/2010/04/-a-group-of-what.html.

[91]作者对克里斯·温克的访谈,2011 年 2 月 8 日。

[92]同上。

[93]Jim MacMillan, "Greg Osberg: It's Going to Take a Couple of Years to Achieve This Miracle," Philadelphia Initiative for Journalistic Innovation website, 2010, available at http://phiji.org/2010/11/21/greg-osberg-its-going-to-take-a-couple-of-years-to-achieve -this-miracle.

[94]"Greg Osberg: "It's Going to Take a Couple of Years to Achieve This Miracle," Entrepreneurial Journalists of Philadelphia, 2010, available at http://diyphiladelphia. blog spot. com/2010/11/greg-osberg-its-going-to-take-couple-of.html.

[95]田野笔记,2011 年 1 月 21 日。

[96]Ken Doctor, "The Newsonomics of Do-Over," Nieman Journalism Lab website, 2010, available at http://www.niemanlab.org/2011/01/the-newsonomics-of-do-over.

[97]"Debunked: The Great Philadelphia Paywall Scare," Phawker, 2011, available at http://www.phawker.com/2011/01/05/reality-check-correcting-fact-errors-in-philebritys-reporting-on-philly-com-going-paywall.

结论

[1]Melanie Sill, "The Case for Open Journalism Now: A New Framework for Informing Communities," Annenberg Innovation Lab website, December 5, 2011, available at http://www.annenberginnovationlab.org/OpenJournalism.

[2]See, e.g., Yochai Benkler, "Coase's Penguin, or, Linux and the Nature of the Firm."*Yale Law Journal* 112 (2002): 369.

[3]Daniel Kreiss, *Taking Our Country Back: Political Consultants and the Crafting of Networked Politics from Howard*

Dean to Barack Obama (New York: Oxford University Press).

[4]这方面的其他研究工作,参见 David Stark, *The Sense of Dissonance:Accounts of Worth in Economic Life* (Princeton, NJ: Princeton University Press, 2010)。

[5]在前一章中,我显然应该感谢马克思·韦伯,他在《经济与社会》(伯克利:加州大学出版社,1978)一书中对理性的论述,给我提供了一套丰富的选择方案,而不是单纯对数字技术影响的交互分析。

[6]See esp. James W. Carey, "The Press and Public Discourse,"*Center Magazine* 20, no. 2, 1987, 5; Jay Rosen, *What Are Journalists For?* (New Haven, CT: Yale University Press, 2001); Theodore L. Glasser, *The Idea of Public Journalism* (New York: Guilford, 1999).

[7]Carey, "The Press and Public Discourse."

[8]Todd Gitlin, "Public Sphere or Public Sphericules?" in *Media, Ritual and Identity*, ed. Tamar Liebes, James Curran, and Elihu Katz (London: Routledge, 1998), 168-174; Nancy Fraser, "Rethinking the Public Sphere: A Contribution to the Critique of Actually Existing Democracy," *Social Text*, nos. 5-6 (1990): 56-80; NoortjeMarres, "Issues Spark a Public into Being," in *Making Things Public: Atmospheres of Democracy*, ed. Bruno Latour and Peter Weibel (Karlsruhe: MIT Press, 2005).

附录

[1]Simon Cottle, "Ethnography and News Production: New(s) Developments in the Field." *Sociology Compass* 1, no. 1 (2007): 1-16.

[2]Pablo J. Boczkowski, "When More Media Equals Less News: Patterns of Content Homogenization in Argentina's Leading

Print and Online Newspapers."*Political Communication* 24, no. 2 (2007): 167-180; David Domingo, "Interactivity in the Daily Routines of Online Newsrooms: Dealing with an Uncomfortable Myth," *Journal of Computer-Mediated Communication* 13, no. 3 (2008): 680-704; Emma Hemmingway, "PDP, the News Production Network and the Transformation of News," *Convergence* 11, no. 3 (2005): 8; Eric Klinenberg, "Convergence: News Production in a Digital Age," *Annals of the American Academy of Political and Social Science* 597, no. 1 (2005): 48.See also Seth C. Lewis, "From Journalism to Information: The Transformation of the Knight Foundation and News Innovation," *Mass Communication and Society* 15, no. 3 (2012): 309-334; Nikki Usher, "Making Business News" (Ph.D. diss., University of South- ern California, Los Angeles, 2011); Josh A. Braun, "Electronic Components and Human Interventions: Distributing Television News Online" (Ph.D. diss., Cornell University, Ithaca, NY, 2011).

[3]Edward J. Epstein, *News from Nowhere: Television and the News* (Chicago: I. R. Dee, 1973); Mark Fishman, *Manufacturing the News* (Austin: University of Texas Press, 1980); Herbert J. Gans, *Deciding What's News: A Study of CBS Evening News, NBC Nightly News, Newsweek and Time* (Chicago: Northwestern University Press, 1979); Gaye Tuchman, *Making News: A Study in the Construction of Reality* (New York: Free Press, 1979); Nina Eliasoph, "Routines and the Making of Oppositional News," in *Social Meanings of News: A Text-Reader*, ed. Dan Berkowitz (Thousand Oaks, CA: Sage, 1997): 230-254.

[4] Philip N. Howard "Network Ethnography and the Hypermedia Organization: New Media, New Organizations, New Methods,"*New Media and Society* 4, no. 4 (2002): 550.

[5]Warren Breed, “Social Control in the Newsroom: A Functional Analysis,”*Social Forces* 33 (1954): 326.

[6]同上。见 David Manning White, “The ‘Gate Keeper,’” in *Social Meanings of News: A Text-Reader*, ed. Dan Berkowitz (Thousand Oaks, CA: Sage, 1997), 63-71.

[7]Barbie Zelizer, *Taking Journalism Seriously: News and the Academy* (Thousand Oaks, CA: Sage, 2004), 54.

[8]Barbara Tedlock, “Ethnography and Ethnographic Representation,” in*Handbook of Qualitative Research*, 2d ed., ed. Norman K. Denzin and Yvonna S. Lincoln (Thousand Oaks, CA: Sage, 2003), 455-486.

[9] David Barton, “What Is Ethnography?”*Reflect Online Magazine*, vol. 1, October 2004, available at http://www.nrdc.org.uk/content.asp? CategoryID=607.

[10]Zelizer, *Taking Journalism Seriously*, 68.

[11]Cottle, “Ethnography and News Production.”

[12]同上,第 6—7 页。

[13]同上,第 7 页。

[14]Michael Schudson, “Four Approaches to the Sociology of News Production,” in *Mass Media and Society*, 5th ed., James Curran and Michael Gurevitch (London: Hodder Arnold, 2005), 183.

[15]同上。

[16]Cottle, “Ethnography and News Production,” 9.

[17]Zelizer, *Taking Journalism Seriously*, 68.

[18]Howard, “Network Ethnography.”

[19] Valdis Krebs, “Social Network Analysis,” Org. net, 2008, available at http://www.orgnet.com/sna.html.

[20] Howard, “Network Ethnography,” 560.

[21]John Kelly, "About Morningside Analytics," Morningside Analytics website, available at http://morningside-analytics.com/aboutus.php (accessed November 20, 2008).

[22]"About Govcom.org," Govcom.org, 2009, available at http://www.govcom.org/about_us.html.

[23]"IssueCrawler: Instructions of Use," Govcom.org, 2009, available at http://www.govcom.org/Issuecrawler_instructions.htm.

[24]Howard, "Network Ethnography," 570.

[25]Bruno Latour, *Reassembling the Social: An Introduction to Actor-Network Theory* (New York: Oxford University Press, 2007); Manuel DeLanda, *A New Philosophy of Society: Assemblage Theory and Social Complexity* (London: Continuum, 2006); Graham Harman, *Prince of Networks: Bruno Latour and Metaphysics* (Melbourne: Re:press, 2009).

[26]Geoffrey Bowker, "Actor Network Theory," in *Blackwell Encyclopedia of Sociology*, ed. George Ritzer (Malden, MA: Blackwell, 2007), available at http://www.blackwell reference.com/public/tocnode?id=g9781405124331_chunk_g97814051243317_ss1-9.

[27]John Law, "Notes on the Theory of the Actor-Network: Ordering, Strategy, and Heterogeneity," *Systemic Practice and Action Research* 5, no. 4 (1992): 381.

[28]Daniel Kreiss, *Taking Our Country Back: The Crafting of Networked Politics from Howard Dean to Barack Obama* (New York: Oxford University Press, 2012); Rasmus Kleis Nielsen, *Ground Wars: Personalized Communication in Political Campaigns* (Princeton, NJ: Princeton University Press, 2012).

[29] Andrew Chadwick, "The Political Information Cycle in a

Hybrid News System: The British Prime Minister and the 'Bullygate' Affair," *International Journal of Press/Politics* 16, no. 1 (2011): 3-29.

[30] Emma Hemmingway, *Into the Newsroom: Exploring the Digital Production of Regional Television News* (New York: Routledge, 2008).

[31]See Domingo, "Interactivity in the Daily Routines of Online Newsrooms"; Amy Schmitz Weiss and David Domingo, "Innovation Processes in Online Newsrooms as Actor-Networks and Communities of Practice," *New Media and Society* 12, no. 7 (2010): 1156-1171; Pablo J. Boczkowski, "The Processes of Adopting Multimedia and Interactivity in Three Online Newsrooms," *Journal of Communication* 54, no. 2 (2004): 197-213; Fred Turner, "Actor-Networking the News," Social Epistemology 19, no. 4 (2005): 321- 324.

[32]Harman, *Prince of Networks*, 14.

[33]Paul DiMaggio and Walter Powell, "The 'Iron Cage' Revisited: Institutional Isomorphism and Collective Rationality in Organizational Fields," *American Sociological Review* 48 (1983): 147-160.

[34]Law, "Notes on the Theory of the Actor-Network," 385.

参考资料

学术文章、书籍和博士论文

Abbott, Andrew D. *The System of Professions: An Essay on the Division of Expert Labor*. Chicago: University of Chicago Press, 1988.

Adorno, Theodor W., and Max Horkheimer. "The Culture Industry: Enlightenment as Mass Deception" (1944). In *Dialectic of Enlightenment*, trans. Edmund Jephcott, 94-136. Stanford, CA: Stanford University Press, 2002.

Akrich, Madeleine. "The De-Scription of Technical Objects." In *Shaping Technology/ Building Society: Studies in Sociotechnical Change*, ed. Wiebe E. Bijker and John Law, 205-224. Boston: MIT Press, 1992.

Anderson, C. W. "A Critical Approach to Computational Journalism." *New Media and Society* (forthcoming); "Journalism: Expertise, Authority, and Power in Democratic Life." In *The Media and Social Theory*, ed. David Hesmondhalgh and Jason Toynbee, 248-264. London: Routledge, 2008.

Anderson, Rob, Robert Dardenne, and George M. Killenberg. *The Conversation of Journalism: Communication, Community, and News*. Santa Barbara, CA: Praeger, 1994.

Arnold, Bruce. "Blog Statistics and Demographics." Caslon Analytics website, 2007. Available at http://www.caslon.com.au/weblogprofile1.htm.

Banks, Mark. *The Politics of Cultural Work*. New York: Palgrave Macmillan, 2007. Barnhurst, Kevin G., and John Nerone. *The Form of News: A History*. New York: Guilford, 2001.

Barton, David. "What Is Ethnography?" *Reflect Online Magazine*, vol. 1, October 2004. Available at http://www.nrdc.org.uk/content.asp? CategoryID=607.

Beckerman, Gal. "Edging Away from Anarchy: Inside the Indymedia Collective, Passion versus Pragmatism." *Columbia Journalism Review* 5 (2003). Available at http://www .cjr.org/issues/2003/5/anarchy-beckerman.asp.

Beckett, Charlie. *Supermedia: Saving Journalism So It Can Save the World*. Hoboken, NJ: Wiley-Blackwell, 2008.

Benkler, Yochai. "Coase's Penguin, or, Linux and the Nature of the Firm." *Yale Law Journal* 112 (2002): 369-446; *The Wealth of Networks: How Social Production Transforms Markets and Freedom*. New Haven, CT: Yale University Press, 2006.

Benson, Rodney. "Commercialism and Critique: California's Alternative Weeklies." In *Contesting Media Power: Alternative Media in a Networked World*, ed. Nick Couldry and James Curran, 111-128. Oxford: Rowman and Littlefield, 2003.

Benson, Rodney, and Erik Neveu. "Bourdieu and the Journalistic Field." *Journal of Communication Inquiry* 30, no. 3 (2006): 276-279.

Bocanegra, Miguel. "Indymedia: Precursors and Birth." In *We Are Everywhere: The Irresistible Rise of Global Anticapitalism*, ed. Notes from Nowhere. London：Verso，2003.

Boczkowski，Pablo J.*Digitizing the News*：*Innovation in Online Newspapers*. Boston：MIT Press，2004；*News at Work*：*Imitation in an Age of Information Abundance* Chicago：University of Chicago Press，2011；"The Processes of Adopting Multimedia and Interactivity in Three Online Newsrooms."*Journal of Communication* 54，no. 2（2004）：197-213；"When More Media Equals Less News：Patterns of Content Homogenization in Argentina's Leading Print and Online Newspapers." *Political Communication* 24，no. 2（2007）：167-180.

Bourdieu，Pierre，and Priscilla P. Ferguson.*On Television and Journalism*. London：Pluto，1998.

Bowker，Geoffrey. "Actor-Network Theory." In*Blackwell Encyclopedia of Sociology*，ed. George Ritzer. London：Blackwell，2007.Available at http://www.blackwellreference.com/public/tocnode? id=g9781405124331_chunk_g97814051243317_ss1-9.

Braun，Josh A. "Electronic Components and Human Interventions：Distributing Television News Online." Ph.D. diss.，Cornell University，Ithaca，NY，2011.

Breed，Warren. "Social Control in the Newsroom：A Functional Analysis."*Social Forces* 33（1954）：326-335.

Brown，Janelle. "Local Explosion."*Salon*，October 25，1999. Available at http://www.salon .com/tech/view/1999/10/25/dan_finnigan.

Bruns，Axel. "Gatewatching，Gatecrashing：Futures for Tactical News Media." In *Gate-watching*：*Collaborative Online News Production*.New York：Peter Lang，2005.Bunch，Will. "Disconnected." *American Journalism Review*，September 2008.Available at http://www.ajr.org/Article.asp? id=4584.

Callon, Michel. *The Laws of the Markets*. Sociological Review Monograph no. 4. Malden, MA: Blackwell, 1998.

Carey, James W. *Communication as Culture: Essays on Media and Society*. New York: Routledge, 1989. "The Press and Public Discourse." *Center Magazine* 20, no. 2 (1987): 4-32. Cassidy, William P. "Online News Credibility: An Examination of the Perceptions of Newspaper Journalists." *Journal of Computer-Mediated Communication* 12, no. 2 (2007): 478-498.

Castells, Manuel. *The Rise of the Network Society*. New York: Blackwell, 2000.

Chadwick, Andrew. "The Political Information Cycle in a Hybrid News System: The British Prime Minister and the 'Bullygate' Affair." *International Journal of Press/Politics* 16, no. 1 (2011): 3-29.

Champagne, Patrick. "The 'Double Dependency': The Journalistic Field between Politics and Markets." In *Bourdieu and the Journalistic Field*, ed. Rodney Benson and Erik Neveu, 48-63. Cambridge, MA: Polity, 2005.

Coleman, Gabriella. "Indymedia's Independence: From Activist Media to Free Software" (English version of "Los Temps d'Indymedia"). *Multitudes* 21 (May 2005): 41-48. Cottle, Simon. "Ethnography and News Production: New(s) Developments in the Field." *Sociology Compass* 1, no. 1 (2007): 1-16.

Couldry, Nick. "Actor Network Theory and Media: Do They Connect and on What Terms?" 2004. Available at http://www.andredeak.com.br/pdf/Couldry_ActorNetworkTheoryMedia.pdf.

Darnton, Robert. "An Early Information Society: News and the Media in Eighteenth Century Paris." *American Historical Review* 105, no. 1 (2004): 1-35; "Writing News and Telling Stories."

*Daedalus*104, no. 2 (1975): 175-194.

DeLanda, Miguel.*A New Philosophy of Society: Assemblage Theory and Social Complexity*. London: Continuum, 2006.

Deuze, Mark.*Media Work*. Cambridge: Polity, 2007;"Understanding Journalism as Newswork: How It Changes, and How It Remains the Same," 2007. Available at http://www.wmin.ac.uk/mad/pdf/WPCC-Vol5-No2-Mark_Deuze.pdf.

Deuze, Mark, and Christina Dimoudi. "Online Journalists in the Netherlands: Towards a Profile of a New Profession."*Journalism* 3, no. 1 (2002): 85-100.

de Vries, Gerard. "Should We Send Collins and Latour to Dayton, Ohio?" Paper presented at the European Association for the Study of Science and Technology, 1995. Available at http://documents.stanford.edu/67/382.

Dewey, John.*The Public and Its Problems*. New York: Henry Holt, 1927.

DiMaggio, Paul, and Walter Powell. "The 'Iron Cage' Revisited: Institutional Isomorphism and Collective Rationality in Organizational Fields." *American Sociological Review* 48 (1983): 147-160.

Domingo, David. "Interactivity in the Daily Routines of Online Newsrooms: Dealing with an Uncomfortable Myth." *Journal of Computer-Mediated Communication* 13, no. 3 (2008): 680-704; "Inventing Online Journalism: Development of the Internet as a News Medium in Four Catalan Online Newsrooms." Ph.D. diss., UniversitatRovira I Virgili, Tarragona, Spain, 2006.

Domingo, David, Thorsten Quandt, Ari Heinonen, Steve Paulussen, Jane B. Singer, and Marina Vujnovic. "Participatory Journalism Practices in the Media and Beyond."*Journalism Prac-*

tice 2, no. 3 (2008): 326-342.

Dunbar-Hester, Christina. "Propagating Technology, Propagating Community? Low Power Radio Activism and Technological Negotiation in the U.S., 1996-2006." Ph.D. diss. Cornell University, Ithaca, NY, 2008.

Duran, Marcelo. "Philly. com Gears Up for Local Content Dominance." *International Journal of Newspaper Technology* 7 (2008). Available at http://www.newsandtech.com/issues/2008/July/ot/07-08_websiteprofile-philly.htm.

Eliasoph, Nina. "Routines and the Making of Oppositional News." In *Social Meanings of News: A Text-Reader*, ed. Dan Berkowitz, 230-254.Thousand Oaks, CA: Sage, 1997.

Epstein, Edward J. *News from Nowhere: Television and the News*. Chicago: I. R. Dee, 1973.

Farmer, James, and Anne Bartlett-Bragg. "Blogs @ Anywhere: High Fidelity Online Communication." *Balance, Fidelity, Mobility: Maintaining the Momentum*, ed. Halima Goss, 197-203. Sydney: Australasian Society for Computers in Learning in Tertiary Education, 2005.

Fishman, Mark. *Manufacturing the News*. Austin: University of Texas Press, 1980.

Florida, Richard. *The Rise of the Creative Class: And How It's Transforming Work, Leisure, Community and Everyday Life*. New York: Basic, 2002.

Fraser, Nancy. "Rethinking the Public Sphere: A Contribution to the Critique of Actually Existing Democracy." *Social Text*, nos. 5-6 (1990): 56-80.

Freidson, Eliot. *Profession of Medicine: A Study of the Sociology of Applied Knowledge*. Chicago: University of Chicago

Press, 1988.

Gans, Herbert J. *Deciding What's News: A Study of CBS Evening News, NBC Nightly News, Newsweek and Time*. Chicago: Northwestern University Press, 1979.

Gilbert, Clark G. "Unbundling the Structure of Inertia: Resource versus Routine Rigidity." *Academy of Management Journal* 48, no. 5 (2005): 741-763.

Gill, Kathy E. "Blogging, RSS, and the Information Landscape: A Look at Online News." In *WWW* 2005 *Workshop on the Weblogging Ecosystem*, 2005. Available at http:// www-idl.hpl.hp.com/blogworkshop2005/gill.pdf.

Gitlin, Todd. *Media Unlimited: How the Torrent of Images and Sounds Overwhelms Our Lives*. New York: Holt Paperbacks, 2002; "Public Sphere or Public Sphericules?" In *Media, Ritual and Identity*, ed. Tamar Liebes, James Curran, and Elihu Katz, 168-174. London: Routledge, 1998; *The Whole World Is Watching: Mass Media in the Making and Unmaking of the New Left*. Berkeley: University of California Press, 1980.

Glasser, Theodore L. *The Idea of Public Journalism*. New York: Guilford, 1999.

Graves, Lucas. "The Affordances of Blogging: A Case Study in Culture and Technological Effects." *Journal of Communication Inquiry* 31, no. 4 (2007): 331-346.

Haas, Tanni. "From 'Public Journalism' to the 'Public's Journalism'? Rhetoric and Reality in the Discourse on Weblogs." *Journalism Studies* 6, no. 3 (2005): 387-396.

Hall, Stuart. "Encoding/Decoding." In *Media and Cultural Studies: Keyworks*, ed. Meenakshi Gigi Durham and Douglas Kellner, 166-176. Malden, MA: Blackwell, 2001; "The Rediscovery of 'Ideology': Return of the Repressed in Media Studies." *Culture, Society and the Media*, ed. Michael Gurevitch, Tony Bennett, James Curran, and Janet Woolacott, 56-90. London: Methuen, 1982.

Halleck, Dee Dee. *The IMC: A New Model*. Walcot-upon-Avon: Hedonist Press, 2004. Available at http://www.hedonist-press.com/indymedia/IMC.txt.

Hallin, Daniel C., and Paolo Mancini. *Comparing Media Systems: Three Models of Media and Politics*. New York: Cambridge University Press, 2004.

Hanke, Bob. "For a Political Economy of Indymedia Practice." *Canadian Journal of Communication* 30, no. 1 (2005): 41-64.

Hardt, Michael, and Antonio Negri. *Multitude: War and Democracy in the Age of Empire*. New York: Penguin, 2004.

Harman, Graham. "The Importance of Bruno Latour for Philosophy." *Cultural Studies Review* 13, no. 1 (March 2007): 31-49; *Prince of Networks: Bruno Latour and Metaphysics*. Melbourne: Re:press, 2009.

Hemmingway, Emma. *Into the Newsroom: Exploring the Digital Production of Regional Television News*. New York: Routledge, 2008; "PDP, the News Production Network and the Transformation of News." *Convergence* 11, no. 3 (2005): 8-27.

Hermida, Alfred, and Neil Thurman. "Comments Please: How the British News Media Is Struggling with User-Generated Content." Paper presented at the Eighth International Symposium on Online Journalism, University of Texas, Austin, 2007. Available athttp://online.journalism.utexas.edu/2007/papers/Hermida.pdf.

Herring, Susan C., Inna Kouper, John C. Paolillo, Lois Ann

Scheidt, Michael Tyworth, Peter Welsch, Elijah Wright, and Ning Yu. "Conversations in the Blogosphere: An Analysis 'From the Bottom Up.'" In *Proceedings of the 38th Hawaii International Conference on System Sciences* (*HICSS*-38), ed. Hawaii International Conference on System Sciences, 1-11. Los Alamitos, CA: IEEE Press, 2005.

Herring, Susan C., Lois Ann Scheidt, Inna Kouper, and Elijah Wright. "A Longitudinal Content Analysis of Weblogs: 2003-2004." In*Blogging, Citizenship, and the Future of Media*, ed. Mark Tremayne, 3-20. New York: Routledge, 2007.

Hesmondhalgh, David, and Sarah Baker. "Creative Work and Emotional Labour in the Television Industry." *Theory, Culture, and Society* 25, nos. 7-8 (December 2008): 97-118.

Hine, Christine, and R. Shields.*Virtual Ethnography*. Thousand Oaks, CA: Sage, 2000. Howard, Philip N. "Network Ethnography and the Hypermedia Organization: New Media, New Organizations, New Methods." *New Media and Society* 4, no. 4 (2002): 550-574.

Howe, Art. "He Didn't Have To."*Philadelphia City Paper*, December 9, 1999. Available at http://www.citypaper.net/articles/120999/feat.slant.shtml.

Howkins, John. *The Creative Economy: How People Make Money from Ideas*. New York: Penguin, 2002.

Jones, Julie M., and ItaiHimelboim. "Just a Guy in Pajamas? Framing the Blogs: Emergence of the Blogosphere in Mainstream U.S. Newspaper Coverage (1999-2005)." Paper presented at the 58th Annual Convention of the Association for Education in Journalism and Mass Communication, San Francisco, August 9-13, 2007.

Kaniss, Phyllis. *Making Local News*. Chicago: University of Chicago Press, 1991.

Katz, Elihu. "Journalists as Scientists." *American Behavioral Scientist* 33, no. 2 (1989): 238-246.

Kidd, Dorothy. "The Independent Media Center: A New Model." *Media Development* 50, no. 4 (2003): 7-10.

Klein, Naomi. *Fences and Windows: Dispatches from the Front Lines of the Globalization Debate*. New York: Picador, 2002.

Klinenberg, Eric. "Convergence: News Production in a Digital Age." *Annals of the Ameri-can Academy of Political and Social Science* 597, no. 1 (2005): 48-65.

Kreiss, Daniel. *Taking Our Country Back: The Crafting of Networked Politics from Howard Dean to Barack Obama*. New York: Oxford University Press, 2012.

Lacy, Stephen, Daniel Riffe, Esther Thorson, and Margaret Duffy. "PEJ Report on Citizen Journalism Sites." *PEJ State of the News Media Report*, 2008. Available at http://www.stateofthe-media.org/files/2008/01/citizenmediafinal.pdf.

Larson, Margali S. *The Rise of Professionalism: A Sociological Analysis*. Berkeley: Univer- sity of California Press, 1997.

Latour, Bruno. "On Recalling ANT." In *Actor Network Theory and After*, ed. John Law and John Hassard, 15-25. Malden, MA: Blackwell, 1999; *The Pasteurization of France*. Cambridge, MA: Harvard University Press, 1998; *Reassembling the Social: An Introduction to Actor-Network Theory*. New York: Oxford University Press, 2005; *Science in Action*. London: Open University Press, 1987.

Law, John. "Notes on the Theory of the Actor-Network: Ordering, Strategy, and Heterogeneity."*Systemic Practice and Action Research* 5, no. 4 (1992): 379-393; "Traduction/Trahision: Notes on ANT," 2003. Available at http://cseweb. ucsd. edu/~goguen/courses/175/stslaw.html.

Lewis, Seth C. "From Journalism to Information: The Transformation of the Knight Foundation and News Innovation." *Mass Communication and Society* 15, no. 3 (2012): 309-334.

Lippmann, Walter. *Public Opinion*. Edison, NJ: Transaction, 1922.

Lowrey, Wilson. "Journalism and Blogging." *Journalism Practice* 2, no. 1 (2008): 64-81; "Mapping the Journalism-Blogging Relationship." *Journalism: Theory, Practice, and Criticism* 7, no. 4 (2006): 477-500.

Lowrey, Wilson, and William Anderson. "The Journalist behind the Curtain: Participatory Functions on the Internet and Their Impact on Perceptions of the Work of Journalism." *Journal of Computer-Mediated Communication* 10, no. 3 (2005). Available at http://jcmc.indiana.edu/vol10/issue3/lowrey.html.

MacDonald, Keith M. *The Sociology of the Professions*. New York: Sage, 1995. MacGregor, Phil. "Tracking the Online Audience." *Journalism Studies* 8, no. 2 (2007): 280-298.

Marres, Noortje. "Issues Spark a Public into Being." In *Making Things Public: Atmospheres of Democracy*, ed. Bruno Latour and Peter Weibel, 208-218. Karlsruhe: MIT Press, 2005.

McChesney, Robert. *The Political Economy of Media: Enduring Issues, Emerging Dilemmas*. New York: Monthly Review Press, 2008.

McDaniel, W. Caleb. "Common-Place: Blogging in the Early Republic."*Common-Place* 5, no. 4 (July 2005). Available at http://www. historycooperative. org/journals/cp/vol-05/no-04/mcdaniel/index.shtml.

McGill, Douglas. "Largemouth: A Citizen Journalism Syllabus." McGill Report website, 2007. Available at http://www.mcgillreport.org/largemouthsyllabus.htm.

McRobbie, Angela. "Clubs to Companies: Notes on the Decline of Political Culture in Speeded Up Creative Worlds."*Cultural Studies* 16, no. 4 (2002): 516-531.

Merritt, Davis. *Knightfall: Knight Ridder and How the Erosion of Newspaper Journalism Is Putting Democracy at Risk*. New York: AMACOM Books, 2005.

Morton, John. "Forty Years of Death in the Afternoon." *American Journalism Review*, November 1991. Available at http://www.ajr.org/article.asp? id=73.

Murley, Bryan, and Chris Roberts. "Biting the Hand That Feeds: Blogs and Second-Level Agenda Setting." Unpublished ms., Brigham Young University, 2005. Available at http://bryanmurley. com/site/wp-content/uploads/2007/01/Murley_Roberts12-05.pdf.

Musser-Metz, Jennifer. "Case Study: Design Evolution." Paper presented at the International Digital Media Arts Conference, Philadelphia, November 7, 2007.

Nardi, Bonnie A., Diane J. Schiano, and Michelle Gumbrecht. "Blogging as Social Activity, or, Would You Let 900 Million People Read Your Diary?"*Proceedings of the 2004 ACM Conference on Computer Supported Cooperative Work* 6, no. 3 (2004): 222-231.

Neilson, Brett, and Ned Rossiter. "From Precarity toPrecariousness and Back Again: Labour, Life and Unstable Networks." *Fibreculture Journal*, no. 5 (September 2005). Available at http://journal.fibreculture.org/issue5/neilson_rossiter.html.

Nerone, John, and Kevin G. Barnhurst. "U. S. Newspaper Types, the Newsroom, and the Division of Labor, 1750-2000." *Journalism Studies* 4, no. 4 (2003): 435-449.

Nielsen, Rasmus Kleis. *Ground Wars: Personalized Communication in Political Campaigns*. Princeton, NJ: Princeton University Press, 2012.

Niles, Robert. "Are Blogs a 'Parasitic' Medium?" *Online Journalism Review*, March 2, 2007. Available at http://www.ojr.org/ojr/stories/070301niles; "How to Report a News Story Online." *Online Journalism Review*, June 8, 2006. Available at http://www.ojr.org/ojr/wiki/reporting.

Noam, Eli. *Media Ownership and Concentration in America*. New York: Oxford University Press, 2007.

Nolter, Chris. "Philly's Full Court Press." *The Deal*, May 14, 2010. Available at http:// www. thedeal. com/magazine/ID/034427/features/philly-full-court-press.php.

Orita, Hiroharu. "What Are Incunabula?" In *Incunabula—Dawn of Western Printing*, online exhibition catalogue, National Diet Library, Tokyo, 2004. Available at http:// www.ndl.go.jp/incunabula/e/chapter1/chapter1_04.html.

Outing, Steve. "Knight Ridder Digital Cedes Some Control." *Editor and Publisher*, July 17, 2002. Available at http://www.editorandpublisher. com/PrintArticle/Knight-Ridder-Digital-Cedes-Some-Control; "Philadelphia Online Goes on a Home Page Diet." *Editor and Publisher*, June 26, 1998. Available at http://www.editorandpublisher. com/PrintArticle/Philadelphia-Online-Goes-on-a-Home-Page-Diet.; "Sophisticated Web Stats Give Editors Better Idea of Reader Interests." *Editor and Publisher*, July 26, 2005. Available at http://www. editorandpublisher. com/Article/ Sophisticated-

Web-Stats-Give-Editors-Better-Idea-of-Reader-Interests.

Owens, Lynn, and L. Kendall Palmer. "Making the News: Anarchist Counter-Public Relations on the World Wide Web."*Critical Studies in Media Communication* 20, no. 4 (2003): 335-361.

"Parting Thoughts: An Invitation."*Columbia Journalism Review Online*, July 17, 2008.Available at http://www.cjr.org/parting_thoughts/parting_thoughts_an_invitation_1 .php.

Paterson, Chris A., and David Domingo. *Making Online News: The Ethnography of New Media Production*. New York: Peter Lang, 2008.

Pickard, Victor W. "United Yet Autonomous: Indymedia and the Struggle to Sustain a Radical Democratic Network." *Media, Culture, and Society* 28, no. 3 (2006): 315-336.Pinch, Trevor J., and Richard Swedberg, eds. *Living in a Material World: Economic Sociology Meets Science and Technology Studies*. Boston: MIT Press, 2008.

Platon, Sara, and Mark Deuze. "Indymedia Journalism: A Radical Way of Making, Selecting and Sharing News?"*Journalism* 4, no. 3 (2003): 336-355.

Powell, Walter W. "The Capitalist Firm in the Twenty-First Century: Emerging Patterns." *The Twenty-First Century Firm: Changing Economic Organization in International Perspective*, ed. Paul DiMaggio, 33-68. Princeton, NJ: Princeton University Press, 2001.

Project for Excellence in Journalism. "The Changing Newsroom." Project for Excellence in Journalism website, Pew Research Center, July 21, 2008. Available at http://www .journalism.org/node/11961; "The State of the News Media 2006." Project for Excellence in Journalism website, Pew Research Center, 2006. Available at http://www.stateofthenewsmedia.org/2006; "The State of the News Media 2008." Project for Excellence in Journalism website, Pew Research Center, 2008. Available athttp://www.stateofthenewsmedia.org/2008.

Reese, Stephen D. "The Media Sociology of Herbert Gans: A Chicago Functionalist." Paper presented to the International Communication Association, Sydney, 1994.

Reese, Stephen D., Lou Rutigliano, Kideuk Hyun, and JaekwanJeong. "Mapping the Blogosphere: Professional and Citizen-Based Media in the Global News Arena." *Journalism: Theory, Practice, Criticism* 8, no. 3 (2007): 235-262.

Robinson, Susan. "The Mission of the J-Blog: Recapturing Journalistic Authority Online."*Journalism* 7, no. 1 (2006): 65-83.

Rosen, Jay. *What Are Journalists For*? New Haven, CT: Yale University Press, 2001.Rosenberg, Scott. *Say Everything: How Blogging Began, What It's Becoming, and Why It Matters*.New York: Crown, 2009.

Roth, Marci McCoy. "How Journalists See the Blogosphere." Unpublished manuscript, Annenberg School for Communication, University of Pennsylvania, December 2004. Available at http://www.glog.nl/wiki/upload/docs/how_journalists_see_the_blogosphere.pdf.

Ryan, Bill. *Making Capital from Culture: The Corporate Form of Capitalist Production*. Berlin: Walter de Gruyter, 1992.

Ryfe, David Michael. "Guest Editor's Introduction: New Institutionalism and the News."*Political Communication* 23, no. 2 (2006): 135-144.

Schudson, Michael. *Discovering the News*. New York: Basic Books, 1981; "Four Approaches to the Sociology of News." In

Mass Media and Society, 5th ed., James Curran and Michael Gurevitch.ed, 172-197.London: Hodder Arnold, 2005.

Schudson, Michael, and C. W. Anderson,. "Objectivity, Professionalism, and Truth Seeking." In *The Handbook of Journalism Studies*, ed. Karin Wahl-Jorgensen and Thomas Hanitzsch, 88-101.Mahwah, NJ: Lawrence Erlbaum, 2008.

Scott, Esther. "'Big Media' Meets the 'Bloggers': Coverage of Trent Lott's Remarks at Strom Thurmond's Birthday Party." Case study C14-04-1731.0, Kennedy School of Government, Harvard University, 2004.

Seidman, Steven, and Michael Gruber. "Capitalism and Individuation in the Sociology of Max Weber."*British Journal of Sociology* 28, no. 4 (1997): 498-508.

Seltzer, Kimberley, and Tom Bentley. *The Creative Age: Knowledge and Skills for the New Economy*. London: Demos, 1999.

Shapiro, Michael. "Looking for Light."*Columbia Journalism Review Online*, April 2006.Available at http://cjrarchives.org/issues/2006/2/shapiro.asp.

Shepard, Alicia C. "The Inquirer's Midlife Crisis."*American Journalism Review*, January-February 1995. Available at http://www.ajr.org/article.asp? id=1600; "Yo! Read This!"*American Journalism Review* (November 2000). Available at http://www.ajr.org/Article.asp? id=538.

Shirky, Clay.*Here Comes Everybody: The Power of Organizing without Organizations*. New York: Penguin, 2008.

Sill, Melanie. "The Case for Open Journalism Now: A New Framework for Informing Communities," Annenberg Innovation Lab website, December 5, 2011.Available at http://www.annenberginnovationlab.org/OpenJournalism.

Singer, Jane B. "The Political J-blogger: 'Normalizing' a New Media Form to Fit Old Norms and Practices." *Journalism* 6, no. 2 (2005): 173-198; "Strange Bedfellows? The Diffusion of Convergence in Four News Organizations." *Journalism Studies* 5, no. 1 (2004): 3-18.

Star, Susan Leigh, and James R. Griesemer. "Institutional Ecology, 'Translations' and Boundary Objects: Amateurs and Professionals in Berkeley's Museum of Vertebrate Zoology, 1907-39." *Social Studies of Science* 19, no. 3 (1989): 387-420.

Stark, David. "Ambiguous Assets for Uncertain Environments: Heterarchy in Postsocialist Firms." In *The Twenty-First Century Firm: Changing Economic Organization in International Perspective*, ed. Paul DiMaggio, 69-104. Princeton, NJ: Princeton University Press, 2001.

Starkman, Dean. "The Hamster Wheel." *Columbia Journalism Review* 49, no. 3 (September-October 2010). Available at http://www.cjr.org/cover_story/the_hamster_wheel.php ? page=all.

Starr, Paul. *The Social Transformation of American Medicine*. New York: Basic Books, 1982.

Tedlock, Barbara. "Ethnography and Ethnographic Representation." In *Handbook of Qualitative Research*, 2d ed., ed. Norman K. Denzin and Yvonna S. Lincoln, 455-486. Thousand Oaks, CA: Sage, 2003.

Tuchman, Gaye. *Making News: A Study in the Construction of Reality*. New York: Free Press, 1979; "Objectivity as Strategic Ritual: An Examination of Newsmen's Notions of Objectivity." *American Journal of Sociology* 77, no. 4 (1972): 660-679; "The Production of News." In *A Handbook of Media and Communica-*

tion Research: *Qualitative and Quantitative Methodologies*, ed. Klaus Bruhn Jensen, 78-90. New York: Routledge, 2003.

Turner, Fred. "Actor-Networking the News." *Social Epistemology* 19, no. 4 (2005): 321- 324; *From Counterculture to Cyberculture*: *Stewart Brand*, *the Whole Earth Network*, *and the Rise of Digital Utopianism*. Chicago: University of Chicago Press, 2006.

Turow, Joseph. "Audience Construction and Culture Production: Marketing Surveillance in the Digital Age." *Annals of the American Academy of Political and Social Science* 597, no. 1 (2005): 103-121.

Turow, Joseph, and Lokman Tsui. *The Hyperlinked Society*: *Questioning Connections in the Digital Age*. Ann Arbor: University of Michigan Press, 2008.

Usher, Nikki. "Making Business News." Ph.D. diss., University of Southern California, Los Angeles, 2011.

van Loon, Joost, and Emma Hemmingway. "Organisations, Identities and Technologies in Innovation Management: The Rise and Fall of Bi-media in the BBC East Midlands." *Intervention Research* 1, no. 2 (2005): 125-147.

Wall, Melissa. "'Blogs of War': Weblogs as News." *Journalism* 6, no. 2 (2005): 153-172. Weaver, David Hugh, Randal Beam, Bonnie Brownlee, Paul Voakes, and G. Cleveland Wilhoit. *The American Journalist in the 21st Century*: *U.S. News People at the Dawn of a New Millennium*. Englewood Cliffs, NJ: Lawrence Erlbaum Associates, 2006.

Weber, Max. *Economy and Society*. Berkeley: University of California Press, 1978; *General Economic History*. Piscataway, NJ: Transaction, 1981.

Weiss, Amy Schmitz, and David Domingo. "Innovation Processes in Online Newsrooms as Actor-Networks and Communities of Practice."*New Media and Society* 12, no. 7 (2010): 1156-1171.

White, David Manning. "The 'Gate Keeper.'" In *Social Meanings of News: A Text-Reader*, ed. Dan Berkowitz, 63-71. Thousand Oaks, CA: Sage, 1997.

Winer, Dave. "What Makes a Weblog a Weblog?" Weblogs at Harvard Law website, May 23, 2003. Available at http://blogs.law.harvard.edu/whatmakesaweblogaweblog.html.

Zelizer, Barbie. *Covering the Body: The Kennedy Assassination, the Media, and the Shaping of Collective Memory*.Chicago: University of Chicago Press, 1992; *Taking Journalism Seriously: News and the Academy*. Thousand Oaks, CA: Sage, 2004.

新闻报道、博客文章、电子邮件和列表记录

"About Govcom.org," Govcom.org, 2009. Available at http://www.govcom.org/about_us .html.

Arnison, Matthew. "A Guide to the Active Software." Active: Stuff for Social Change website, July 2000. Available at http://web.archive.org/web/20000816125945/http://active.org.au/doc; "Why Open Publishing Is the Same as Free Software." Catalyst website, 2001. Available at http://www.purplebark.net/maffew/cat/openpub.html.

Atrios [Duncan Black]. "Hate Group." Eschaton, June 17, 2008.Available at http://www .eschatonblog.com/2008_06_15_archive.html#4206074044172460609.

Barkowitz, Ed. "Crystal Balls." Bark's Bytes, November 28, 2002.Available at http://web .archive.org/web/20021204205005/http://www.pnionline.com/dnblog/eagles;"Rams Update." Bark's

Bytes, November 30, 2002. Available at http://web.archive.org/web/20021204205005/http://www.pnionline.com/dnblog/eagles.

Barringer, Felicity. "Fear of Cutbacks Rattles Papers in Philadelphia." *New York Times*, October 23, 2000. Available at http://query.nytimes.com/gst/fullpage.html? res=9F0 DE0DF1631F930 A15753C1A9669C8B63; "Philadelphia Inquirer Editor Is Forced Out." *New York Times*, November 7, 2001, sec. C.

Blood, Rebecca. "Weblogs: A History and Perspective." Rebecca's Pocket, September 7, 2000. Available at http://www.rebeccablood.net/essays/weblog_history.html.

"Boing Boing on Technorati." Technorati, 2007. Available at http://technorati.com/blogs/www.boingboing.net.

Bowden, Mark. "Sources Say: Journalism's Future Is in Global Dialogue." PopMatters, June 19, 2007. Available at http://www.popmatters.com/pm/post/journalisms-future-is-in-global-dialogue.

Breitbart, Joshua. (2010). "Toward a Healthy Media Ecosystem For Philadelphia." Available at http://mediapolicy.newamerica.net/blogposts/2010/towards_a_healthy_media _ecosystem_for_philadelphia-32202.

Bunch, Will. "Alycia Tells Her Side—in Suit." *Philadelphia Daily News*, June 20, 2008. Available at http://www.philly.com/philly/hp/news_update/20593889.html; "Moscow on the Schuylkill: Philly Cops Bust Activists ... For What?" Attytood, June 17, 2008. Available at http://www.philly.com/philly/blogs/attytood/Moscow_on _the_Schuylkill_Cops_bust_anti-camera_activists.html; "No Blood in Ants." Attytood, August 19, 2008. Available at http://www.philly .com/philly/blogs/attytood/No _ blood _ in _ ants4.html? text=lg&month=&main=&year =&cat=&page

=9&c=y; "The Philadelphia Experiment." Attytood, October 25, 2005. Available at http:// www. pnionline. com/dnblog/attytood/archives/002437.html; "RE: [Norgs] Re: A Thanksgiving Wish," November 11, 2008. Available at http:// groups. yahoo. com/group/norgs/message/1468.

Bundy, Jeff. "The Next Mayor Project and WHYY to Provide Unmatched Coverage of the Philadelphia Mayoral Primary." Press release, 2007. Available at http://www. whyy. org/about/pressroom/primaryelection.doc; "The Next Mayor Project Announces Community Network." Press release, 2007. Available at www. whyy.org/about/pressroom/nm_network_release_000.doc.

Castro, Janice. "Last Rites for a Proud Paper." *Time Magazine*, February 8, 1982. Available at http://www.time.com/time/magazine/article/0,9171,953344-2,00.html.

Cone, Ed. "Karl Martino/Philly Future." Edcone. com, December 30, 2004. Available at http://radio.weblogs.com/0107946/stories/2004/12/30/karlMartinophillyFuture.html. Couch, Aaron. "PhillyIMCHistory." Indymedia Documentation Project, January 14, 2005. Available at http://docs. indymedia. org/view/Main/PhillyIMCHistory.

Couloumbis, Angela. "Director of Pa. Gaming Board Resigns." Philly.com, May 29, 2008. Available at http://www.philly.com/philly/news/breaking/19357249.html.

Dan U-A. "Sure, You Can Stand Behind." Young Philly Politics, June 14, 2008. Available at http://youngphillypolitics. com/police_critics_arrested_home_seized_police_raid # comment-25958; "YPP Standards." Young Philly Politics, June 14, 2008. Available at http://youngphillypolitics. com/police_critics_arrested_home_seized_police_raid # comment-25952. Davies, Dave. "The Cops

Came, Searched and Left a Mess for Puzzled Homeowner."*Philadelphia Daily News*, June 17, 2008. Available at http://www.philly.com/philly/hp/news_update/20006679.html.

Deeney, Jeff. "Fear and Loathing in Francisville." Phawker, June 17, 2008. Available at http://www.phawker.com/2008/06/17/valley-of-shadow-fear-loathing-francisville.

Densmore, William. "Media Giraffe Teleconference." University of Massachusetts, Amherst, 2006. Available at http://www.mediagiraffe.org/wiki/index.php/Mgp2006-video.

Derek. "Un-Real Cities." This Is Blandiose.org, April 12, 2002. Available at http://www.blandiose.org/2002/04/12/un-real-cities.

D-Mac. "Cops Raid Dreamboat Terrorist's House." Philadelphia Will Do, June 17, 2008. Available at http://willdo.philadelphiaweekly.com/archives/2008/06/cops_raid_dream.html.

Doctor, Ken. "The Newsonomics of Do-Over." Nieman Journalism Lab website, January 2011. Available at http://www.niemanlab.org/2011/01/the-newsonomics-of-do-over; "Smelling New Value in Old Philly Newspapers." Ken Doctor's Instablog, April 28, 2010. Available at http://newsonomics.com/smelling-new-value-in-old-philly.

Doctorow, Corey. "Philly Cops Raids [*sic*] Activists Who Circulated Anti-CCTV Petition." Boing Boing, June 17, 2008. Available at http://www.boingboing.net/2008/06/17/philly-cops-raids-ac.html.

Doran, James. "Besieged U.S. Newspaper Journalists Face Final Deadline."*Observer*, June 29, 2008. Fitzgerald, Tom. "Rendell Named Head of Nat[iona]l Governors Association." Philly.com, July 14, 2008. Available at http://www.philly.com/philly/news/

breaking/25336124.html. Folkenflik, David. "Major U.S. Newspapers Announce Staff Cuts." *All Things Considered*, National Public Radio, September 21, 2005. Available at http://www.npr.org/templates/story/story.php? storyId=4857927.

Garber, Megan. "Journal Register Company Joins with Outside.in for a Hyperlocal News/Ad Portal in Philadelphia," Nieman Journalism Lab, Harvard University, 2009. Available at http://www.niemanlab.org/2010/09/journal-register-company-joins-with-outside-in-for-a-hyperlocal-newsad-portal-in-philadelphia.

Garrett, Jesse James. "The Page of Only Weblogs." Jjg.net, April 10, 2002. Available at http://www.jjg.net/retired/portal/tpoowl.html.

Gdowik, Trishy. "GrooveLingo: Philly's Premiere Local Music Proto-Blog." Philebrity, August 27, 2008. Available at http://www.philebrity.com/2008/08/27/groovelingo-phillys-premiere-local-music-proto-blog.

Glaberson, William. "Another City Faces Cuts at Its Papers." *New York Times*, November 6, 2008. Available at http://query.nytimes.com/gst/fullpage.html? res=9B06E4D81739 F935A3575 2C1A963958260.

Gold, Matthew. "An Interview with Will Bunch of Attytood." Tattered Coat website, May 28, 2005. Available at http://www.tatteredcoat. com/archives/2005/05/28/an-interview-with-will-bunch-of-attytood.

Grassroots Media Network. "Homeless People's Network: GMC Organizers Update: Progress in Austin." Letter, October 20, 1999. Available at http://hpn.asu.edu/archives/Oct99/0185.html.

Gregory, Kia. "At City Hall Rally, Police Raid Is Questioned." *Philadelphia Inquirer*, June 18, 2008. Available at http://www.philly.com/philly/news/local/20250159.html.

Hall, Howard. "After the Unconference." Smedley Log, March 25, 2006. Available at http://www.thesmedleylog.com/archives/632.

Hill, Benjamin Mako. "Software (,) Politics and Indymedia." March 11, 2003. Available at http://mako.cc/writing/mute-indymedia_software.html.

Hyde, Gene. "Independent Media Centers: Cyber-Subversion and the Alternative Press." First Monday, March 25, 2002. Available at http://firstmonday.org/issues/issue7_4/ hyde/index.html.

"Indymedia and Indybay History." Indybay website, May 11, 2005. Available at http:// www.indybay.org/newsitems/2005/03/11/17262451.php.

"Introduction to RSS." WebReference.com, 2005. Available at http://www.webreference .com/authoring/languages/xml/rss/intro.

"Issuecrawler: Instructions of Use." Govcom. org, 2009. Available at http://www.govcom .org/Issuecrawler_instructions.htm.

"It Would Be Hilarious if It Weren't True: Philly Cops Mistake Hipsters for M.O.V.E.esque Hate Group." Philebrity, June 17, 2008. Available at http://www.philebrity .com/2008/06/17/it-would-be-hilarious-if-it-werent-true-philly-cops-mistake-hipsters-for-move-esque-hate-group.

Jarvis, Jeff. "The Ethic of the Link Layer on News." BuzzMachine website, June 2, 2008. Available at http://www. buzzmachine. com/2008/06/02/the-ethic-of-the-link-layer-on-news; "Networked

Journalism." BuzzMachine website, July 5, 2006. Available at http://www. buzzmachine. com/2006/07/05/networked-journalism; "New Rule: Cover What You Do Best: Link to the Rest." BuzzMachine website, July 22, 2007. Available at http://www. buzzmachine. com/2007/02/22/new-rule-cover-what-you-do-best-link-to-the-rest; "Saving Journalism Isn't about Saving Jobs." BuzzMachine website, November 3, 2005. Available at http://www. buzzmachine.com/2005/11/03/saving-journalism-isnt-about-saving-jobs.

Jennifer. "So Wait." Young Philly Politics, June 14, 2008. Available at http://youngphilly politics. com/police_critics_arrested_home_seized_police_raid#comment-25961.

J-Lab. "2010 Enterprise Reporting Awards." *J-Lab*, August 2010. Available at http://www.j-lab.org/about/press-releases/2010_enterprise_reporting_awards.

journalists4mumia. "Good Point on Ramsey, but They Can Still Be Better." Young Philly Politics, June 13, 2008. Available at http://youngphillypolitics. com/police_critics_arrested_home_seized_police_raid#comment-25949; "Police Critics Arrested, Home Seized in Police Raid." Young Philly Politics, June 13, 2008. Available at http://youngphillypolitics. com/police_critics_arrested_home_seized_police_raid; There Is a Clear Source." Young Philly Politics, June 14, 2008. Available at http://youngphillypolitics. com/police_critics_arrested_home_seized_police_raid#comment-25957.

Kelly, John. "About Morningside Analytics." Morningside Analytics website, 2007. Available at http://morningside-analytics. com/aboutus.php.

Kennedy, Dan. "Pro-am Journalism," 2006. Available at http://journalismofweb. blogspot. com/2006/09/pro-am-journalism.

html.

"Knight Ridder Site Gains Another News Provider." *Editor and Publisher*, September 1, 2000. Available at http://www.all-business. com/services/business-services-miscella neous-business/4677474-1.html.

Krebs, Valdis. "Social Network Analysis." Org. net, 2008. Available at http://www.orgnet.com/sna.html.

"KR Launches Philly. com Site." News and Tech. com, May 1999. Available at http://www.newsandtech.com/issues/1999/05-99/ot/05-99_phillycom.htm.

Lail, Jack. "Where Journalism Gets Reinvented." Jacklail. com, 2010. Available at http://www. jacklail. com/2010/04/-a-group-of-what.html.

Langeveld, Martin. "Who Owns Newspaper Companies? The Banks, Funds, and Investors and Their (Big) Slices of the Industry." Nieman Journalism Lab website, March 7, 2011. Available at http://www. niemanlab. org/2011/03/who-owns-newspaper-companies-the-banks-funds-and-investors-and-their-big-slices-of-the-industry.

Layton, Alexis, Justin Scott, and Mariusz Zydyk. "What Is a Bulletin Board System?" In Whatis.com, 2005. Available at http://searchcio-midmarket. techtarget. com/sDefinition/0, sid183_gci213807,00.html.

Lenhart, Amanda, and Susannah Fox. "Bloggers: A Portrait of the Internet's New Story- tellers." Pew Internet and American Life Project website, July 19, 2006. Available at http://www. pewinternet.org/PPF/r/186/report_display.asp.

MacMillan, Jim. "Greg Osberg: It's Going to Take a Couple of Years to Achieve This Miracle." Philadelphia Initiative for Journalistic Innovation website, 2010. Available at http://phiji. org/

2010/11/21/greg-osberg-its-going-to-take-a-couple-of-years-to-achieve-this-miracle.

Madrak, Susie. "Philadelphia Daily News Wins Pulitzer—and the Paper Gets Auctioned Off April 27." Crooks and Liars, April 14, 2010. Available at http://crooksandliars.com/susie-madrak/philadelphia-daily-news-wins-pulitzer.

Manyank. "Why Professional Bloggers Suggest to Post Regularly?" Blog Design Studio, July 10, 2008. Available at http://blogdesignstudio.com/blogging-tips/why-professional-bloggers-suggest-to-post-regularly.

Marcinko, Tom. "Question Surveillance, Go to Jail." Futurismic, June 17, 2008. Available at http://futurismic.com/2008/06/17/it-cant-happen-here-in-philadelphia-on-the-other-hand.

Martino, Karl. "Saving Journalism Isn't about Saving Jobs." Philly Future, November 4, 2005. Available at http://phillyfuture.org/node/1998; "Site News." Philly Future, June 11, 2000. Available at http://web.archive.org/web/20001212202200/phillyfuture.editthispage.com/newsItems/viewDepartment $Site+News.

Mazone, Daniel, Wendy Warren, and Fatima Nelson. "WHYY, the *Philadelphia Daily News*, and the Committee of Seventy Launch 'The Next Mayor Project.'" Press release, December 5, 2005. Available at http://www.prnewswire.com/news-releases/whyy-the-philadelphia-daily-news-and-the-committee-of-seventy-launch-the-next-mayor-project-67503772.html.

McQuade, Daniel. "Inquirer Wackiness Continues." Philadelphia Will Do, July 2, 2008. Available at http://willdo.philadelphiaweekly.com/archives/2008/07/inquirer_wackin .html.

Miller, G. W. "Stop the Presses." *Philadelphia Weekly Online*, September 3, 2008. Available at http://www.philadelphiaweekly.com/articles/17593/cover-story.

MrLuigi. "Can You Back Up the 'Community Meetings' a Little?" Young Philly Politics, June 13, 2008. Available at http://youngphillypolitics.com/police_critics_arrested_home _seized_police_raid# comment-25948.

Netanel, Neil. "The Demise of Newspapers: Economics, Copyright, Free Speech." Balkin .com website, May 5, 2008. Available at http://balkin.blogspot.com/2008/05/demise-of-newspapers-economics.html.

"The New Philly.com." Philly.com, May 11, 2008. Available at http://www. philly. com/philly/hp/news _ update/The _ New _ Phillycom.html.

Nolter, Chris. "Philly's Full Court Press." Available at http://www. thedeal. com/magazine/ID/034427/features/philly-full-court-press.php.

Norgs Working Group. "The Norgs Unconference Statement of Principles." *Norgs—the New News Organization Wiki*, May 9, 2007. Available at http://norgs.pbwiki.com/ The+Norgs+Unconference+Statement+Of+Principles.

Oliver, Jen. "Fear, Loathing and Anal Sex . . . on a Dial-Up: The Other Side of CPCN's First Philly Internet Community." Philebrity, August 29, 2008. Available at http:// www. philebrity. com/2008/08/29/fear-loathing-and-anal-sex-on-a-dial-up-the-other-side-of-cpcns-first-philly-internet-community.

Pant, Rajiv. "About PhillyFinder." Rajiv Pant website. Available at http://www.rajiv.com/ work/com/phillyfinder/toc.htm.

"Papers Name a Manager to Look into Consolidation." *Philadelphia Inquirer*, July 9, 2008. Available at http://www. philly. com/philly/business/20080709_Papers_name_a_mana ger_to_look _into_consolidation.html.

Phawker. "Debunked: The Great Philadelphia Paywall Scare," January 5, 2011.Available at http://www.phawker.com/2011/01/05/reality-check-correcting-fact-errors-in-philebritys-reporting-on-phillycom-going-paywall.

Philly Clout. "Clout: This Is How City Hall Treats Citizens with No Record," June 27, 2007.Available at http://www.philly.com/philly/hp/news_update/21930154.html.

"Philly the First to Fall?" Newspaper Biz website, June 6, 2008.Available at http://www.newspaperbiz.com/2008/06/philly-first-to-fall.html.

Potts, Mark. "Bubble, Bubble, Toil and Trouble." Recovering Journalist website, June 17,2008.Available at http://recoveringjournalist.typepad.com/recovering_journalist/2008/06/bubble-bubble-toil-and-trouble.html.

Quinn, Amy. "Whither the Feminist Housewife?" Citizen Mom, April 13, 2005.Available at http://www.citizenmom.net/2005/04/page/2.

Rabaino, Lauren. "Notes from BCNI: Greg Linch on 'Rethinking Our Thinking,' 2010.Available at http://laurenmichell.com.

Regan, Tom. "News You Can Use from the Little Guys." *Christian Science Monitor*, December 9, 1999. Available at http://docs.indymedia.org/view/Global/CsmArticle. "Report: Pop PC Articles_May29#94BC3." Philly.com, June 29, 2008.

Roddy, Dennis. "Police, Protesters Battle in the Streets; Attempt to Disrupt Convention Results in 282 Arrests, Injury to Five Police."*Pittsburgh Post-Gazette*, August 2, 2000.

Rosen, Jay. "Jay Rosen of NYU on the Ethic of the Link." YouTube, April 8, 2008.Available at http://www.youtube.com/

watch? v=RIMB9Kx18hw;"Journalism Goes Pro-Am." *Guardian*, *September* 20, 2006.Available at http://www.guardian.co.uk/commentisfree/2006/sep/20/post394;"A Prayer for the Philly Papers." PressThink website, June 2, 2006.Available at http://journalism. nyu. edu/pubzone/weblogs/pressthink/2006/06/02/pray_phl.html.

Rosenberg, Scott. "Question about the History of Blogging." [Via Wordyard contact form.] Letter, December 8, 2008.

Rousset, Jeff, and Jen Rock. "Philadelphia Activists Still Homeless after Arrests and Seizure of Home." Philadelphia Independent Media Center, June 22, 2008. Available at http://www.phillyimc.org/en/node/69583.

Rubin, Daniel "Who Wrote 'Kill the Pigs' at 17th and Ridge?" Blinq, June 17, 2008. Available at http://www. philly.com/philly/blogs/inq-blinq/20009829.html.

Sassaman, Hannah. "Release: Homeowners Fighting Police Brutality Illegally Arrested, Never Charged." Young Philly Politics, June 16, 2008.Available at http://young phillypolitics.com/release_homeowners_fighting_police_brutality_illegally_arrested_never_charged.

Schaffer, Jan. "Exploring a Networked Journalism Collaborative in Philadelphia," JLab .org, April 2010. Available at http://www.j-lab.org/publications/philadelphia_media _project.

Schimmel, Bruce. "Journalists Wanted." *Philadelphia City Paper*, January 1, 2009. Available at http://citypaper. net/articles/2009/01/01/journalists-needed.

Shirky, Clay. "News Papers and Thinking the Unthinkable." March 2009. Available at http://www. shirky. com/weblog/2009/03/newspapers-and-thinking-the-unthinkable.

Sifry, David. "State of the Blogosphere, April 2006, Part 1: On Blogosphere Growth." Sifry's Alerts, April 17, 2006. Available at http://www.sifry.com/alerts/archives/000432.html.

Smith, Erica. "Paper Cuts." Paper Cuts, 2008. Available at http://graphicdesignr.net/papercuts.

Socco, Daniel. "How Often Should I Blog?" DailyBlogTips, November 12, 2006. Available at http://www.dailyblogtips.com/how-often-should-i-blog.

Strupp, Joe. "Guild Asks for Volunteers to Ease Sting of Philly Layoffs." *Editor and Publisher*, January 3, 2007. Available at http://www.editorandpublisher.com/eandp/article_brief/eandp/1/1003527084.

Sweeney, Joey. "About Us." Philebrity, December 4, 2004. Available at http://web.archive.org/web/20041204072729/www.philebrity.com/about.html; "Breaking: Worst Monday Ever at Broad and Whatever as Philly Newspapers File Chapter 11." Philebrity, February 22, 2009. Available at http://www.philebrity.com/ 2009/02/22/breaking-worst-monday-ever-at-broad-whatever; "Call for Volunteers: We Demand the New Style." Philebrity, March 28, 2007. Available at http://www.philebrity.com/2007/03/28/call-for-volunteers-we-demand-the-new-style; "Philly Internet History Week." Philebrity, September 1, 2008. Available at http:// www.philebrity.com/category/philly-internet-history-week.

Taylor, Mel. "Personal History: I Used to Love Her (the Radio, That Is), But I Had to Kill Her (with the Internet)." Philebrity, August 26, 2008. Available at http://www .philebrity.com/2008/08/26/personal-history-i-used-to-love-her-the-radio-that-is-but-i-had-to-kill-her-with-the-internet.

Thompson, Isaiah. "There's Something Fishy in Francisville." The Clog, June 14, 2008. Available at http://www.citypaper. net/blogs/clog/2008/06/14/theres-something-fishy-in-francisville.

Thornton, John. "Nonprofit News Outlets Will Be a Bigger Part of Our Future than Alan Mutter Thinks," 2010. Available at http://www. niemanlab. org/2010/03/john-thornton-nonprofit-news-outlets-will-be-a-bigger-part-of-our-future-than-alan-mutter-thinks.

Tridish, Pete. "Police Critics Arrested, Home Seized in Police Raid!" Philly IMC, June 13, 2008. Available at http://www. phillyimc.org/en/node/68912.

Volk, Steve. "Dead Air." *Philadelphia Magazine*, October 2007. Available at http://www. phillymag. com/articles/dead_air; "Inquirer, Daily News to Shed More Staff." *Philadelphia Magazine*, August 25, 2008. Available at http://www. phillymag. com/news/2008/08/25/inquirer-daily-news-to-shed-more-staff.

Warren, Wendy. "If You Don't Vote, You've Lost Already." TheNextMayor.com, March 28, 2007. Available at http://blogs. phillynews.com/dailynews/nextmayor/2007/03/if_you_dont_vote_youve_lost_al. html; "Norgs: Norgs Whiteboards." *Norgs: News Organizations and the Future—an Ongoing Conversation*, March 25, 2006. Available at http://blogs. phillynews. com/dailynews/norg/archives/002984. html; "Norgs: What We Did Saturday." *Norgs: News Organizations and the Future—an Ongoing Conversation*, March 25, 2006. Available at http://blogs.phillynews.com/dailynews/norg/archives/002988. html; "Re: A Thanksgiving Wish." Letter, November 28, 2008. Available at http://groups . yahoo.com/group/norgs/message/1469.

Wikipedia. "Blog." *Wikipedia—the Free Encyclopedia*, 2003. Available at http://en.wiki pedia.org/wiki/Weblog.

Wink, Christopher. "BarCamp NewsInnovation 2.0: My Take Aways and Experience," May 5, 2010, available at http://christopherwink.com/2010/05/05/barcamp-news innovation-2-0-my-take-aways-and-experience; "Newsworks: WHYY Online News Brand Launching Means a Lot to These Lega- cies." ChristopherWink.com. November 11, 2010. Available at http://christopherwink.com/2010/11/22/newsworks-whyy-online-news-brand-launching-means-a-lot-to-these-legacies.

索 引

（索引页码为英文原著页码，即本书边码）